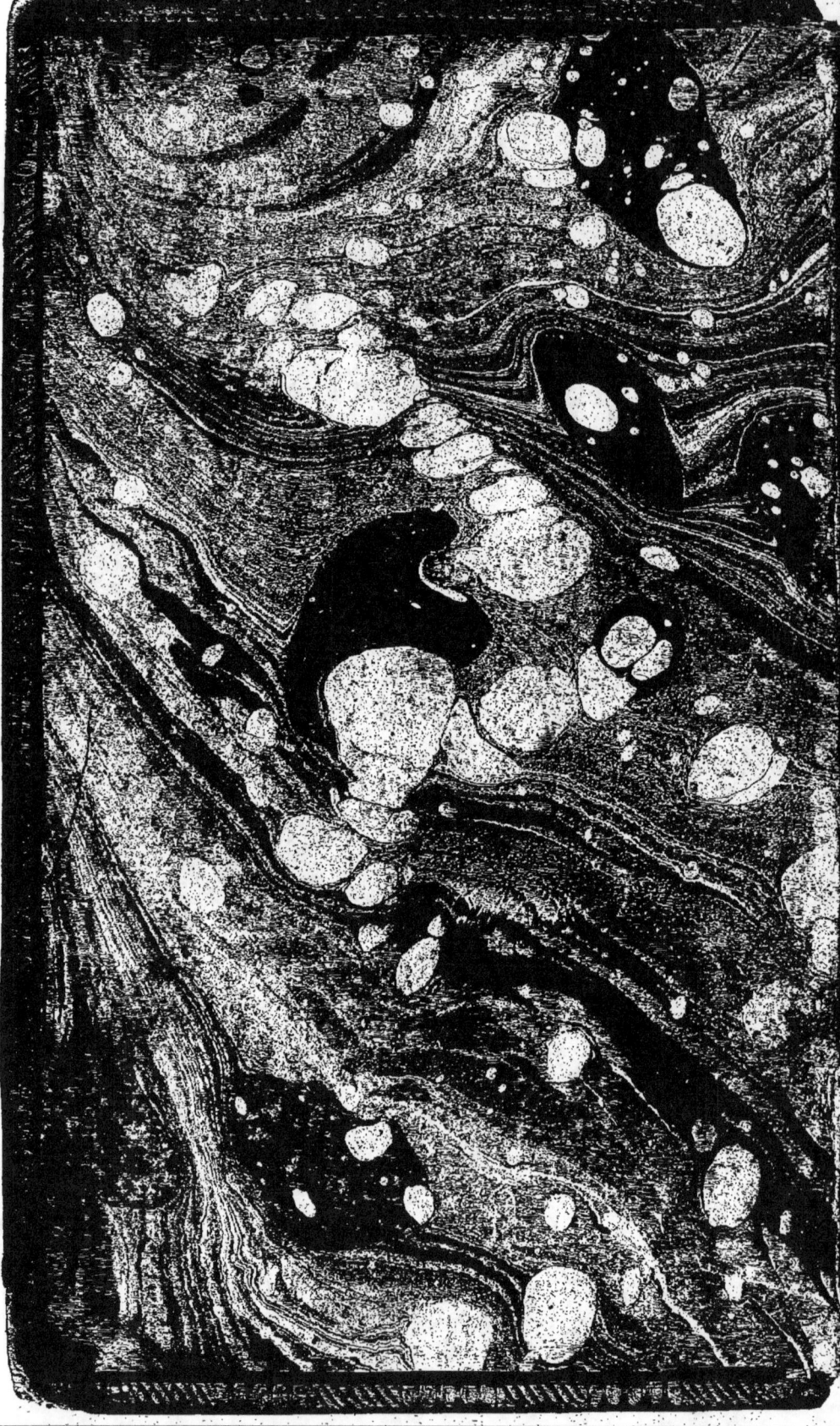

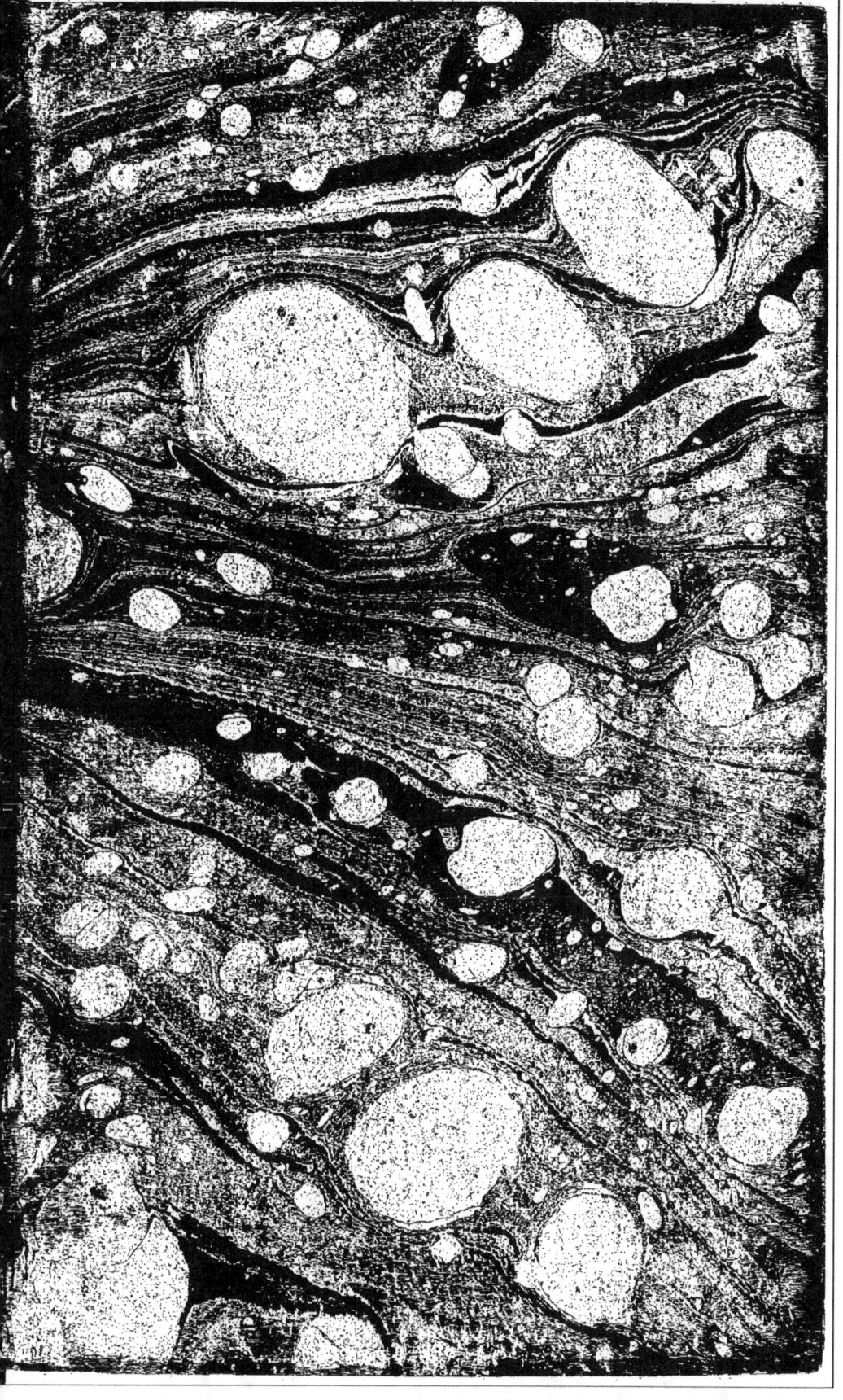

T 3846.
5.

V 2733.
Gb.

26784

# LE PARFUMEUR

## IMPÉRIAL.

## LIVRES DE FONDS qui se trouvent chez le même Libraire.

Newton (le) de la Jeunesse, ou Dialogues instructifs et amusans, entre un père et sa petite famille, sur la Physique, l'Astronomie et la Chimie; traduction de l'anglais par T. P. Bertin, divisée en trois parties. Seconde édition, revue et corrigée, imprimée sur beau papier carré fin d'Auvergne. 6 vol. *in*-18 avec fig. 9 fr.

Traité des Hémorragies, par J. Lordat, Docteur en médecine, Médecin et Chirurgien du dépôt de mendicité de Montpellier, etc. 1 vol. *in*-8°. 5 fr.

Histoire du Donjon et Chateau de Vincennes, depuis leur origine jusqu'à l'époque de la révolution, contenant des particularités intéressantes sur les princes, les rois, les ministres et autres personnages célèbres qui ont habité Vincennes, et sur les prisonniers qui ont été renfermés dans le donjon, pendant plus de quatre siècles jusqu'à nos jours; par J. B. Nougaret et Alphonse Beauchamps, auteur de la Guerre de la Vendée. 3 vol. *in*-8°. avec fig. 12 fr.

Nouveaux Élémens de la Science de l'Homme, par Barthez. Nouv. édit., considérablement augmentée par l'auteur 2 vol. *in*-8°. 13 fr.

Calcul des Escomptes, ou Intérêts simples et composés, calculés à un taux quelconque, les premiers pour un temps indéfini, les derniers depuis un an, ou un mois jusqu'à trente; suivi d'un Traité des Changes, du Pair des Monnoies avec toute l'Europe, et du Système métrique, etc., etc.; par Soulès (d'Uzerches). 1 vol. *in*-18 de 400 pages. 3 fr.

Rosa, ou la Fille mendiante et les Bienfaiteurs; traduction de l'anglais de mistriss Bonnet, auteur d'Anna, ou l'Héritière galloise, de Cécilia, etc.; par Louise Broyer de Saint-Léon. Nouvelle édition, revue et corrigée par l'auteur. 10 vol. *in*-18 avec fig. 12 fr.

# LE PARFUMEUR IMPÉRIAL,

Ou l'Art de préparer les Odeurs, Essences, Parfums, Aromates, Eaux de senteur, Poudres, Pommades, Huiles, Pâtes, Lait virginal, cosmétiques, Vinaigres de propreté, Savons et Savonnettes, Pastilles odorantes, Fumigations, Bains aromatiques, Gants parfumés, Rouge de toutes qualités, ainsi que la recette la plus moderne pour la composition de l'*Eau de Cologne*;

SUIVI

D'un Index alphabétique des substances propres à la Parfumerie;

PAR C. F. BERTRAND, PARFUMEUR ET DISTILLATEUR.

A PARIS,

Chez BRUNOT-LABBE, Libraire, quai des Augustins, n°. 33.

─────────

1809.

Conformément à la Loi, deux Exemplaires de cet Ouvrage ont été déposés à la Bibliothèque impériale.

# AVERTISSEMENT.

Les Parfums, ces précieuses émanations des trois règnes de la nature (*), ont été mis en usage dans tous les temps et dans presque toute les contrées du monde. Chez les anciens ils servirent, dans les cérémonies religieuses, à honorer les Dieux. On ne peut pas se dissimuler cependant que, dans l'origine, les connoissances de la distillation étant très-bornées, les procédés pour extraire l'odeur de toutes ces productions se réduisirent à un petit nombre de procédés qui accusaient l'enfance de l'art. Mais à mesure que de nouvelles découvertes et de nouvelles expériences étendirent

---

(*) Je dis *trois règnes*, parce que l'on prétend qu'il y a de l'ambre gris fossile. *V.* la *Collection académique*, part. étrangère, 3, 4, f°. 297.

son domaine, on parvint à des résultats plus satisfaisans.

Les Parfums, consacrés uniquement aux autels, furent détournés de cette auguste destination, et devinrent un objet de propreté. Toutes les ressources de l'art furent alors employées pour obtenir des dons de Flore ces principes odorans qui, quand ils sont adroitement recueillis, suppléent à l'absence des fleurs, et semblent les faire revivre pour une de nos plus agréables jouissances.

Il existe plusieurs ouvrages sur la Parfumerie ; mais les derniers qui ont paru depuis quelques années n'offrent aucun perfectionnement dans la fabrication des parfums : ce sont des compilations mal digérées de différens Traités, dans lesquels les auteurs, qui n'ont fait aucune expérience, n'indiquent aucun des moyens qui pouvoient les faire arriver à quelques découvertes importantes. On y remarque surtout pour un même objet, c'est-à-dire pour la conservation du teint, une foule de recettes aussi insuffisantes qu'impraticables, par les difficultés qu'elles présentent. Il y en a cependant qui ne sont pas sans mérite, et que j'ai adoptées avec quelques changemens et quelques nouveaux procédés nécessaires.

Le desir de me rendre utile aux Personnes qui veulent pratiquer la Parfumerie avec quelques succès, m'a déterminé à mettre au jour cet Ouvrage, dans lequel j'ai classé avec ordre et méthode les meilleurs principes et les procédés les plus avantageux d'après les avis et conseils des gens de l'art, et d'après une expérience de plus de quarante-cinq ans de travail, d'études, de recherches et d'essais.

Cet Ouvrage est d'une nécessité absolue pour ceux qui ont vivement à cœur de s'instruire et d'exercer leur art avec plus d'avantages qu'on ne l'avoit fait jusqu'ici ; parce que j'ai cherché à rendre simples, claires et faciles toutes les opérations de la Parfumerie : ce que l'on est loin de rencontrer dans les autres Traités de ce genre qui, pour la plupart, sont plus propres aux Confiseurs et aux Liquoristes qu'aux Parfumeurs. Je ne traite que de la Parfumerie et de tout ce qui la concerne relativement à la toilette ; ma tâche sera remplie si le succès couronne mes efforts.

Il y a des Elèves qui ont l'intelligence de leur art, il y en a encore plus qui en ignorent les premiers principes. C'est principalement pour ces derniers que j'écris. Beaucoup se sont long-temps livrés à l'étude de la Parfumerie, et ne la connoissent que très-superficiellement ; d'autres sortent d'apprentissage presqu'aussi ignorans qu'ils y sont entrés. A l'aide de mon Traité, ils peuvent réparer un temps inutilement perdu ; s'ils le consultent, ils y trouveront la théorie réunie à la pratique, et les recettes les plus propres à conduire des opérations que souvent ils font au hasard, sans choix, sans discernement et sans goût, faute de renseignemens nécessaires et mis à leur portée. Enfin, je n'ai rien négligé de ce qui a été en mon pouvoir pour parvenir à leur faire connoître leur art dans toute sa perfection. La France est le seul pays où l'on puisse exercer la Parfumerie avec tous les avantages possibles. Paris, le centre du goût et des connoissances, où l'on trouve tous les articles nécessaires et convenables à la fabrication, offre les plus grandes ressources pour l'exercice de notre profession ; on y est à même de tirer avec facilité, de la Provence, de l'Italie, et même de toutes les parties du globe, les matières premières pour la fabrication des Parfums les plus exquis; mais les matières ne suffisent pas : il faut de l'instruction pour les employer, et c'est le but que j'ai à remplir et que je crois avoir atteint.

Ce Traité est divisé en six parties.

La première traite de l'épuration et de la préparation des corps de pommade, de leur composition, de leurs qualités et de leurs parfums; elle traite même des pommades nécessaires à la conservation du teint.

La deuxième comprend la fabrication et la distillation des esprits fins, des extraits spiritueux d'odeurs, des eaux d'odeurs simples et spiritueuses, des essences, quintessences ou teintures, des eaux pour la conservation de la bouche, du lait virginal et autres recettes pour l'embellissement de la peau.

La troisième enseigne la fabrication et la composition de toutes les poudres blanches et de couleur, des poudres aux fleurs, et autres de compositions.

La quatrième indique la fabrication des huiles et pâtes d'amande sans odeur et avec odeur, des huiles parfumées aux fleurs et aux essences, des huiles essentielles des fleurs et des fruits, des huiles essentielles des aromates, graines et épices.

La cinquième donne les procédés de la fabrication des savons et des savonnettes de toutes qualités, pains de savon blanc et brun, pains nommés savon de Naples, savons liquides préparés et parfumés de toutes odeurs, poudre de savon, etc.

La sixième s'étend sur la fabrication des vinaigres à l'usage de la toilette, de toutes les odeurs et autres objets y relatifs, ainsi que de la composition des rouges végétaux de toutes qualités, blanc de perle et autres tant en pots qu'en poudre, en pierre ou trochisques, etc., rouges végétaux en liqueur, nommés vinaigres de rouge; eau à noircir les cheveux, nommée eau de la Chine; taffetas d'Angleterre, etc.

Indépendamment d'une table des chapitres et des matières qui termine l'Ouvrage, j'ai ajouté aussi à la suite du texte un index ou vocabulaire alphabétique, des différens objets que l'on emploie dans les compositions, en donnant une idée succincte de leur origine, du pays d'où on les tire, de leurs qualités bonnes ou mauvaises, car souvent on est trompé dans le choix des matières premières, faute de connoissances suffisantes : ce qui donne lieu à une mauvaise fabrication, et fait manquer les opérations, quoique l'on emploie les procédés convenables.

Je passe légérement sur les matières premières généralement connues, qui sont journellement sous nos yeux, et dont il est fait mention au commencement des chapitres dans le cours de l'Ouvrage; mais je m'étends principalement sur celles qui nous viennent du dehors et des pays étrangers. Celles-ci sont sujettes à être altérées et falsifiées, et malgré toute la confiance que l'on peut avoir en celui qui les vend, il arrive assez souvent qu'il trompe par pure ignorance, parce qu'il ne sait pas les discerner avec précision : je n'ai rien négligé pour faire connoître les moyens d'éviter de pareilles surprises.

J'aime à croire que le but que je me suis proposé dans cet ouvrage est rempli, et que ce Traité, dégagé de tout ce qui lui est étranger, deviendra le Manuel de tout Elève qui voudra faire des progrès dans l'art de la Parfumerie.

# LE PARFUMEUR IMPÉRIAL.

## PREMIÈRE PARTIE.

### CHAPITRE PREMIER.

*De l'Épuration et Préparation des Corps de Pommade.*

Votre premier soin pour cet objet, le plus essentiel et celui qui est souvent négligé par ceux que vous employez à votre travail, doit être de choisir les graisses les plus fraîches, de les bien nettoyer, et d'ôter tout ce qui peut porter à la corruption. Si c'est de la panne, prenez-la bien ferme, bien épaisse, sans aucune peau ni fibres ; car dans la cuisson ces corps étrangers, en s'imprégnant de la graisse, peuvent donner une mauvaise odeur à votre corps de pommade. Vous commencerez ensuite par couper votre graisse par morceaux, et la pilerez dans un mortier; lorsqu'elle sera bien écrasée, vous la laverez, la ferez dégorger dans de l'eau que vous changerez jusqu'à ce qu'elle soit bien claire; après cette préparation vous la ferez fondre en y ajoutant deux onces d'alun de glace, que vous pulvériserez, et une poignée de sel sur une masse de cinquante à soixante livres; vous lui ferez subir quelques bouillons, et l'écumerez bien; vous la passerez ensuite dans un tamis de crin très-fort, ou de fil-de-fer (on fait quelquefois usage de ce dernier pour la solidité), sans trop presser vos crettons, que vous réservez pour des pommades ordinaires. Après que vous aurez passé votre fonte, vous la laisserez reposer suffisamment, c'est-à-dire environ une heure; ensuite vous tirerez soigneusement votre pommade au clair sans y laisser d'eau. Pour donner à cette fonte toute la perfection convenable, vous ferez refondre la même masse au bain-marie; vous mêlerez à la quantité spécifiée ci-dessus deux ou trois pintes d'eau de roses. Ce mélange étant fait vous la laisserez reposer, et la retirerez au clair sans puiser trop avant, afin d'éviter l'humidité qui pourroit encore s'y trouver : c'est le point le plus essentiel pour la conservation de tous vos corps de pommades ; il vaut mieux laisser sur votre fond deux ou trois livres de marchandises que vous trouvez toujours à employer autrement. Vos corps préparés de cette manière peuvent se conserver et s'employer pour toutes vos pommades fines. Vous en faites de plus ou moins fermes, et en cela vous vous gouvernez selon les saisons.

Il est préférable d'employer pour votre pommade ferme de la graisse de bœuf seulement avec les qualités requises, préparée et épurée comme il est expliqué ci-devant pour la panne; et pour éviter que cette dernière ne tourne au gras, surtout dans les chaleurs, vous y joindrez un quart de pommade ferme, c'est-à-dire de celle de graisse de bœuf. Ceci, je m'explique, n'est que pour sa conservation; car on est obligé quelquefois d'y mettre en été moitié de graisse ferme, et quelquefois plus. Il vaudroit encore mieux employer de la cire jaune, surtout lorsque vos pommades vont en pays chauds; vous en mettez de deux à quatre onces par livre, selon que votre pommade est plus ou moins ferme.

L'on peut employer pour des pommades destinées à être blanches, de la cire vierge; mais il faut la choisir la plus pure et sans aucun goût; vous connoîtrez cette cire par sa fermeté sèche et cassante; il faut qu'en la mordant vous ne sentiez point de goût de gras.

Je crois m'être assez expliqué sur ces sortes de préparations des corps de pommades, qui doivent être la base de toutes vos opérations.

A l'égard des pommades communes, qui ne sont ordinairement composées que de graisse de mouton et de panne, vous pouvez vous servir d'un procédé plus simple, qui est de ne point les laver; il faut les bien piler et écraser, et ensuite les faire fondre en y ajoutant toujours un peu d'eau; vous les tournerez pendant qu'elles fondent, de peur qu'elles ne s'attachent, et qu'elles ne prennent un mauvais goût. Lorsqu'elles sont fondues et que vous leur avez laissé faire quelques bouillons, vous les passez au tamis, et lorsqu'elles sont reposées vous les tirez au clair, comme je l'ai expliqué précédemment, pour qu'il n'y ait aucune humidité. Lorsqu'elles seront prises et à demi-refroidies, vous les battrez jusqu'à ce qu'elles soient bien blanches et légères, ce qui en fait la beauté, et ce qui leur donne plus d'apparence; ensuite vous les parfumerez : si c'est au citron, vous en mettrez deux gros par livre de pommade; vous en ferez de même pour celle à la bergamote; si c'est à la lavande, vous n'y mettrez qu'un gros d'essence par livre; il en est de même pour celle au thym, ainsi que pour toutes autres pommades aux essences aromatiques. Toutes ces pommades se composent en hiver d'un quart de graisse de mouton, et en été d'un bon tiers.

Pour la pommade à bâtons ordinaire, qui n'est toujours composée que de graisse de mouton, il est bon de la piler, de l'écraser et de la laver même comme vous avez fait ci-devant pour votre panne; vous la faites fondre ensuite, et lorsqu'elle a reposé, vous la tirez au clair pour la mettre en pain et vous en servir au besoin. Cette opération terminée, en la faisant fondre ensuite au bain-marie, ayez attention de ne la pas couler trop chaude dans vos moules, sans quoi vos bâtons courroient risque de présenter des creux en dedans, et seroient sujets à se casser : vous les parfumerez avec la même quantité d'essence que la pommade ci-devant.

## CHAPITRE DEUXIÈME.

*De la Fabrication et Composition des Pommades fines aux fleurs doubles et autres.*

*Pommade à la rose.*

PRENEZ de votre corps préparé et expliqué au chap. I$^{er}$; mettez sur une livre de pommade une livre de fleurs de rose pâle, dite à cent feuilles, bien fraîche et sans humidité, pétrissez et foulez bien vos roses avec votre graisse, et lorsque tout sera mélangé vous ferez fondre cette masse, la tiendrez en fusion pendant deux jours, et la remuerez par intervalle dans cet espace de temps. Après avoir laissé refroidir le tout, vous ferez fondre votre pommade au bain-marie pour retirer vos fleurs en les passant dans un canevas de toile fait exprès pour cela, pour en exprimer la graisse, puis vous envelopperez ces fleurs dans un autre canevas pour les mettre sous la presse afin d'en exprimer toutes les qualités odorantes et la graisse. Lorsque cette opération sera faite, et que votre pommade sera de nouveau refroidie, vous commencerez de même à remettre une couche de fleurs que vous laisserez jusqu'au surlendemain, en observant les mêmes règles qu'à la première couche ; vous continuerez jusqu'à cinq à six fois le même travail, et plus cette pommade aura de couches, meilleure elle sera.

Vous aurez attention après votre dernière couche, de bien laisser reposer votre pommade pour la tirer au clair. Laissez-en, je le répète, sur le fond, dont vous tirerez toujours bon parti pour vos pommades simples et que vous aurez attention de débiter la première ; sans cette précaution l'eau que vous retireriez préjudicieroit à la masse. Vous ajouterez dans votre pommade, lorsqu'elle sera tirée au clair, environ un demi-gros d'essence de bergamote par livre. Ayez soin surtout que les vases ou pots dans lesquels vous la mettrez soient propres, secs et sans aucune mauvaise odeur : c'est un moyen sûr pour sa conservation. Ceci doit s'appliquer à toutes les autres opérations de ce genre qui concernent la propreté nécessaire à sa préparation.

### Pommade à la fleur d'orange.

Vous prendrez votre corps préparé comme ci-devant ; vous mettrez une demi-livre de fleur par livre de pommade, que vous foulerez et mêlerez de même avec votre graisse, et vous suivrez le même principe que pour la pommade à la rose, en y ajoutant à la fin la même quantité d'essence de bergamote. Pour faire cette pommade dans sa perfection, il faut ne mettre que le calice de vos fleurs, en ayant soin d'y en faire entrer la même dose : vous aurez une pommade d'odeur des plus suaves et des plus fines.

### Pommade à la jonquille.

Cette pommade, pour être bonne et faite avec la fleur, exige beaucoup de travail. Pour en indiquer la préparation, je vais prendre pour base la quantité suivante : Pour douze livres de pommade prenez huit livres du corps préparé selon la méthode pratiquée ; faites-le fondre au bain-marie avec quatre onces de benjoin et quatre onces de storax en pain, que vous aurez pulvérisé bien fin ; vous les laisserez en infusion pendant deux ou trois jours au moins, et dans cet intervalle de temps vous aurez soin de pétrir et retourner cette infusion refroidie pour en faciliter l'incorporation ; au bout de ce temps, vous la ferez refondre de même et la passerez dans un linge ou tamis propre, et ensuite, lorsqu'elle sera de nouveau refroidie, vous la soumettrez encore au bain-marie ; vous ferez fondre dans cette masse une livre de pommade à la fleur d'orange, huit onces à la cassie, et trois livres de pommade au jasmin ; ayez soin de ne mettre votre pommade au jasmin que la dernière et quand les autres seront fondues, et même de retirer votre bain-marie de dessus le feu ; ce bain sera certainement encore assez chaud pour faire fondre votre pommade au jasmin, à moins que cette dernière ne soit trop ferme. Cette manière empêchera qu'elle ne perde de sa qualité : la pommade au jasmin étant une des plus suaves, est aussi une de celles qui perdent plus facilement leur parfum lorsqu'on la fait refondre sans précaution ; il faut donc lui épargner une vive et longue chaleur en la fondant, c'est le moyen de la conserver. Cette observation doit servir pour toutes les occasions où l'on se servira de pommade au jasmin.

Pour terminer votre pommade à la jonquille, votre corps étant ainsi préparé, et lorsqu'il sera pris, vous l'étendrez sur vos châssis ou plats de terre vernissés et destinés à cet usage (l'on se sert plus volontiers de châssis), vous l'étendrez, dis-je, avec un couteau ou spatule sur l'épaisseur d'environ deux bonnes lignes, en faisant des traces ou sillons dans votre corps de pommade à deux ou trois lignes de distance, pour que l'odeur de vos fleurs s'incorpore plus facilement, et ensuite vous étendrez vos fleurs dessus à une certaine épaisseur, de manière que toute l'étendue de votre châssis en soit couverte. Je vous fais observer que la jonquille simple a une odeur plus forte que la double; celle-ci cependant est plus agréable.

Après avoir garni vos châssis, vous les posez les uns sur les autres, et vous les laissez de cette manière jusqu'au lendemain; alors vous retirez vos fleurs légèrement pour en remettre de nouvelles, et vous recommancez la même opération jusqu'à six fois, et plus si vous le jugez à propos. Vous aurez soin, vers le milieu de l'opération de vos couches de fleurs, de relever votre corps de pommade de dessus vos châssis, pour le retourner, l'étendre, et le retracer de nouveau pour recevoir ces dernières couches de fleurs. Lorsque vous aurez donné toutes vos couches, vous ferez fondre votre pommade au bain-marie, et la passerez ensuite dans un linge propre, de crainte qu'il n'y ait quelques parcelles de fleurs ou ordures; vous la laisserez déposer un quart-d'heure, et ensuite vous la tirerez au clair le plus légèrement possible, pour qu'il ne vienne ni fond ni humidité. Vous pourriez lui donner une teinte jaune légère avec un peu de votre corps jaune au *terra merita*. Enfin vous la parfumerez avez deux gros d'essence d'ambre, deux gros d'essence de musc, dans lesquels vous aurez fait dissoudre deux gros de baume du Pérou et deux gros de stirax (qu'il ne faut pas confondre avec le storax: ce sont deux choses différentes). Remuez votre pommade en y incorporant ces objets lorsqu'elle commencera à refroidir.

### *Pommade à la jonquille composée.*

Cette qualité-ci ne peut valoir celle faite aux fleurs; mais elle a son mérite, en ce qu'elle est composée avec les pommades les plus fines, et ce n'est que par leur réunion que l'on parvient à imiter l'odeur de la jonquille. Composition de cette pommade :

Faites fondre au bain-marie deux livres de bonne pommade à la fleur d'orange, deux livres *idem* à la tubéreuse, une livre *idem* à la cassie, et trois livres *idem* au jasmin; toutes ces pommades étant fondues, vous y incorporerez, lorsqu'elles seront à demi froides, deux gros d'essence d'ambre, deux gros d'essence de musc disposés comme ci-devant, avec deux gros de baume du Pérou et quatre gros de stirax; vous lui donnerez une petite teinte de jaune légère avec un peu de *terra merita*.

### *Pommade à la jacinthe.*

Vous vous servirez pour la pommade à la jacinthe du même corps que pour celle de jonquille, et la préparerez de la même manière; vous emploierez de même vos fleurs de jacinthe; et pour la finir vous y ajouterez quelques gouttes d'essence d'ambre et de musc lorsqu'elle commencera à prendre.

### *Pommade à la jacinthe composée.*

Faites fondre au bain-marie une livre de pommade à la fleur d'orange, deux livres *idem* à la tubéreuse, une livre *idem* au jasmin, une demi-livre à la cassie, et une demi-livre *idem* au réséda ; vous y joindrez, lorsqu'elle sera à demi-froide, une once d'essence d'ambre et quatre gros d'essence de musc.

Au défaut de pommade au réséda, mettez-y quatre onces de pommade à la rose et quatre onces à la cassie.

## Pommade au lilas.

Prenez de votre corps préparé comme il est dit au chapitre I$^{er}$, formez-en une masse de six livres, faites-la fondre au bain-marie, ajoutez-y huit onces de storax en pain et quatre onces de benjoin pulvérisé, et mettez-les dans votre corps de pommade ; vous retirerez le tout du feu, et vous laisserez ces objets en infusion pendant quelques jours, en les remuant de temps en temps ; ensuite vous les ferez fondre de nouveau pour les passer au tamis ; vous les remettrez fondre au bain-marie, et ajouterez à ce corps, ainsi préparé, une livre de pommade au jasmin, une livre à la tubéreuse, huit onces à la rose et huit onces à la cassie ; le tout étant fondu ensemble et reposé, vous le tirerez au clair dans un vase où vous le laisserez refroidir de manière à ce qu'on puisse l'étendre sur vos châssis; alors vous chargerez votre corps de fleurs de lilas, en ayant soin de mettre le plus fleuri et le plus sec : le lilas humide ne donne pas autant d'odeur que celui qui est très-sec. Vous renouvellerez vos fleurs comme vous avez fait pour la jonquille; vous terminerez l'opération en faisant fondre de nouveau cette pommade et en la passant pour qu'il n'y reste point de parcelles de fleurs; lorsqu'elle sera prête à figer vous y ajouterez deux gros d'essence d'ambre, un gros d'essence de musc et un gros d'essence de vanille.

## *Pommade au lilas composée.*

Faites fondre trois livres de pommade à la tubéreuse, une livre à la rose, une livre à la cassie et trois livres au jasmin; que toutes ces pommades soient doubles, et lorsqu'elles seront fondues et à demi-froides, vous y ajouterez quatre gros d'essence d'ambre, un gros *idem* de musc, un gros *idem* de vanille, quatre gros de baume du Pérou, deux gros de stirax; agitez bien vos essences, votre baume et stirax ensemble, et mettez-les dans votre pommade, en remuant le tout pour que l'incorporation se fasse complètement.

### Pommade à la violette.

Prenez la même quantité de corps que ci-dessus pour le lilas en fleur; lorsqu'il sera fondu vous y joindrez, pour votre préparation, deux livres de pommade à la cassie, trois livres de pommade au jasmin. Observez les mêmes principes et employez vos fleurs de violettes comme ci-dessus; ajoutez-y quelques gouttes d'ambre et de musc.

### Pommade à la violette composée.

Prenez quatre livres de corps épuré, faites-le fondre, et mettez dedans infuser pendant quelques jours une livre d'iris de Florence en poudre; vous le remuerez dans cet intervalle de temps; après cela vous le ferez fondre et le passerez et soumettrez au bain-marie, en y ajoutant six livres de pommade à la cassie. Lorsque le mélange sera fondu, vous y incorporerez une livre et demie de pommade au jasmin et une demi-livre *idem* au réséda. Vous le tirerez au clair et à demi-froid; vous y ajouterez quelques gouttes d'essence d'ambre et de musc.

### Pommade au seringat.

Prenez six livres de corps préparé selon la méthode indiquée ; étant fondu, faites la même préparation avec le storax et benjoin qu'au lilas ; joignez-y deux livres de pommade à la fleur d'orange, une demi-livre à la jonquille, une demi-livre au réséda, une demi-livre à la cassie et une demi-livre *idem* à la tubéreuse. Lorsque ce mélange sera refroidi, vous le déposerez sur vos châssis, et le garnirez de fleurs les plus fraîches et les plus sèches ; quand vous aurez formé vos couches de fleurs, vous ferez fondre votre pommade et la passerez ensuite ; vous la tirerez au clair, et quand elle sera à demi-froide, vous la parfumerez avec quelques gouttes d'essence d'ambre et de musc, et deux ou trois gouttes de bon néroli.

### Pommade composée au seringat.

Prenez trois livres de pommade à la fleur d'orange, une livre à la cassie, une livre au réséda, une demi-livre à la jonquille ou une livre au jasmin, et une demi-livre à la tubéreuse. Vous parfumerez ensuite ce mélange avec deux gros d'essence d'ambre, deux gros, *idem* de musc, et deux ou trois gouttes de bon néroli.

### *Pommade au muguet.*

Faites fondre quatre livres de corps purifié comme ci-devant, joignez-y ensuite une livre de pommade à la rose, une livre au réséda, quatre onces à la cassie, quatre onces au jasmin; observez le même principe que ci-devant pour étendre votre corps et changer vos fleurs; enfin vous ferez fondre le mélange, et lorsqu'il sera tiré au clair, vous y ajouterez, quand il commencera à figer, quelques gouttes d'essence d'ambre et de musc, et une goutte ou deux d'essence de rhodia.

### *La même composée.*

Faites fondre deux livres de pommade à la rose, deux livres *idem* au réséda, une demi-livre *idem* à la cassie, une demi-livre *idem* au jasmin. Lorsque le tout sera à demi-froid, vous le parfumerez avec quelques gouttes d'essence d'ambre, de musc et de rhodia.

### *Pommade à la tubéreuse.*

Vous vous servirez pour cette pommade du même corps et de la même préparation que pour celle à la jonquille; vous emploierez vos fleurs de tubéreuse de même, et, pour la finir, vous y ajouterez quelques gouttes d'essence d'ambre, de musc et de vanille.

*Pommade au jasmin.*

Prenez dix livres de corps épuré et préparé selon la méthode déjà indiquée, faites-le fondre au bain-marie, ajoutez-y ensuite quatre onces de storax en pain et quatre onces de benjoin; laissez infuser le tout comme vous avez précédemment fait; vous le ferez ensuite refondre, vous le passerez au clair, et vous le remettrez de nouveau au bain-marie, en y ajoutant une livre et demie de bonne pommade à la fleur d'orange et une demi-livre à la cassie. Vous laisserez refroidir votre corps ainsi préparé, et l'étendrez ensuite sur vos châssis pour y déposer vos fleurs, comme ci-devant; vous le ferez refondre et le passerez de même, et lorsqu'il sera à demi-froid, vous y ajouterez quelques gouttes d'essence d'ambre et de musc.

J'observerai que cette pommade revient fort chère à Paris, attendu que le jasmin n'est pas assez commun pour la grande consommation qui s'en fait.

## Pommade à la cassie.

Cette pommade se dispose de même pour sa préparation que celle au jasmin, excepté la portion de pommade à la cassie que vous remplacez par la pommade au jasmin, et vous suivez le même procédé pour sa fabrication que pour celle à la fleur d'orange. Cette pommade, très-forte en odeur, est une de celles qui se conservent le plus; elle est très-nécessaire pour les pommades de composition.

## Pommade au réséda.

Prenez, de votre corps purifié, la quantité de huit livres, joignez-y, lorsqu'il sera fondu, deux livres de pommade à la rose, une livre à la fleur d'orange et une livre à la cassie; et lorsque le tout sera fondu et refroidi, étendez-le sur vos châssis pour y recevoir vos fleurs, en les changeant de la même manière qu'auparavant; il est bon de faire observer qu'elles sont plus difficiles à changer que les autres fleurs, étant plus fines, et que, par cette raison, il est moins aisé de les lever de dessus la pommade; il faut prendre pour cela un petit ustensile très-menu, ou un cure-dent, car, autant que faire se peut, il ne faut point laisser de vieilles fleurs sur votre pommade. Lorsqu'elle aura subi ces couches de fleurs, vous la finirez en la faisant fondre, et la passerez de même ; lorsqu'elle sera demi-froide, vous la parfumerez avec une once d'essence de bergamote et quelques gouttes de rhodia.

### *Pommade à l'héliotrope.*

Prenez du corps purifié comme ci-devant, la même quantité, et préparé de même avec le benjoin et le storax, comme à la pommade au jasmin ; cette opération faite, vous remettrez votre corps au bain-marie ; lorsqu'il sera fondu vous y ajouterez une livre de pommade à la rose et trois livres au jasmin ; disposez-la de même pour l'étendre sur vos châssis et pour y recevoir vos fleurs. Lorsque vos couches de fleurs seront formées, et que vous jugerez que votre pommade sera suffisamment parfumée, vous la ferez fondre et la passerez ; vous la laisserez reposer pour la tirer au clair et à demi-froide ; vous la parfumerez ensuite avec deux onces d'essence de vanille, deux onces de baume du Pérou, un gros d'huile essentielle de girofle avec autant d'essence d'ambre et de musc. Vous agiterez bien ces objets ensemble dans une bouteille avant de les mettre dans votre pommade, et remuerez fortement le mélange afin qu'il s'incorpore bien. Vous pourrez lui donner une petite teinte brunâtre en y ajoutant deux onces de poudre à la vanille brune, désignée ci-après à l'article des poudres. Vous mettrez cette poudre avant que votre pommade ne prenne, c'est-à-dire pendant qu'elle sera encore un peu chaude. Pour éviter qu'il se forme des grumeaux, comme cela arrive quelquefois, vous délayerez votre poudre dans une petite portion de votre pommade, et lorsqu'elle sera bien délayée vous la mettrez dans la masse entière de cette pommade, en la remuant bien jusqu'à ce qu'elle prenne, afin d'éviter qu'elle ne dépose.

### *La même que ci-dessus composée.*

Faites fondre au bain-marie une livre de bonne pommade à la rose, trois livres *idem* à la vanille; lorsqu'elles seront fondues vous y ajouterez deux livres de pommade au jasmin, et une livre *idem* à la tubéreuse. Laissez ces dernières pommades le moins possible sur le feu, retirez-les aussitôt qu'elles seront fondues. Pour terminer l'opération vous mettrez, lorsque votre pommade sera à demi-refroidie, une once d'essence de vanille, une once de baume du Pérou, un demi-gros d'huile essentielle de girofle et autant d'essence d'ambre et de musc : agitez bien ce mélange avant de le mettre dans votre pommade.

### *Pommade à la vanille.*

Prenez de votre corps préparé et purifié douze livres ; lorsque vous l'aurez fait fondre au bain-marie, vous y ajouterez une livre de bon storax et une demi-livre de benjoin. Il faut que ces substances soient bien pulvérisées. Vous laisserez le tout en infusion quelques jours ; vous le pétrirez et retournerez à différentes reprises tous les jours ; après ce temps vous le ferez fondre et le passerez au tamis ; vous ajouterez ensuite douze onces de bonne vanille que vous couperez par petits morceaux bien minces et que vous pilerez bien avec une portion de votre corps ; vous le joindrez au reste dans un vaisseau convenable ; vous laisserez infuser pendant quinze jours au moins. Dans cet intervalle vous aurez attention de retourner votre corps de pommade ; ce temps expiré vous le ferez fondre au bain-marie, et le laisserez infuser de nouveau avec la même vanille, et de la même manière, pendant le même espace de temps ; ensuite vous le ferez refondre pour la dernière fois, vous le passerez, vous en presserez bien le marc sous une petite presse, s'il est possible, pour en exprimer toute la graisse, qui en est la meilleure partie. Après cela vous y mettrez une demi-livre de poudre à la vanille brune désignée ci-après, que vous aurez soin de remuer toujours de crainte du dépôt. Lorsqu'elle sera à demi-froide, vous la parfumerez avec une once d'essence de bergamote, deux onces d'essence de vanille, deux onces de baume du Pérou, deux gros d'huile essentielle de girofle, une once d'essence d'ambre et de musc ; agitez bien ces objets ensemble et incorporez-les ensuite dans votre pommade, en remuant bien le tout jusqu'à ce qu'elle soit bonne à mettre en pots.

Si vous desirez cette pommade plus brune, vous l'aurez telle en augmentant votre portion de poudre brune.

J'observe que le marc que vous retirerez

de votre pommade à la vanille n'est pas à dédaigner, et qu'il lui reste toujours un peu de qualité. Vous le remettrez sur une même portion de corps épuré, et le ferez infuser de la même manière que la précédente, en y ajoutant les mêmes essences au double. Celle-ci n'étant pas si forte ni si chère, vous servira à faire valoir l'autre, et devra être employée comme pommade simple.

### Pommade au bouquet.

Faites fondre au bain-marie trois livres de bonne pommade à la rose, deux livres à la fleur d'orange, une livre à la cassie, une livre à la jacinthe ou à la tubéreuse, huit onces au réséda, huit onces à la jonquille, une livre à la vanille; toutes ces pommades étant fondues, vous y ajouterez trois livres de pommade au jasmin; le tout étant à demi-froid, vous le parfumerez avec deux onces d'essence de bergamote, quatre gros d'huile essentielle de girofle, deux ou trois gouttes d'essence de thym, et deux gros d'essence d'ambre et musc.

### Pommade de mille fleurs.

Cette pommade diffère fort peu de celle au bouquet, et peut se traiter de même, en y ajoutant dans la même quantité d'essence un gros d'essence de Portugal, un gros d'essence de fenouil, un demi-gros d'essence de lavande. Vous lui donnerez une teinte d'une couleur différente.

### Pommade au pot-pourri.

Vous ferez fondre quatre livres de corps préparé selon la méthode ; lorsqu'il sera fondu vous y ajouterez deux livres de pommade à la fleur d'orange, deux livres à la cassie, une livre à la rose, une livre au réséda, et deux livres *idem* au jasmin. Vous le parfumerez avec trois onces d'essence de bergamote, quatre gros d'huile essentielle de girofle, quelques gouttes d'essence de thym, de néroli, de lavande, de fenouille, de *fenum græcum*. Vous y ajouterez aussi quelques gouttes d'essence d'ambre, de musc et de vanille. Vous lui donnerez une teinte avec une once ou deux de poudre brune à l'œillet.

### Pommade à l'œillet.

Vous ferez fondre six livres de corps préparé comme ci-devant ; lorsqu'il sera fondu vous y joindrez quatre livres de pommade à la fleur d'orange, deux livres *idem* au jasmin;

vous y mettrez quatre onces de poudre de girofle brune, davantage, si vous la desirez plus brune, et lorsque le tout sera bien mélangé et prêt à prendre, vous le parfumerez avec deux onces d'huile essentielle de girofle bien fine, et une once et demie d'essence de bergamote.

### Pommade à la sultane.

Prenez quatre livres de votre corps préparé au benjoin et au storax, comme il est dit aux articles précédens où il en est mention; le tout étant fondu joignez-y une livre de pommade à la rose double, une livre à l'héliotrope ou à la vanille, une livre à la tubéreuse, une livre à la jonquille, et quatre livres au jasmin. Lorsque le mélange sera à demi-refroidi vous le parfumerez avec quatre gros d'essence d'ambre, quatre gros d'essence de musc, quatre gros d'essence de vanille.

### Pommade à la duchesse.

Prenez quatre livres de corps préparé; lorsqu'il sera fondu, joignez-y quatre livres de pommade à la fleur d'orange, trois livres de pommade au jasmin, une livre *idem* à la rose; toutes ces pommades étant fondues et à demi-froides, vous les parfumerez avec quatre onces d'essence de bergamote, un gros d'essence de thym, et un gros d'essence d'ambre et de musc.

### *Pommade à la frangipane.*

Prenez quatre livres de corps préparé, lorsqu'il sera fondu, vous y ajouterez deux livres de pommade à la fleur d'orange, une livre *idem* à la cassie, une livre *idem* à la rose, quatre livres *idem* au jasmin; le tout étant fondu et demi-froid, vous verserez dans une bouteille deux onces d'essence de bergamote, avec laquelle vous mettrez quatre gros d'essence de girofle, une once et demie de baume du Pérou, une once d'essence de vanille et quatre gros d'essence d'ambre et de musc; vous agiterez toutes ces essences ensemble afin qu'elles s'incorporent bien, et ensuite vous les verserez dans votre pommade en l'agitant bien jusqu'à ce qu'elle soit prise; avant d'y mettre vos essences, vous lui donnerez la teinte que vous jugerez à propos; mais on lui en communique ordinairement une d'un jaune un peu rougeâtre avec un mélange que vous composez d'une once de poudre d'écorce de bergamote, et d'une demi-once de poudre rousse à la maréchale ; observez pour cette couleur le même principe que pour la vanille, et pour toutes autres pommades que vous liquéfierez avec des poudres : ayez soin de les bien remuer jusqu'à ce qu'elles soient prises afin qu'elles ne puissent pas déposer.

### Pommade à la maréchale.

Vous observerez pour celle-ci les mêmes procédés que pour la pommade à la frangipane, excepté que vous la parfumerez avec une once d'essence de bergamote, quatre gros d'essence de girofle, une once de baume du Pérou, un demi-gros d'essence de sassafras, un demi-gros *idem* de cannelle, un demi-gros *idem* de rhodia, une goutte d'huile essentielle d'anis ou quelques gouttes d'esprit de badiane ou d'anis, quatre gros d'essence d'ambre et de musc ; vous lui donnerez ensuite une teinte différente que celle à la frangipane en la rendant plus brune par une once de poudre à la vanille, et une demi-once de poudre d'écorce de bergamote.

### Pommade ambrée et musquée.

Prenez de votre corps préparé, selon les règles de l'art, au benjoin et storax, la quantité de deux livres, broyez dans un petit mortier deux gros d'ambre et deux gros de musc; le tout étant bien pulvérisé, vous y ajouterez un peu de votre corps de pommade, toujours en broyant le plus que vous pourrez. Vous joindrez alors ces substances à votre restant de corps que vous aurez fait fondre au bain-marie, en en soustrayant une petite quantité que vous réserverez pour repasser dans votre mortier, afin d'en extraire l'odeur d'ambre et de musc dont il sera imprégné. Cette opération étant faite et le tout fondu, vous le retirez de votre bain-marie, et le laisserez infuser l'espace de huit jours au moins, en ayant soin de le retourner de temps à autre; ensuite vous le ferez refondre comme ci-devant pour le passer et en exprimer le marc; vous remetrez de nouveau votre corps au bain-marie, en y ajoutant une livre de pommade à la jacinthe, une demi-livre au jasmin et une demi-livre à la vanille. Vous parfumerez le tout avec deux gros d'essence d'ambre, deux gros *idem* de musc, et quatre gros *idem* de vanille; au défaut de pommade à la jacinthe, vous mettrez un quarteron de pommade à la fleur d'orange et trois quarterons de celle à la tubéreuse.

Cette pommade peut se vendre comme pommade à l'ambre et pommade au musc.

### Pommade de Chipre.

Vous agirez de même pour celle-ci que pour la précédente, en doublant la quantité de l'ambre ou du musc que vous y mettrez, tant en nature qu'en essence. Vous y joindrez aussi avant d'y mettre vos essences, deux onces de poudre de Chipre, que vous aurez soin de bien incorporer comme il est dit ci-dessus.

### Pommade aux fleurs d'Italie.

Cette pommade dont le nom seul prévient en faveur de sa qualité, doit engager à y mettre toute l'attention nécessaire pour la bien composer.

Vous prendrez huit livres de votre corps préparé comme pour la pommade à la jonquille, vous l'étendrez sur vos châssis, que vous garnirez de fleurs de jacinthe, qui sont les premières fleurs que l'on puisse travailler au printemps. Lorsque votre corps aura reçu cinq à six couches, et que vous apercevrez qu'il est assez fort, vous remettrez sur votre même composition des fleurs de jonquille dans la même quantité de couches que vous avez données à la jacinthe. Vous ferez la même opération avec la fleur de lilas, et en agirez de même avec celle de muguet ; vous ferez fondre ensuite votre pommade et la passerez.

Vous la remettrez de nouveau au bain-marie, et y ajouterez une livre de pommade à la fleur d'orange, une livre *idem* au jasmin, huit onces à la tubéreuse, huit onces à la cassie, huit onces au réséda et huit onces à la rose. Votre pommade ainsi fondue et demi-froide, vous la parfumerez avec une once d'essence d'ambre et une demi-once *idem* de musc, quatre gros d'essence de bergamote et un gros d'huile essentielle de girofle, et vous la colorerez avec cinq onces de poudre d'écorce de bergamote ou d'orange, et deux onces de poudre de vanille brune.

*Pommade aux fleurs d'Italie composée.*

Comme il n'y a qu'un temps pour pouvoir faire cette pommade avec les fleurs, on peut, à défaut de fleurs, y suppléer par la composition suivante.

Faites fondre deux livres de pommade à la fleur d'orange, une livre *idem* à la cassie, deux livres *idem* au jasmin, une livre à la tubéreuse, une livre à la jacinthe; à défaut de ces deux dernières mettez celle d'orange et de jasmin, huit onces de celle au réséda, huit onces à la rose, une livre à la jonquille; et si vous n'en avez point à la jonquille, prenez celle à l'orange et à la tubéreuse, vous la parfumerez avec six gros d'essence d'ambre, deux gros d'essence de musc, trois gros d'essence de bergamote et un gros d'essence de girofle; vous la colorerez auparavant avec trois onces de poudre d'écorce d'orange ou de bergamote, et une once de poudre à la vanille brune.

### *Pommade romaine.*

Je ne ferai point de différence de celle-ci avec celle aux fleurs d'Italie; si ce n'est qu'il faut la faire plus molle, attendu qu'elle est destinée à remplacer les huiles odorantes, que l'on nomme *huiles antiques*. Elle est préférable à ces dernières surtout en été, où elles ont quelquefois l'inconvénient de rancir. Dans la saison de l'hiver c'est toute autre chose, on emploie ces huiles avec avantage parce qu'elles sont plus nouvelles. Vous coupez votre pommade avec ces huiles, soit au quart, soit au tiers, selon le degré du froid; mais il faut faire attention qu'elles soient de la meilleure qualité. Cette pommade n'est pas susceptible de prendre une autre teinte que celle qu'elle a naturellement. Depuis quelque temps on en débite de toutes les odeurs, comme rose, jasmin, orange, etc., auxquelles on donne le nom de *pommade romaine.*

## Pommade impériale.

Prenez quatre livres de pommade au jasmin double, une livre *idem* à la fleur d'orange, huit onces *idem* à la cassie, huit onces à la jonquille, huit onces à la jacinthe, huit onces au lilas, huit onces au réséda et huit onces à la tubéreuse; faites fondre toutes ces pommades au bain-marie, en réservant celles au lilas et au jasmin pour être fondues les dernières avec les autres, et en leur laissant subir le moindre degré de chaleur possible. Votre pommade étant à demi-refroidie, vous la parfumez avec une once d'essence de bergamote, une once *idem* de vanille, un gros de teinture de fenu grec ou *fenum græcum*, deux gros d'essence d'ambre et deux gros d'essence de musc.

Pour différencier cette pommade des autres par la couleur, vous y mettrez un peu de corps de pommade verte, à l'effet de lui donner un ton verdâtre et clair. On ne peut indiquer la quantité qu'il faut y mettre; on se gouvernera sur le ton plus ou moins foncé qu'elle affectera. Ce corps est désigné au chapitre II<sup>e</sup>. de la première partie.

### Pommade de Flore.

Faites fondre au bain-marie une livre de pommade à la rose, huit onces à la fleur d'orange, huit onces à la jonquille, huit onces au lilas, huit onces à la jacinthe, huit onces à la violette, quatre onces à la cassie, deux livres et demie au jasmin. Que toutes ces pommades soient de la meilleure qualité. Retirez-les du feu aussitôt qu'elles seront fondues; parfumez-les demi-froides avec deux gros d'essence d'ambre, deux gros d'essence de musc, un demi-gros d'huile essentielle de girofle; donnez à cette pommade une belle couleur de rose très-tendre, comme celle de l'hortensia, avec l'orcanette, la liqueur rose, ou un peu de beau carmin, que vous broierez à part avec une petite portion de votre pommade; votre couleur étant bien broyée, vous la mettrez avec la totalité, en la tournant toujours pour qu'elle s'incorpore bien. Cette pommade peut passer pour une des plus agréables par son odeur douce et suave; et, par cette raison, répondre au titre agréable qu'on lui donne.

### *Même qualité en bâtons de pommade.*

Vous vous servirez des mêmes procédés pour les bâtons de pommade que pour la pommade liquide, en employant seulement de votre corps de graisse de bœuf épuré et préparé comme ci-devant. Cependant, lorsque les chaleurs sont grandes, ou lorsqu'il s'agit de la transporter dans des climats chauds, vous pouvez y joindre une once ou deux, et même plus, de cire vierge, de la meilleure qualité, par livre de corps, ou même de la cire jaune si votre pommade n'est pas susceptible d'être blanche. J'ai éprouvé que la jaune porte un goût plus agréable.

Vous coulerez votre pommade dans vos moules lorsqu'elle commencera à devenir un peu louche, c'est-à-dire lorsqu'elle sera prête à figer, parce qu'étant coulée trop chaude, il en résulteroit l'inconvénient de la voir fuir de vos moules, ou bien vos bâtons en refroidissant se creuseroient et casseroient.

### *Pommade à la bergamote fine.*

Cette pommade ne prévient pas par le titre; elle plaît cependant à beaucoup de personnes, et quand elle est faite avec soin, elle peut être mise au rang des bonnes.

Vous ferez fondre six livres de corps préparé selon la méthode; lorsqu'elles seront fondues, vous y joindrez six livres de pommade à la fleur d'orange; vous donnerez à cette pommade une petite teinte jaune avec le *terra merita* pour la différencier de la pommade ordinaire; et la parfumerez enfin avec huit onces d'essence de bergamote et quelques gouttes d'essence d'ambre et de musc.

### *Pommade de moëlle de bœuf de différentes odeurs et qualités.*

Dans l'origine, cette pommade a eu du succès, et il lui étoit dû, parce qu'on la faisoit véritablement avec de la moëlle de bœuf, et qu'on la vendoit en conséquence; mais comme on n'a pas pu suffir au grand débit qui s'en faisoit, les marchands ont substitué d'autres graisses à la moëlle de bœuf, l'ont donnée alors à meilleur compte et l'ont discréditée.

Pour douze livres de pommade que vous voulez faire, prenez la quantité suivante de vos corps épurés, savoir : quatre livres de corps de graisse de bœuf et huit livres de corps de panne ; le tout étant fondu, vous y ajoutez huit onces de votre corps jaune préparé, dont il est fait mention ci-après ; au défaut de celui-ci, vous prendrez un morceau de roucou, vous l'enveloperez dans un linge que vous nouerez bien en forme de tempon, pour le tremper dans votre pommade jusqu'à ce qu'elle soit de la teinte que vous desirez ; cette teinte se donne ordinairement de la couleur de beurre frais un peu foncé. Quand cette pommade commencera à se figer, vous la parfumerez avec six onces d'essence de bergamote.

En été, vous mettrez plus de corps de graisse de bœuf que de panne, même jusqu'à moitié, et plus s'il est nécessaire, cette dernière n'étant que pour le temps moyen ; d'ailleurs votre intelligence doit vous indiquer le degré de plus ou moins de fermeté que votre pommade doit avoir. Dans l'hiver, lorsque les froids sont excessifs, l'on met quelquefois les trois quarts et demi de corps de panne ou moitié d'huile blanche. C'est le cas aussi d'employer vos huiles aux fleurs, que vous avez retirées de l'infusion avec vos esprits. Il faut surtout les employer fraîchement retirées : si elles étoient rancies elles ne vaudroient rien.

Au défaut de corps de graisse de bœuf, vous pourriez prendre de votre corps préparé comme pour la pommade ordinaire.

*Pommade de moëlle à la rose.*

Cette pommade et les suivantes, à la moëlle, doivent se vendre mieux que la précédente, étant d'une qualité qui lui est supérieure. Il faut, en conséquence, employer de votre corps préparé selon la méthode usitée; prendre neuf livres dudit corps lorsqu'il sera fondu, y ajouter trois livres de bonne pommade à la rose; vous lui donnerez ensuite la couleur convenable comme ci-devant, et y mettrez quelques gouttes d'essence de bergamotte.

*Pommade de moëlle à la fleur d'orange.*

Vous suivrez le même procédé que pour celle à la rose, en mettant la même quantité de corps préparé et de pommade fine à la fleur d'orange; vous y ajouterez aussi quelques gouttes d'essence de bergamote.

### Pommade de moëlle au jasmin.

Vous suivrez le même procédé que pour la précédente, en observant de ne mettre votre pommade fine que lorsque votre corps sera totalement fondu et retiré du feu, à raison de ce que le jasmin souffre d'une chaleur trop long-temps prolongée. Servez-vous du même moyen pour toutes vos pommades aux fleurs.

### Pommade de moëlle à l'œillet.

Prenez onze livres de votre corps préparé lorsqu'il sera fondu, ajoutez-y une livre de pommade à la fleur d'orange, colorez-la comme les précédentes, et parfumez-la sur la fin de l'opération avec une once d'essence de bergamote et une once et demie d'essence de girofle.

### Pommade de moëlle au bouquet.

Prenez huit livres de corps préparé ; lorsque vous l'aurez fait fondre vous y joindrez une livre et demie de pommade à la rose, une livre à la fleur d'orange, une livre au jasmin et une livre *idem* à la cassie ; vous lui donnerez ensuite une teinte de jaune un peu rembrunie, et la parfumerez avec trois onces d'essence de bergamote, une once d'essence de girofle, et trois ou quatre gouttes d'essence de tyhm.

Vous pouvez faire votre pommade à la moelle de bœuf de toutes les odeurs, en suivant le même procédé qu'aux précédentes, et en employant les mêmes proportions.

### Bâtons de moelle de bœuf.

Il en est de même pour les bâtons de pommade de moelle de bœuf ; vous n'emploierez pour lors que du corps ferme ; si c'est en été, vous y mettrez une once de cire jaune par livre, et même plus si vos pommades fines n'étoient pas de corps ferme. Cette pommade n'aura pas besoin d'être beaucoup colorée, à raison de ce que la cire donne une assez belle couleur par elle-même.

Les bâtons de moelle ordinaire à la bergamote se font tout simplement avec le corps ferme ordinaire, et se colorent de même que la pommade ; vous les parfumerez aussi de la même manière. En été, vous y ajoutez de la cire jaune dans la quantité ci-devant spécifiée ; ayez attention de faire fondre votre cire la première; et, pour règle générale, il faut que tous les corps fermes soient fondus les premiers.

### Pommade d'ours au noyer.

Cette pommade est bonne pour les cheveux si elle est véritablement faite avec de la graisse d'ours, à laquelle on attribue une qualité merveilleuse pour opérer leur conservation et faciliter leur croissance; mais, attendu qu'on ne peut se procurer facilement de cette graisse, on vend souvent de la pommade d'ours qui n'en a que le nom. Comme j'ai eu la facilité d'avoir de cette substance, j'en ai fait de la pommade, et voici comme je m'y suis pris:

J'ai pris quatre livres de cette graisse, et, à raison de ce qu'elle est naturellement fort grasse et très-huileuse, j'y ai joint, pour lui donner un peu de consistance, deux livres de moëlle de bœuf; ou, à défaut de cette moëlle, de la graisse de bœuf; lorsque le tout a été fondu et bien épuré, j'y ai ajouté environ deux ou trois bonnes poignées de feuilles de noyer, les plus fraîches et les plus tendres, que j'ai pulvérisées avant de les jeter dans cette graisse; j'ai bien remué le tout, et l'ai laissé infuser jusqu'au lendemain; je l'ai fait fondre de nouveau, et l'ai passé, en l'exprimant le plus que j'ai pu; j'ai recommencé la même opération en changeant de feuilles chaque fois, et enfin, lorsque le mélange a été passé, je l'ai tiré une ou deux fois au clair; j'y ai mêlé ensuite pour le parfumer cinq ou six onces d'essence de bergamote. La lavande et quelques gouttes de thym, ou de marjolaine, vaudroient mieux pour emporter le goût de la graisse, et même pour lui donner plus de qualités aromatiques.

### *Autre manière de faire la pommade de graisse d'ours au noyer.*

Celle-ci, à bien dire, ne sera que de la pommade au noyer, quoique très bonne, vu que la feuille de noyer a une vertu très résolutive, qui donne de la qualité à la graisse ou pommade dans laquelle on l'incorpore. Voici la manière de la faire.

Prenez de la pommade fine en proportion de la quantité que vous jugerez à propos d'en faire, tâchez de la composer de préférence à la fleur d'orange, à la rose, à la cassie, attendu que ce sont les odeurs qui se soutiennent et se conservent le mieux.

Vous vous conformerez à la règle que vous

avez suivie ci-devant pour la quantité de vos feuilles. Si cette pommade n'a pas tout-à-fait la même vertu que la pommade d'ours, elle sera du moins plus agréable.

Vous pouvez en faire des bâtons en ajoutant un quarteron de cire par livre de graisse, et, en été, douze onces de pommade et quatre onces de cire. Comme la graisse d'ours est plus grasse et plus huileuse, il en faudroit six onces au moins, principalement en été.

*Pommade souveraine pour la conservation des cheveux.*

Faites fondre au bain-marie une livre de graisse de mouton et autant de graisse de porc, toutes les deux épurées selon la méthode; vous y ajouterez quatre onces de sel blanc bien fin. Vos graisses étant fondues, vous les mettrez refroidir, en tournant toujours pour que le sel s'incorpore le mieux possible avec la graisse; vous mettrez en poudre très-fine quatre onces de graine de persil, une demi-once de graine d'aneth et une once de graine de fenouil; vous incorporerez cette poudre avec la pommade en la broyant dans un mortier de marbre, et la mettrez en pots.

### Pommade aux concombres.

Prenez huit livres de panne avec quatre livres de graisse de veau; à défaut de cette dernière, vous emploierez de la graisse de mouton, parce qu'il est plus facile de s'en procurer que de celle de veau, principalement pour ceux qui en font une grande quantité; mais je donnerai toujours la préférence à celle de veau.

Vous couperez et pilerez votre graisse selon qu'il est indiqué au chapitre I$^{er}$, ensuite vous la laverez bien et la ferez fondre avec l'eau de deux ou trois concombres; lorsqu'elle sera fondue et bien écumée, passez-la dans un linge ou tamis bien propre; quand elle sera reposée, vous la tirerez au clair, et lorsqu'elle sera prise, vous y joindrez l'eau de cinq ou six concombres; vous pétrirez le tout ensemble, et ferez en sorte que votre eau couvre votre pommade; vous la laisserez infuser l'espace de vingt-quatre heures, et, dans cet intervalle de temps, vous la pétrirez et la tournerez. Vous recommencerez cette opération en renouvelant votre eau de concombre jusqu'à cinq à six fois, sans autre précaution que celle d'égoutter votre ancienne eau pour en remettre de la nouvelle ; enfin, quand vous aurez retiré votre dernière eau, vous ferez fondre votre pommade avec l'eau de cinq à six concombres en ne mettant d'abord que la moitié de cette eau. Lorsque la pommade sera fondue et versée dans votre bassine, vous l'arroserez avec le reste de votre eau ; vous la laisserez reposer l'espace d'un gros quart-d'heure, ensuite la tirerez au clair le mieux possible pour qu'il n'y reste aucune humidité. Il vaut mieux en laisser sur votre fond une certaine épaisseur, que de faire venir de l'eau. Celle-là se finit à part, et on la vend la première. Cette pommade demande plus de soin et de propreté qu'aucune autre ; il faut la mettre à l'abri de la mauvaise odeur et de la putréfaction, qui pourroient la faire tourner, surtout tant qu'elle est en infusion. Cette dernière opération étant faite, vous la laisserez prendre pour la bien battre et la rendre blanche et légère. Je vais décrire ici la manière de tirer l'eau ou le suc des concombres.

Vous coupez vos concombres en deux dans leur longueur, et avec un large couteau court, arrondi par le bout ; vous ratissez vos concombres jusqu'à la pelure, ensuite vous passez ce marc ou suc à travers un tamis ou linge fort pour bien l'exprimer. C'est ce suc qui vous sert à la fabrication de votre pommade aux concombres. Ce suc peut également convenir pour composer le lait de concombre dont il est fait mention ci-après.

Le suc de concombre pourroit s'obtenir aussi par la distillation, mais il n'auroit pas la même qualité et perdroit de sa fraîcheur. Il faut s'en tenir tout simplement au premier. Et pour conserver de ce suc toute l'année, vous y mettrez un bon huitième d'esprit fin.

### *Pommade aux limaçons.*

Cette pommade est une de celles que l'on peut mettre au premier rang pour la conservation de la peau, lorsqu'elle est faite de la manière suivante, qui est celle que l'on observoit dans son origine.

Vous prendrez quatre livres de graisse de mouton, belle et fraîche, que vous pilerez et laverez bien ; la dernière eau dans laquelle vous la mettrez sera de l'eau rose ; vous la laisserez infuser dans cette eau jusqu'au lendemain ; ensuite vous la passerez à froid dans un linge bien propre ; vous la mettrez dans une terrine de terre vernissée, et vous verserez dessus un demi-septier d'eau-de-vie, et autant de vin blanc; vous la retournerez bien et la laisserez tremper de cette manière jusqu'au lendemain, alors vous la retirerez, la mettrez sur un linge blanc, et vous l'essuierez bien avec un autre linge. Après cette opération, vous la mettrez par petites portions dans un mortier de marbre, pour la piler avec un peu d'eau de rose; lorsqu'elle sera toute bien pilée et écrasée, vous la ferez fondre au bain-marie avec six oignons de lis, que vous diviserez par tranches, deux onces de racine de guimauve ratissée, épluchée et coupée par morceaux, le milieu d'un gros citron coupé en trois, deux douzaines de limaçons que vous nettoierez bien, auxquels vous ôterez les intestins, et une once de sucre fin. Lorsque votre graisse sera fondue, vous la laisserez un petit quart-d'heure dans le bain-marie, vous la passerez ensuite dans un linge un peu serré, et vous la laisserez reposer jusqu'au lendemain, que vous lèverez votre pain de pommade de dessus le marc. Vous la nettoierez bien, et vous la pétrirez de nouveau avec de l'eau de rose; vous égoutterez cette eau et ferez refondre votre pommade de nouveau en y ajoutant une demi-once de sucre candi, une demi-once de benjoin, une demi-once de storax en larmes, un demi-gros de borax battu. Lorsqu'elle sera fondue, vous agiterez bien le tout et le laisserez s'incorporer jusqu'au lendemain; vous la remettrez encore fondre, pour la passer au travers d'un linge bien serré, et dans une terrine vernissée, comme il est dit ci-devant; vous laisserez reposer votre pommade pour la tirer au clair avec attention. Vous la soumettrez au bain-marie pour qu'elle puisse être refondue à feu doux, en y ajoutant une once de blanc de baleine, du plus nouveau et le plus blanc; et lorsqu'il sera fondu, vous retirerez votre pommade du bain-marie, la verserez dans votre terrine, et y ajouterez six onces d'huile d'amande douce; vous la remuerez sans interruption avec votre spatule jusqu'à ce qu'elle prenne, ensuite vous la batterez jusqu'à ce qu'elle soit bien blanche et bien légère; mettez-la ensuite en pains ou en pots.

*Autre manière de faire la pommade aux limaçons, et la plus usitée.*

Prenez quatre livres de graisse de veau bien fraîche, ayez soin de la bien piler, et de la laver à différentes eaux, de façon que votre dernière soit de l'eau de rose. Vous la purgerez bien ensuite avec cette eau, et la renouvellerez, s'il se peut. Vous retirerez cette eau, et ferez fondre votre pommade au bain-marie en y ajoutant une once de bon storax en larmes, ou, à défaut de celui-ci, de storax en pain, et une demi-once de benjoin; vous pulvériserez ces deux substances avant de les faire fondre; vous laisserez infuser cette composition, lorsqu'elle sera refroidie, jusqu'au lendemain; ensuite vous la ferez refondre, après quoi vous la passerez dans un linge bien propre, qui n'ait aucun goût désagréable. Vous la laisserez déposer de cette manière une bonne demi-heure, ensuite vous la tirerez au clair dans une terrine, de manière qu'elle ne contracte point d'humidité, et lorsqu'elle sera refroidie, vous la battrez jusqu'à ce qu'elle devienne blanche et légère.

Il est facile de lui donner un peu plus d'odeur, en y ajoutant deux ou trois gouttes d'essence de rose.

*Pommade à la providence pour blanchir la peau.*

Vous prendrez une livre de votre corps préparé comme ci-dessus, purgé à l'eau de rose seulement, vous le ferez fondre, et lorsque vous l'aurez tiré au clair, vous le laisserez refroidir. Quand il sera bien pris, vous y ajouterez quatre onces de blanc de perle, et deux onces de talc de Venise, le plus fin possible. Vous incorporerez ces objets ensemble, en les broyant bien au mortier de marbre, ou sur une table de marbre, avec une petite molette, semblable à celles dont se servent les peintres pour broyer leurs couleurs. Vous la mettrez ensuite dans de petits pots plats destinés à cet usage.

### Pommade pour le tein.

Ayez deux gros de cire vierge, deux gros de blanc de baleine, quatre onces d'huile d'amande douce; faites fondre votre cire et votre blanc de baleine dans l'huile au bain-marie; ajoutez-y trois onces d'eau clarifiée, que vous mêlerez bien avec ces substances; ensuite vous coulerez ce mélange dans un mortier de marbre; vous le remuerez bien avec le pilon jusqu'à ce qu'il soit froid, et qu'il n'y paroisse plus de grumeaux. Pour rendre cette pommade plus agréable et lui donner plus de vertu, il faut y ajouter quelques gouttes de baume de la Mecque, et d'eau de rose.

### Pommade des Sultanes pour le tein.

Vous ferez fondre au bain-marie une once de cire vierge, deux onces de blanc de baleine; ces objets étant fondus, vous retirerez votre bain-marie du feu, et vous y ajouterez huit onces d'huile d'amande douce, huit *idem* d'huile des quatre semences froides, huit *idem* d'huile de pavot blanc. Vous mêlerez ces objets ensemble, et les battrez sans discontinuer. Lorsque votre composition commencera à devenir bien blanche, vous y mettrez une demi-once de baume de la Mecque, et un huitième de pinte d'eau de rose. Vous continuerez à bien mêler ces substances ensemble en y mettant de l'eau de rose jusqu'à ce que ce mélange ne puisse plus en absorber, et qu'il se détache par grandes lames.

Vous aurez soin de couvrir votre pommade d'un peu d'eau de roses dans vos pots. Elle peut tenir un rang distingué par sa composition, et la vertu qu'elle a d'adoucir et de maintenir la peau dans sa fraîcheur.

### Pommade pour les lèvres.

Vous ferez fondre au bain-marie quatre onces de cire vierge de la meilleure qualité; lorsquelle sera fondue, vous y ajouterez une livre de pommade à la rose. Après la fusion de cette dernière, vous y mettrez une demi-livre d'huile d'amande douce, et pour lui donner la couleur rose, vous y mettrez une once d'orcanette, que vous casserez par petits morceaux, et que vous laisserez infuser un bon quart-d'heure dans le mélange, en l'agitant toujours avec la spatule pour en retirer toute la teinture; ensuite vous la passerez dans un linge fin et propre. Choisissez votre orcanette de la qualité spécifiée à la table des notes.

Si vous desirez donner plus de prix et une couleur plus vive et plus belle à votre pommade, vous y mettrez, au lieu de pommade à la rose, qui porte toujours une teinte jaune, une livre de corps préparé et purifié à l'eau de rose double, selon la méthode; vous suivrez le même procédé pour le reste, à l'exception cependant que, lorsque votre pommade sera passée et refroidie, vous y mettrez un gros de beau carmin; vous étendrez votre pommade sur le marbre, et vous la broierez avec la molette, en y ajoutant quelques gouttes d'essence de rose pour la parfumer. Broyez-la bien avec attention, attendu que le carmin est sujet à se rouler, et qu'il s'échappe facilement de dessous la molette, ou du pilon lorsque c'est au mortier.

*Autre pommade pour les lèvres, principalement pour faire passer les gerçures, les crevasses des mains, du sein, et pour adoucir la peau.*

Faites fondre au bain-marie quatre onces de cire jaune, et après qu'elle sera fondue, mettez peu à peu quatre onces d'huile d'amande douce, et quatre onces d'huile à la rose, en retournant toujours avec la spatule jusqu'à ce que le tout soit bien incorporé; vous le retirerez aussitôt de la chaleur, et le laisserez refroidir, toujours en le tournant jusqu'à ce qu'il ait pris assez de consistance pour être mis en pots. Cette pommade ne se colore pas comme l'autre.

*Pommade noire.*

Prenez quatre onces de cire vierge, faites-les fondre au bain-marie, ajoutez-y douze onces de pommade fine à l'odeur qui vous conviendra, avec deux onces de noir d'ivoire, du plus beau, que vous réduirez en poudre très-fine.

Toutes ces choses étant bien incorporées et fondues, vous les passerez au travers d'un linge un peu serré, votre pommade sera alors d'un beau noir. Lorsqu'elle sera dans les pots, vous la glacerez un peu pour lui donner de l'éclat, en la présentant légérement sur de la braise allumée.

Vous vous servirez des mêmes moyens pour les bâtons de pommade noire, en y ajoutant plus de cire, c'est-à-dire un tiers au lieu d'un quart; en été même il faudroit y mettre moitié, et augmenter cette proportion suivant l'intensité de la chaleur, attendu que l'usage de cette pommade est de tenir solidement soit les cheveux, soit les sourcils, soit les moustaches, dans la forme qui leur convient.

### Corps de Pommade jaune.

Comme l'usage est depuis un certain temps de faire de la pommade de moëlle de bœuf, à laquelle on donne une teinte jaunâtre, l'on prépare à cet effet un corps jaune bien foncé; moyennant une certaine dose que l'on en met dans la pommade, cela lui donne plus ou moins de couleur. La dose est ordinairement d'une once environ par livre de pommade;

vous vous réglez de manière qu'elle vous donne une belle couleur de beurre frais.

Pour faire ce corps jaune bien foncé ayez six livres de corps de bœuf préparé, faites-le fondre au bain-marie, avec une livre de roucou; laissez un peu incorporer ce dernier avec votre corps, en le retournant bien l'espace d'environ une bonne heure; ensuite vous le passerez dans un linge fort en le pressant le plus possible.

La couleur qui vous restera, vous la remettrez avec la même quantité de corps de bœuf, que vous fondrez et que vous laisserez incorporer pendant un jour ou deux, pour en exprimer le reste de la couleur, qui sera presque aussi foncée que la première. S'il vous reste encore du marc, vous le remettrez avec du corps; cette drogue rendant beaucoup de couleur, on en tire le meilleur parti possible pour absorber le mauvais goût du roucou.

Vous parfumerez ce corps avec une once d'essence de bergamote par livre.

### *Autre corps jaune.*

Ce corps ne diffère de l'autre qu'en ce qu'il est d'un jaune un peu verdâtre, et qu'il sert à colorer d'autres qualités de pommades lorsqu'elles se trouvent un peu pâles, comme la fleur d'orange, la jonquille, etc.

Vous aurez la même quantité de corps préparé que ci-devant. Vous le ferez fondre avec une livre de *terra merita*, et lorsque vous l'aurez bien remué, et que le corps sera fondu, vous le passerez dans un linge. S'il vous reste du marc, vous en retirerez la couleur avec un peu de corps : cette couleur se divisant plus facilement que le rocou, vous la parfumerez avec moitié moins d'essence, attendu qu'elle n'a pas une odeur aussi désagréable.

### *Corps de pommade verte.*

Vous prendrez du corps de pommade épuré, ou bien de bonne pommade fine à la rose ou à la fleur d'orange, suivant la quantité dont vous aurez besoin. Vous la ferez fondre au bain-marie. Vous disposerez, pour mettre dans cette pommade, les sommités et feuilles de morelle nouvellement cueillies; vous les pilerez un peu au mortier de marbre, s'il est possible, parce que celui de fonte pourroit ternir la couleur; vous laisserez infuser votre morelle environ une petite demi-heure, en l'agitant de temps en temps; ensuite vous passerez ce corps de pommade et l'exprimerez bien. Vous lui donnerez encore une deuxième couche de morelle pour qu'il ait plus de couleur; vous le passerez de nouveau et le laisserez déposer pour le tirer avec soin, afin qu'il ne s'y trouve pas de fond et qu'il puisse, par ce moyen, se conserver et vous servir au besoin.

On emploie aussi ce corps de pommade pour donner de la couleur à la pommade d'ours à défaut de feuilles de noyer.

Si votre corps est sans odeur, vous le parfumerez avec une demi-once d'essence de bergamote par livre.

# DEUXIÈME PARTIE.

*De la fabrication des eaux d'odeurs, tant simples que spiritueuses, par distillation et infusion des esprits, extraits et teintures différentes, essences et quintessences, eaux cosmétiques et balsamiques, lait virginal et autres à l'usage de la toilette.*

## CHAPITRE PREMIER.

Les eaux d'odeurs se font en partie par la distillation. Il est bon de donner une idée des principes de cet art. Beaucoup de distillateurs et de chimistes en ayant parlé, ceux qui voudront avoir des notions plus étendues sur cette matière, peuvent consulter différens mémoires, entr'autres celui de Baumé (deux volumes *in*-8°.) sur la construction des différens fourneaux et alambics qui sont en usage.

On n'est pas trop d'accord sur la préférence qu'il convient de donner aux formes et aux proportions des vaisseaux qui doivent servir à cet usage; il n'est aucune méthode qui n'ait ses avantages et ses inconvéniens. Les localités sont aussi souvent un obstacle.

Je me bornerai à exposer la manière dont il faut opérer la distillation.

Il y a plusieurs sortes de distillations. La distillation à feu nu dont l'opération est plus prompte que toutes les autres, et qui mérite le plus de soin, principalement à l'esprit. La distillation au bain-marie est moins prompte, mais elle est meilleure et plus sûre; elle a en outre l'avantage d'empêcher vos substances de brûler. La distillation au bain de vapeurs s'emploie à-peu-près dans les mêmes circonstances que celle au bain-marie, et rend l'opération plus parfaite. On prend un vaisseau que l'on remplit d'eau jusqu'aux deux tiers, on le place sur le fourneau, et on pose ensuite l'alambic sur l'ouverture de ce vaisseau, bien juste sur les bords, afin qu'il n'entre pas plus avant. L'action du feu fait bouillir l'eau, les vapeurs chaudes s'en élèvent, frappent le cul de la cucurbite et forcent les parties les plus volatiles à s'élever et à se séparer des plus grossières. Cette opération est sans contredit une des meilleures pour obtenir les eaux d'odeurs les plus fines.

Vous ne chargerez votre alambic qu'aux trois quarts au plus; il vaudroit mieux en mettre moins pour laisser plus d'aisance à l'ébullition, surtout dans les distillations spiritueuses.

Celle au bain de sable a encore son mérite comme celle de vapeurs; ce bain est en outre susceptible de presque tous les degrés de chaleur, et par cette raison très-commode; il pourroit suffire à un grand nombre d'opérations si le distillateur, instruit par l'expérience, avoit acquis l'art de le bien gouverner. Il exige une marmite de fer, ou un vase de terre capable de résister au feu; on le remplit de sablon fin dans lequel on place l'alambic, de sorte que le sablon s'élève près d'un pouce au-dessus de la matière qui est dans la cucurbite.

Autant qu'il est possible, il faut pour distiller facilement, un lieu assez vaste et où il n'y ait rien de nuisible à vos opérations, et que tout s'y trouve disposé de manière à ce qu'on puisse placer toutes les choses nécessaires, et qu'elles soient sous la main du distillateur.

Il faut encore que votre laboratoire soit isolé autant que possible et à la proximité d'un puits ou d'une pompe, afin d'être à même, en cas de besoin, d'obvier aux accidens qui peuvent arriver malgré les précautions d'usage. Il est essentiel de ne confier ce travail qu'à des gens sages et raisonnables.

Vous poserez l'alambic d'aplomb sur l'ouverture du fourneau, en l'inclinant un peu du côté du bec pour faciliter l'écoulement des eaux ou esprits; il faut bien luter votre alambic, c'est-à-dire en bien fermer les jointures et tous les passages à l'évaporation. Pour les grands alambics, vous lutez avec une composition de cendre commune bien fine détrempée avec de l'eau, ou bien avec de la terre-glaise; il faut avoir soin de l'humecter lorsqu'elle se sèche dans le courant de l'opération; mais pour des alambics ordinaires, on peut se servir de fort papier collé. Votre alambic étant disposé de cette manière et garni de votre composition, vous ne le quittez point. Lorsque le feu commence à l'échauffer, on écoute ce qui se passe dans l'intérieur de ce vaisseau; si l'on s'aperçoit que l'ébullition est violente, on retire une partie de son feu et on couvre le reste de cendre. Il faut vous précautionner de vieux linges et de baquets d'eau, de crainte que votre distillation ne monte et ne perce les jointures de votre alambic, et qu'elle ne s'évapore au dehors, ce qui seroit très-dangereux; ayez soin de tremper vos linges pour en entourer votre alambic, et par ce moyen appaiser sur-le-champ l'ébullition. On ne peut déterminer un point juste de chaleur : il faut que l'intelligence, aidée de l'expérience, vous serve de guide. Il est sensible que pour une distillation d'eau simple il faut plus de feu que pour une spiritueuse. C'est pour cette dernière surtout que doit s'exercer toute la prévoyance indiquée ci-dessus. Changez d'eau souvent afin que votre chapiteau soit toujours frais, et ce qui sortira du récipient sera aussi de meilleure qualité.

On est dans l'usage présentement de se servir d'alambics à serpentins. L'opération est plus parfaite, elle tient lieu de rectification. Lorsque la distillation est bien conduite, et qu'on a soin de rafraîchir le serpentin, cette fraîcheur interrompt l'ascension des phlegmes, de sorte que les esprits qu'on tire montent très-purs et rectifiés.

Je ne m'étendrai pas davantage sur cette matière par la raison que j'ai donnée au commencement de ce chapitre.

## CHAPITRE II.

Je commencerai ce chapitre par la fabrication de l'esprit-de-vin, des eaux simples et spiritueuses de fleurs d'orange et de rose, les principales fleurs que nous possédons dans notre climat, et desquelles nous tirons le meilleur parti. Je continuerai dans le chapitre suivant par les esprits extraits des infusions ou teintures, les eaux d'odeurs distillées et autres composées, ainsi que différentes eaux et laits pour l'usage et l'embellissement de la peau.

L'esprit-de-vin est une partie d'eau-de-vie distillée, et de laquelle on a tiré la partie flegmatique qui lui étoit restée après la première distillation. On appelle esprit-de-vin rectifié celui que l'on a repassé une ou deux fois à l'alambic pour le débarrasser totalement de ces flegmes et lui donner plus de degré. Il est nécessaire pour faire de bon esprit de bien choisir l'eau-de-vie, de ne point employer de ces eaux-de-vie de grains, de mélasse, de poiré et autres substances végétales, qui portent toujours avec elles un goût peu agréable; vous les reconnoîtrez à l'odorat, et au goût si vous en mettez un peu dans votre bouche : il est rare que ce qui s'attache au palais vous trompe. Si vous sentez dans votre eau-de-vie un bon goût, bien franc, sans aucune saveur âcre ni empireumatique, c'est celle qui vous convient, et vous êtes sûr d'en tirer de bon esprit-de-vin, qui est la base de vos eaux fines.

Nous avons dit que rectifier des esprits, c'étoit repasser l'esprit-de-vin à l'alambic. La meilleure méthode dans cette opération est celle-ci :

Quand on a tiré les deux tiers, ou à-peu-près, de l'esprit, suivant sa force, on ôte de l'alambic ce qui en reste, et l'on remet dans la cucurbite la partie distillée, à laquelle on fait subir la même opération que ci-devant; on en vaporise encore les deux tiers; on l'essaie en en faisant brûler une petite quantité dans une cuiller d'argent. Quand le feu est éteint, on juge aussitôt par l'humidité qui reste à quel point l'esprit-de-vin est rectifié (il ne doit point en rester une seule goutte après cette seconde rectification.) On se sert encore du pèse-liqueur, qui indique le degré; mais pour faire cet essai, il faut attendre que votre esprit soit refroidi, car, en sortant de l'alambic, il porte toujours un plus haut degré à l'aréomètre.

La rectification est la plus dangereuse opération de la distillation; c'est pour cette raison qu'il faut la suivre avec plus d'attention, tant par rapport à la marchandise que pour la personne qui distille. Ce que nous avons dit précédemment regarde principalement la rectification des esprits. C'est surtout dans celle-ci qu'il faut le plus de surveillance à rafraîchir l'alambic, et où la présence d'esprit est nécessaire au fabricant s'il veut prévenir des accidens auxquels il est très-difficile de remédier. La voie la plus sûre seroit le bain-marie ou celui de vapeur pour éviter le danger. La plus prompte, et dont on se sert ordinairement est celle de rectifier à feu nu, mais elle est aussi la plus dangereuse. La meilleure, et qui devroit être la plus usitée, est celle de rectifier avec l'alambic au serpentin.

Ce que vous avez retiré d'esprit d'une qualité inférieure dans votre rectification, peut s'employer dans des eaux ordinaires, ou être repassé à l'alambic dans l'occasion.

### Eau de fleur d'orange.

Ayez de la fleur d'orange fraîchement cueillie après le lever du soleil, mettez-en la feuille, et le cœur sans l'éplucher, dans la cucurbite ; pour une livre de fleurs vous emploierez quatre pintes d'eau dont vous tirerez seulement trois pintes ; vous mettrez ensuite votre alambic sur le feu, en observant les règles expliquées ci-devant. Avec de l'eau il faut un feu plus vif que lorsqu'on distille à l'esprit, parce que l'eau étant plus pesante que l'alcohol monte plus difficilement. Il faut avoir attention d'entretenir toujours un feu égal, et prendre garde à la quantité d'eau que vous devez retirer, parce que si vous en ôtiez plus qu'il ne faut, votre fleur s'attacheroit au fond. Renouvelez souvent l'eau du refrigérant, votre distillation sera meilleure. On peut faire macérer la fleur pendant vingt-quatre heures dans l'eau, en y joignant une bonne poignée de sel, et ensuite opérer la distillation.

Vous ferez votre eau plus forte en y mettant le double de fleurs. Pour avoir une eau de fleur d'orange fine et fort agréable, il faut supprimer le cœur de la fleur et n'en mettre que la feuille. Ces cœurs de fleurs, que l'on nomme épluchures, servent encore à la distillation, en en mettant une demi-livre par pinte d'eau, et en observant les mêmes procédés.

Vous pouvez aussi faire sécher ces épluchures

pour les employer dans vos compositions des poudres.

*Eau de rose.*

Parmi les différentes espèces de roses, on en distingue une, qui est la pâle. Comme je l'ai dit précédemment, au chapitre I$^{er}$ de la pommade, il faut qu'elle soit fraîchement cueillie le matin avant le lever du soleil, et non en temps de pluie, parce que l'humidité lui ôte une partie de son parfum.

Pour faire de l'eau de rose, vous mettez sur une pinte d'eau une livre de fleurs que vous aurez épluchées; il sera bon de les laisser macérer dans l'eau avec un peu de sel jusqu'au lendemain, et vous distillerez comme ci-devant. Vous aurez attention de garnir le fond de votre alambic d'un petit lit de paille, la rose étant sujette à s'attacher au fond, ce qui donneroit une mauvaise odeur à votre distillation; par ce moyen vous évitez l'inconvénient dont je viens de parler.

Si vous desirez votre eau de rose plus forte, vous repassez cette même eau à la distillation avec une autre quantité de fleurs; ou bien autrement, si votre distillation comporte douze pintes, vous tirerez les six premières, que vous mettez à part, et continuerez votre distillation pour le reste, à la valeur de trois à quatre pintes pour former des eaux simples. La première tirée est supérieure, et vous pouvez l'augmenter de qualité en la repassant sur les fleurs avec le même procédé.

*Eau de fleur d'orange spiritueuse.*

Cette eau, agréable par son odeur particulière, est encore très-utile pour la composition des eaux fines lorsqu'on la distille au bain-marie.

Vous prenez une livre de cette fleur bien fraîche, comme il est dit ci-devant, que vous mettez dans trois pintes d'eau-de-vie ou d'esprit, l'une ou l'autre de bonne qualité, sans mauvaise odeur. Si c'est de l'esprit, comme il est de plusieurs degrés plus fort que l'eau-de-vie, vous tirerez un plus grand avantage de votre distillation. Il faut vous conformer au degré de chacun de ces liquides, en tirant de votre distillation à l'eau-de-vie deux pintes, et de celle à l'esprit, qui auroit 33 à 34 degrés, presque la totalité, à un demi-setier près. Comme il pourroit encore y rester un peu d'esprit, vous le tirerez toujours : cela vous sert pour des eaux simples, et vous vous apercevrez qu'il n'en reste plus en imbibant un peu de papier d'esprit, et en le présentant au feu : s'il ne prend pas, c'est qu'il n'y a plus que du phlegme. Il en est de même pour toutes vos distillations spiritueuses. Vous ajouterez dans cette distillation à l'esprit une bonne chopine d'eau simple, ou plus en proportion de ce qu'il auroit d'esprit ; parce que, sans cette précaution, le résidu de votre distillation étant à sec pourroit acquérir une odeur désagréable. Si vous voulez votre eau spiritueuse plus forte en odeur, vous repasserez la même quantité de fleurs sur ce que vous avez distillé, en y mettant toujours une portion d'eau, pour que votre distillation ne reste pas à sec : vous aurez pour lors un esprit double ou extrait.

*Eau de rose spiritueuse.*

Cette eau peut se mettre au même rang que la précédente ; vous vous comporterez de même, à l'exception cependant que vous mettrez par pinte d'eau-de-vie, ou d'esprit, une livre de fleurs. Vous en augmenterez l'odeur en repassant des fleurs sur votre distillation, et en redistillant de même, ce qui fera votre extrait.

## CHAPITRE III.

*Esprits, ou extraits des fleurs.*

J'ai cru devoir placer ceux-ci à la suite des eaux que je viens de traiter, en ce qu'ils forment, ainsi qu'elles, la base d'une partie des eaux qui vont se trouver à la suite. Quantité de fleurs, entre autres celles d'orange et de rose, qui devroient donner beaucoup d'odeur, n'en rendent presque pas à la distillation; on est cependant parvenu depuis long-temps à en extraire l'odeur, qui en est l'esprit volatil, par le moyen des corps gras, et nous tirons l'odeur de ces corps par le moyen des esprits. C'est ce que je vais expliquer.

*Méthode pour l'emploi des esprits ou extraits des fleurs, à défaut de fleurs, qui vous dispense de la distillation.*

Prenez quatre pintes d'esprit-de-vin rectifié, n'ayant aucune mauvaise odeur; mettez dedans quatre livres d'huile à la rose ou au jasmin, et autres odeurs que vous aurez en huile; ayez soin de vous servir de ces huiles lorsqu'elles sont nouvelles, car, sans cela, vous auriez de mauvais extrait. Vous laisserez infuser vos objets environ quinze jours au plus en été et hors de la présence du soleil, en ayant soin de les remuer tous les deux jours. Au bout de ce temps, que vos huiles sont bien déposées, vous tirez votre esprit de dessus sans qu'il y passe d'huile; il vaudroit mieux y laisser un peu d'esprit, parce que cette huile vous sert encore pour une deuxième infusion. Ces premières infusions, qui sont vos extraits, ne peuvent être que bonnes, et pour leur donner plus de montant, vous y ajouterez trois ou quatre gouttes d'essence d'ambre et autant de celle de musc.

Vous remettrez sur votre huile, en deuxième infusion, trois pintes d'esprit-de-vin, pour la faire infuser de la même manière et pendant le même temps. Cette dernière infusion vous fait alors de l'esprit de fleurs excellent, si vos huiles sont de bonne qualité. Cet esprit vous sert ensuite à faire vos eaux doubles ou simples.

Vous employez ces huiles qui vous restent avec quelques corps fermes, pour vos pommades de moëlle de bœuf ou autres. L'hiver est la saison la plus favorable pour l'emploi de ces huiles; il ne faut pas les laisser vieillir, mais les employer de suite autant qu'il est possible.

*Autre manière de faire les mêmes extraits et esprits aux fleurs, à laquelle je donnerois la préférence.*

Prenez la même quantité d'esprit et mettez-y infuser, au lieu d'huile, la même quantité de bonne pommade double aux fleurs ; observez le même procédé pour votre infusion de pommade, et donnez-lui le même espace de temps que pour votre infusion d'huile, bien entendu que ces infusions ne se peuvent faire que dans des pots de faïence ou de terre vernissée, un peu longs.

Il faut encore avoir soin d'agiter ces infusions avec une spatule.

La raison pour laquelle j'ai donné la préférence à cette manière de séparer les odeurs des corps de pommade, est que je me suis convaincu que la pommade n'avoit pas l'inconvénient de prendre un goût de gras comme les huiles, parce que l'on n'a pas la précaution d'employer des huiles vierges et propices pour cette fabrication. L'odeur en est toujours plus fraîche et plus pure, et peut rester plus de temps à l'infusion sans accident ; la pommade enfin vous donne plus de ressource : vous pouvez tirer plus de sortes d'extraits que par les huiles. Il nous vient du dehors fort peu d'huiles de jonquille, de jacinthe et autres, et par le moyen des pommades désignées ci-dessus, faites à Paris, j'ai su tirer de bons extraits ; j'en ai vu tirer même du réséda, du lilas, de l'héliotrope, etc.

Vous réitérerez une deuxième infusion d'esprit sur votre même corps de pommade comme ci-devant, et cet esprit aura encore de la qualité.

Je crois avoir donné assez d'étendue à cet article concernant les extraits et les esprits ; il en est de même des uns comme des autres : le moyen de faire toutes ces choses de bonne qualité, est de n'employer que de bon esprit sans aucune odeur, de bonnes pommades et des huiles nouvelles.

### Extrait de rose.

Je m'arrête plus particulièrement sur cette fleur, comme étant la seule qui donne l'huile essentielle, aussi agréable par son odeur que par l'emploi que l'on en peut faire dans la composition des parfums. L'indication suivante suffira pour donner le moyen de faire cet extrait.

Ayez six pintes de bon esprit-de-vin clarifié; faites infuser dans cet esprit quatre gros d'huile essentielle de rose, l'espace de quinze jours au moins, en ayant soin d'agiter votre infusion de temps en temps. Si c'est dans l'hiver, vous la mettrez à une chaleur modérée pour faciliter la digestion de votre huile essentielle; vous l'égoutterez auparavant sur une petite portion de sucre, et vous la mettrez de suite dans votre esprit.

### *Esprit de violette.*

La fleur de violette, quoique d'une odeur assez forte et agréable, ne peut se travailler à l'esprit avec avantage, comme les autres, dans la parfumerie; on est obligé d'y suppléer par l'emploi de certaines substances qui imitent parfaitement cette odeur, et comme je l'indique précédemment à l'article de la pommade.

### *Esprit de violette que vous pouvez placer au rang des extraits.*

Vous mettez dans deux pintes de bon esprit une livre d'iris de Florence en poudre, une demi-livre de fleur de cassie nouvelle; vous laissez ces substances en infusion pendant

IMPÉRIAL.

environ deux mois et plus, si vous le jugez à propos; il n'en sera que meilleur, avec l'attention de remuer votre infusion de temps à autre, en observant que la bouteille ne soit pas trop pleine, afin de pouvoir l'agiter sans crainte de la casser.

C'est une règle générale pour toutes sortes d'infusions; vous tirerez ensuite votre esprit au clair, et vous pourrez remettre dessus le marc la même quantité d'esprit en le laissant infuser de la même manière; enfin vous le filtrerez pour en extraire tout l'esprit.

Vous pouvez faire cet esprit par la distillation pour qu'il soit blanc, car l'infusion a toujours l'inconvénient d'être colorée, c'est ce que l'on appelle en propre terme teinture, et c'est ce que l'on évite par la distillation.

Vous mettrez pour lors toute votre première infusion en distillation, et, pour éviter que votre marc d'infusion ne surnage et ne s'attache aux parois de votre alambic, vous viderez votre infusion dans un linge pour en retenir le marc; vous en ferez un petit paquet que vous nouerez avec une ficelle, et le mettrez dans l'alambic avec l'esprit pour être distillé.

Il en est de même de toutes les infusions

teintes. En suivant le même procédé que pour celle-ci, vous aurez des extraits ou esprits bien blancs, très-fins et très-agréables.

Il est encore beaucoup d'odeurs fines qui, si l'on vouloit s'en donner la peine, seroient susceptibles d'être distillées, et qui seroient d'autant plus agréables qu'elles ne tacheroient pas, comme le font quelques-unes. A défaut de fleurs de cassie, vous emploierez l'esprit de cassie tiré avec l'huile ou la pommade.

### *Esprit de rhodia.*

Mettez infuser dans deux pintes d'esprit-de-vin une livre de bois de Rhodes pendant le même espace de temps que l'esprit de violette; vous le tirerez ensuite au clair et de la même manière et pourrez le distiller de même. Si le bois de Rhodes se trouvoit d'une bonne qualité et bien résineux, il en faudroit moitié moins. Ayez soin d'agiter toutes ces infusions de temps à autre.

### *Autre manière de faire l'esprit de rhodia.*

Mettez dans la même quantité d'esprit deux gros d'essence de rhodia, agitez ces deux objets ensemble, et laissez-les infuser pendant quelques jours, en les remuant de temps à autre. Cela vous donnera un esprit d'une agréable odeur, qui approchera beaucoup de la rose, et qui peut vous servir dans vos eaux de composition à défaut d'esprit de rose.

### Esprit de safran.

Mettez dans une pinte d'esprit fin deux onces de safran, et laissez-les infuser de même que ci-devant en suivant le même procédé. Cet esprit peut vous servir à donner une teinte à vos eaux, pâtes, etc. Mais il faut l'employer en petite quantité, attendu qu'il s'étend beaucoup.

### Esprit de girofle.

Mettez dans une pinte d'esprit-de-vin quatre onces de girofle bien concassé, et laissez-le infuser de même. Cette teinture, agréable par son odeur d'œillet, peut s'employer, quand elle est mitigée, dans différentes compositions, et principalement dans l'opiat liquide pour les dents, auxquelles elle donne du parfum. Cette teinture distillée fait un esprit bien agréable, et peut s'employer plus facilement dans les compositions d'eaux fines.

### Esprit de cannelle.

Mettez dans une pinte d'esprit-de-vin quatre onces de cannelle fine bien concassée; faites votre infusion de même que la précédente.

Cette teinture entre dans certaines compositions, et sert de même que le girofle pour parfumer l'opiat liquide.

Elle peut se distiller et s'employer plus facilement dans les compositions, en ce qu'elle est colorée.

### Esprit de vanille.

L'on nomme vulgairement cet esprit essence; il n'est cependant que teinture comme les précédens, ainsi que ceux qui suivent.

Mettez dans une pinte d'esprit fin quatre onces de vanille, que vous couperez par morceaux les plus minces possible; faites votre infusion comme ci-devant. Cette teinture est d'une grande utilité dans la parfumerie; elle s'emploie avec avantage dans beaucoup de compositions, surtout lorsqu'elle est distillée, pour faire un extrait blanc et agréable.

### Esprit de badiane.

Vous mettrez dans une pinte d'esprit quatre onces de badiane concassée, que vous laisserez infuser de la même manière que les précédentes, et vous suivrez le même procédé.

### Esprit de benjoin.

Vous mettrez dans une pinte d'esprit quatre onces de benjoin pulvérisé, que vous ferez infuser en suivant les mêmes procédés que ci-devant. On se sert de cette teinture dans les compositions pour fixer les odeurs, pour parfumer les pâtes. Distillée, elle est très-agréable et très-utile pour la fabrication des eaux de composition.

### Esprit de storax.

Vous suivrez le même procédé pour celui-ci que pour le benjoin, en prenant les mêmes proportions. Lorsque le storax est d'une bonne qualité, cette infusion est fort agréable.

### Esprit de baume de Tolu.

Mettez dans une pinte d'esprit deux onces de baume de Tolu concassé, vous le ferez infuser de même que les substances précédentes. Cette teinture ne diffère pas beaucoup des deux dernières par l'odeur; elle peut les remplacer. A leur défaut, on l'emploie dans beaucoup de compositions. Elle a la même propriété que le benjoin pour fixer les odeurs.

### Teinture de baume du Pérou.

Mettez infuser dans une pinte d'esprit deux onces de baume du Pérou l'espace de temps indiqué ci-devant, et en suivant le même procédé. Cette teinture, d'une odeur agréable, est encore utile dans bien des compositions; elle se rapproche de quelques odeurs dont elle tient lieu dans le besoin.

### Esprit de stirax liquide.

Vous mettrez infuser dans une pinte d'esprit-de-vin deux onces de stirax liquide, en suivant le même procédé que ci-devant. Cette teinture, d'une odeur pénétrante et aromatique, est de la même utilité que la précédente.

### Esprit de sassafras.

Mettez infuser dans une pinte d'esprit huit onces de bois de sassafras pulvérisé, laissez-le infuser comme ci-devant. Cette teinture peut s'employer de même que la précédente dans les compositions.

### Esprit de sandal citrin.

Mettez infuser dans la même dose d'esprit la même quantité de bois de sandal citrin que ci-devant, par le même procédé. Cette infusion sert de même.

### Esprit de fenu grec.

Mettez dans une pinte d'esprit-de-vin du fenu grec à la dose de quatre onces, légèrement concassé; laissez-le en infusion pendant un mois au moins, en ayant soin de l'agiter de temps en temps; vous le filtrerez ensuite pour vous en servir au besoin. Cet esprit, d'une odeur aromatique, peut servir dans de certaines compositions: on doit l'employer avec beaucoup d'économie.

### Esprit d'ambrette.

Mettez infuser dans six pintes d'esprit trois livres de graines d'ambrette légèrement concassées, autrement vous lui donneriez une odeur désagréable; vous la laisserez infuser au moins six semaines : plus elle sera en infusion, meilleure elle sera.

### Esprit ou infusion de maréchale.

Lorsque vous faites votre poudre à la maréchale, et que votre composition est concassée et bien mêlée, vous en prenez deux livres, que vous pilez encore et que vous passez au tamis de crin clair; vous la mettez ensuite infuser dans six pintes d'esprit, comme ci-dessus, pour vous en servir au besoin.

Comme cet esprit est fort chargé en couleur, il seroit bon de le distiller pour de certaines compositions où il peut s'employer avec avantage, à raison de ce qu'il est doué d'une odeur très-aromatique.

Vous pouvez en agir de même pour la poudre d'œillet, en la mettant infuser et distiller.

*Essence d'ambre, que l'on nomme aussi quintessence, et qui n'est qu'une teinture comme beaucoup d'autres.*

Vous mettrez infuser dans une pinte d'esprit fin une once d'ambre gris, que vous pulvériserez avec une demi-once de sucre candi et une demi-once d'échalottes; vous broierez bien le tout ensemble et le laisserez en infusion dans un matras ou bouteille, en le tenant exposé à la chaleur, soit du soleil, soit de tout autre endroit convenable, l'espace de six semaines au moins; vous aurez l'attention d'agiter votre bouteille de temps en temps, et de faire en sorte qu'elle ne soit pas trop pleine, sans quoi elle courroit risque de se casser. Lorsque le mélange sera reposé, vous le tirerez au clair dans une autre bouteille.

Le marc qui vous reste ayant encore de la qualité, vous le remettrez de nouveau avec la même quantité d'esprit, et suivrez le même procédé qu'auparavant : cela vous fera un bon esprit d'ambre pour eau d'ambre, ou pour d'autres compositions. Comme vous filtrez cette dernière infusion, vous mettrez le marc de côté pour vos pastilles à brûler.

*Essence de musc.*

Vous prendrez une once de musc tonquin, que vous broierez dans un petit mortier avec une demi-once de sucre candi ; le tout étant bien broyé, vous le mettrez dans une pinte d'esprit, en suivant le même procédé que pour l'ambre.

Pour faciliter le broiement de vos matières, vous chaufferez un peu votre mortier, s'il est de fonte, et votre pilon ; les matières se mettant alors en pâte, vous les délaierez et broierez peu à peu ; mettez-les ensuite dans votre bouteille, en vous réservant un peu d'esprit pour rincer votre mortier et votre pilon.

Pour donner plus de ton et de suavité à

cette essence, vous y joindrez un gros d'ambre et deux gros de vanille; vous couperez seulement la vanille par petits morceaux bien menus.

Il y a un autre procédé pour faire l'essence d'ambre et de musc. Attendu que ces deux objets s'assimilent parfaitement, s'entr'aident et se font valoir l'un l'autre, vous joindrez dans votre composition un gros de musc à l'essence d'ambre dont nous avons parlé ci-devant. Par ce moyen il aura plus de montant.

Il en sera de même pour votre essence de musc; vous joindrez à celle-ci deux gros d'ambre; elle en sera plus agréable et retiendra davantage son odeur.

Mais je fais observer que les deux premiers procédés, pour la confection des essences d'ambre et de musc, s'emploient quelquefois en pharmacie de préférence à ces derniers.

### Essence de civette.

Vous mettrez en infusion une once de civette dans une pinte d'esprit, après l'avoir bien broyée avec deux gros de sucre candi, et suivrez le même procédé que pour l'ambre et le musc.

### Esprit ou teinture rouge.

Cette teinture sert pour différentes compositions qui manquent quelquefois de couleur. Il est bon qu'un parfumeur en ait toujours un peu.

Vous mettrez en infusion dans une pinte d'esprit-de-vin quatre onces d'orcanette de bonne qualité (*); vous laisserez infuser ce mélange l'espace de quinze jours, en le remuant de temps à autre; ensuite vous le filtrerez pour vous en servir au besoin.

### Teinture jaune.

Vous mettrez de même dans une pinte d'esprit quatre onces de *terra merita*; vous filtrerez ensuite.

Cette teinture n'est pas moins nécessaire que la rouge; on les mêle quelquefois ensemble pour faire une teinte foncée qui sert à donner un peu de couleur à l'essence de savon, ou à d'autres compositions qui en ont besoin.

---

(*) Voyez les notes.

## *Esprit ou teinture verte.*

On se sert de différens végétaux pour tirer cette couleur, comme je l'indiquerai à l'article des savonnettes. Pour celle-ci je me suis servi avec succès de la feuille de morelle. Vous prendrez une poignée de ces feuilles que vous triturerez dans un mortier propre ; lorsqu'elles seront bien écrasées, vous les mettrez dans une quantité suffisante d'esprit-de-vin pour qu'elles puissent tremper ; vous agiterez un peu cette infusion, et lorsque vous la verrez d'une belle couleur, vous la passerez dans un linge et la filtrerez.

## *Extraits de composition.*

Cette manière d'opérer est simple. J'observe que pour les extraits de miel, héliotrope, millefleurs, bouquets et autres, vous suivrez le même procédé pour la composition que pour vos eaux fines, en n'y employant que vos extraits les plus fins.

Quant aux autres extraits, comme jasmin, rose, fleur d'orange, tubéreuse, jonquille, etc., il n'y a rien à y ajouter que quelques gouttes d'essence d'ambre et de musc.

Pour faire vos extraits de ces deux dernières

odeurs (qui sont d'un prix plus élevé et plus fortes en odeur), vous mettrez sur vos eaux fines d'ambre et de musc un quart d'essence, ce qui formera vos extraits d'ambre et de musc, à moins toutefois que vous ne les vendiez à un bon prix.

## CHAPITRE IV.

### Eaux d'Odeurs.

Après avoir exposé dans les chapitres précédens la manière de former les esprits, extraits, ou teintures différentes, je vais en indiquer l'emploi dans les compositions des eaux d'odeurs que je vais traiter dans ce chapitre, en commençant par celles des fleurs.

### Eau de Jasmin.

Dans quatre pintes d'esprit-de-vin fin, mettez deux pintes d'extrait de jasmin, et, pour réduire cet alcohol à 26 ou 28 degrés, vous y ajouterez une pinte d'eau dans laquelle vous aurez mis quatre gros de teinture de baume de tolu ou de benjoin, avec deux gros d'essence d'ambre et de musc; agitez ces matières avec votre eau, et ensuite mettez-les dans votre esprit, que vous agiterez de même, et laissez-les infuser jusqu'au lendemain pour que le mélange s'incorpore mieux. Vous le filtrerez jusqu'à ce que votre eau soit très-claire. C'est au papier gris que l'on filtre ordinairement : tâchez de le choisir sans défauts, et ayez soin qu'il ne soit ni trop fort ni trop collé; conservez toujours le même filtre, à moins qu'il ne vienne à crever. Les premières gouttes seront louches; mais lorsque le papier sera encrassé, cette eau deviendra claire.

J'indique, dans cette recette, une manière de mettre votre ambre, musc et baume dans l'eau dont vous devez vous servir, pour réduire l'esprit au degré desiré, avant de les mettre dans cet alcohol, parce que j'ai remarqué que, dans cette espèce de macération, l'eau s'imprégnoit de l'odeur, et qu'ensuite, transmise à l'esprit, cette odeur se développoit et s'incorporoit de manière à donner plus de montant, à fixer davantage l'odeur, et en même temps à tempérer la force de l'esprit.

Je fais observer aussi que, portant le degré de votre eau de jasmin de 26 à 28 degrés, avec une pinte d'eau simple, je ne prétends pas que cela puisse faire règle générale; il faut en employer plus ou moins selon le degré des esprits dont vous vous servirez. En hiver, par exemple, il seroit bon de porter vos eaux d'odeurs de 28 à 30 degrés, à cause des corps gras dont vos extraits ou esprits sont toujours un peu chargés.

Ce sera le même procédé à employer pour toutes les eaux d'odeurs spiritueuses où il entrera de ces mélanges.

*Eau de rose spiritueuse.*

J'ai déjà fait mention de cette eau au chapitre II. Au défaut de la précédente elle se traite de même qu'elle, en prenant quatre pintes d'esprit fin, et en y joignant deux pintes d'extrait de rose que vous mettrez au même degré avec de l'eau de rose simple, et filtrerez de même.

*Eau de fleurs d'orange spiritueuse.*

Il faut suivre le même procédé pour celle-ci que pour celle à la rose; vous la mettrez au même degré avec de l'eau de fleur d'orange.

### Autre manière de faire cette même eau spiritueuse.

Dans quatre pintes d'esprit fin mettez en dissolution quatre gros de néroli, du plus fin, lorsqu'il sera bien dissous et au degré dont on a parlé ci-dessus. Si votre néroli est bien pur, cette eau a beaucoup de mérite, et peut s'employer avec avantage dans vos compositions.

### Eau de tubéreuse.

Il en est de la tubéreuse comme du jasmin. Avec la même portion d'esprit vous mettrez la même dose d'extrait de tubéreuse, en y ajoutant la même quantité d'ambre, de musc, de teinture et de baume de tolu ou de benjoin, dans une chopine d'eau de fleur d'orange et autant d'eau simple. Vous verserez de même ces substances dans votre composition; vous agiterez le mélange pour l'incorporer, et le filtrerez.

### Eau de jonquille.

Suivre le même procédé et les mêmes mesures en tout point que pour la tubéreuse. Si elle se trouve un peu blanche, vous pouvez la colorer légérement avec un peu de teinture de *terra merita*.

### *Autre composée, à défaut de celle-ci.*

Vous mettrez dans quatre pintes d'esprit rectifié une pinte d'extrait de jasmin, une chopine d'extrait de tubéreuse, une chopine d'extrait de fleur d'orange. Vous réduirez l'esprit au degré avec une pinte d'eau de fleur d'orange, dans laquelle vous aurez introduit deux gros d'essence d'ambre et quatre gros d'esprit ou teinture de stirax; agitez le tout ensemble en y ajoutant un peu de teinture jaune pour lui donner de la couleur, et filtrez.

J'ai fait pour les eaux de senteur ce que j'ai fait pour les pommades, en les composant de manière à imiter les odeurs du mieux possible, lorsque l'on en manque ou que l'on a négligé d'en faire dans la saison: c'est un avantage pour ne pas être pris au dépourvu.

### *Eau de jacinthe.*

Observez le même procédé et les mêmes proportions qu'aux précédentes. Vous la porterez au degré convenable avec de l'eau de fleur d'orange, deux gros d'ambre et musc et quatre gros de teinture de baume de tolu, incorporés dans votre eau de fleur d'orange, et transmis avec l'esprit et l'extrait. Agitez ces objets ensemble, et filtrez.

### *Autre composée.*

Dans quatre pintes d'esprit-de-vin fin mettez une pinte d'extrait de tubéreuse, une chopine d'extrait de jasmin et une chopine d'extrait de fleur d'orange. Incorporez avec la même quantité d'eau de fleurs d'orange deux gros d'ambre, deux gros de musc, et quatre gros de teinture de benjoin ou baume de tolu.

### *Eau de réséda.*

Même procédé et même proportion qu'aux précédentes. Vous la porterez au degré nécessaire avec de l'eau de rose, quatre gros d'essence d'ambre et quatre gros de teinture de baume de tolu ou benjoin.

### *Autre composée.*

Mettez dans quatre pintes d'esprit-de-vin une pinte d'extrait de rose, une chopine d'extrait de fleur d'orange, une chopine d'extrait de cassie, et portez-la au degré convenable avec de l'eau de rose, quatre gros d'essence d'ambre, quatre de teinture de benjoin ou de baume de tolu; à defaut d'extrait de rose, vous pourriez y mettre une pinte d'esprit de rhodia.

### Eau de violette.

Sur quatre pintes d'esprit fin, mettez une pinte et demie d'extrait de violette et une chopine d'extrait de cassie; portez-la au degré requis avec une chopine d'eau de rose double et une chopine *idem* simple, deux gros d'essence d'ambre, quatre gros de teinture de benjoin, en suivant le même procédé qu'aux précédentes.

### Eau d'œillet.

Dans quatre pintes d'esprit fin, mettez quatre gros d'huile essentielle de girofle, de la plus fine; faites-la dissoudre en agitant votre bouteille, et laissez-la en infusion l'espace d'une heure au moins. Vous y ajouterez aussi quatre onces d'esprit ou teinture de girofle, un demi-setier d'extrait de jasmin : ce dernier sert à adoucir l'âcreté du girofle, et à rendre l'odeur plus suave : l'extrait de violette rempliroit le même but. Vous la mettrez au degré requis avec une chopine d'eau de rose, autant d'eau de fleur d'orange, quelques gouttes d'essence d'ambre et musc, et un peu de teinture de benjoin.

### Eau de bouquet.

Faites dissoudre dans quatre pintes d'esprit fin un gros d'huile essentielle de girofle, quatre gros d'esprit ou teinture *idem*, quatre gros d'essence de bergamote, un demi-gros d'essence de tyhm : le tout étant dissous, ajoutez-y une chopine d'extrait de jasmin, un demi-setier *idem* de rose, un *idem* de jonquille, un *idem* de violette, un *idem* de tubéreuse, un *idem* de fleur d'orange, un poisson *idem* de réséda, un poisson *idem* de cassie. Agitez le tout et mettez au degré avec eaux de fleurs d'orange et de rose dans lesquelles vous ajouterez un gros d'essence d'ambre, un gros d'essence de musc avec quatre gros de teinture de benjoin que vous mettrez dans votre composition.

### Eau de millefleurs.

Faites dissoudre dans deux pintes d'esprit un gros d'essence de néroli, un gros d'huile essentielle de girofle, deux onces d'essence ou teinture de vanille; vous y joindrez ensuite deux pintes d'eau de bouquet, et vous mettrez au degré requis avec une chopine d'eau de rose et de fleur d'orange, deux gros de teinture de benjoin, un gros d'essence d'ambre, un gros d'essence de musc; vous agiterez le tout et filtrerez.

### Eau de pot-pourri.

Faites dissoudre dans deux pintes d'esprit-de-vin un demi-gros d'essence de thym, un demi *idem* de lavande, un demi *idem* de Portugal, un demi *idem* de citron, dix-huit grains *idem* de fenouil ou d'anis. Cette dissolution étant faite, mettez un poisson de lait virginal et deux pintes d'eau de millefleurs; réduisez ensuite l'esprit au degré avec une chopine d'eau de rose et de fleur d'orange, un gros d'essence d'ambre et deux de teinture de benjoin, en suivant le même procédé qu'aux précédentes.

### Eau suave.

Prenez quatre pintes d'eau de jasmin, une pinte *idem* d'œillet, une *idem* de violette, une chopine d'eau de bergamote et une chopine *idem* de rose; ajoutez-y quelques gouttes d'essence d'ambre et de musc.

Vous pouvez, si vous l'aimez mieux, avoir recours à vos extraits en suivant les mêmes proportions que celles indiquées ci-devant.

### Eau suave rose.

Trois pintes d'eau de jasmin, une pinte *idem* d'œillet, une chopine *idem* de fleur d'orange ou de néroli, une *idem* de violette, une *idem* de rose, quelques gouttes d'essence d'ambre et de musc avec une once d'essence de vanille. Pour lui donner la couleur, vous aurez recours à votre teinture rouge, et la mettrez à la nuance que vous desirez.

### Eau de miel d'Angleterre.

Douze pintes d'esprit rectifié dans lequel vous mettrez trois livres de rose pâle, un quarteron de fleur d'orange, le zeste de deux citrons que vous pilerez dans un mortier, deux gros d'ambre, deux gros de musc. Ces deux substances étant broyées, vous y ajouterez quatre onces de coriandre, quatre gros de girofle, quatre onces de vanille que vous couperez par petits morceaux, huit onces de graine d'ambrette. Ces drogues étant réunies avec votre ambre et musc, broyez de nouveau le tout en y ajoutant une livre et demie de miel fin que vous incorporerez de même en broyant. Mettez ensuite le tout dans votre esprit, où sont déjà vos trois premiers objets, vous aurez une pinte et demie de bonne eau de rose, qui vous servira à laver votre pilon et votre mortier, et que vous joindrez à votre composition. Laissez ladite composition infuser pendant deux ou trois jours, pour être distillée au bain-marie.

*La même, composée à l'infusion.*

Vous ferez dissoudre dans quatre pintes d'esprit fin deux gros d'huile essentielle de girofle, un gros d'essence de citron ; après cette dissolution, vous mettrez deux pintes d'extrait de rose, un demi-setier d'extrait de fleur d'orange ou de néroli, un demi-setier d'extrait de jasmin, un demi-setier d'esprit d'ambrette, deux onces d'esprit de rhodia, quatre onces d'esprit ou teinture de vanille, deux onces d'essence d'ambre, deux onces d'essence de musc, quatre onces de teinture de benjoin ou de baume de tolu. Mettez au degré requis avec de l'eau de rose et filtrez. Cette composition étant faite avec les extraits seulement s'appelle *extrait de miel*.

*Eau gracieuse.*

Cette eau est composée d'eau suave rose et blanche, moitié de chacune, vous y ajoutez sur six pintes, une chopine d'eau de jacinthe et une chopine d'eau de jonquille, quatre gros d'essence d'ambre et de musc.

### Eau de Chypre.

Quatre pintes d'eau de jasmin, une chopine d'eau de bergamote, une *idem* de violette, une *idem* de tubéreuse, une *idem* d'esprit d'ambrette, quatre onces de teinture de benjoin ou de baume de tolu, deux onces *idem* de storax, quatre onces d'essence d'ambre et musc, avec un demi-setier d'eau de rose simple.

### Eau des sultanes.

Dans deux pintes d'esprit-de-vin mettez deux onces d'esprit de baume du Pérou, deux onces *idem* de styrax, quatre onces de teinture de vanille, quatre onces de teinture de baume de tolu, deux pintes d'eau de Chypre, une *idem* de jonquille, une *idem* de jacinthe, une *idem* de réséda; vous ajouterez une once d'essence d'ambre et une once de musc, avec une chopine d'eau de rose et de fleur d'orange pour mettre au degré requis. Cette eau, agréable par son odeur, réunit l'avantage d'être bonne pour le teint ; en en mettant quelques gouttes dans de l'eau, elle forme un lait aussi agréable que le lait virginal.

### Eau à la maréchale.

Deux pintes d'esprit-de-vin dans lesquelles vous mettrez deux onces d'esprit de cannelle, deux onces *idem* de sandal-citrin, une demi-once d'esprit de sassafras, une demi-once *idem* de badiane, quatre onces de teinture de benjoin ou de baume de tolu, une chopine d'esprit d'ambrette, une chopine d'infusion de maréchale, une pinte d'eau d'œillet, une pinte *idem* de violette, une chopine d'eau de bergamote, une chopine d'eau de fleur d'orange, une chopine *idem* de jasmin. Vous mettrez au degré avec une chopine d'eau de rose et deux onces d'essence d'ambre et de musc.

### Eau d'ambre.

Trois pintes d'esprit-de-vin, deux pintes d'esprit d'ambrette, deux onces d'essence d'ambre, une once *idem* de musc ; mettez au degré requis avec de l'eau de fleur d'orange.

### Eau de musc.

Quatre pintes d'esprit-de-vin, deux pintes d'esprit d'ambrette, deux onces d'essence de musc, deux onces de teinture de vanille, quatre onces de teinture de baume de tolu ou de benjoin, quatre gros d'essence d'ambre dans une quantité d'eau de rose suffisante pour mettre l'esprit au degré requis.

### Eau romaine.

Trois pintes d'eau de jasmin, deux pintes d'eau de rose, une pinte d'eau de vanille, une pinte d'eau de violette ou de cassie, une chopine d'eau de jonquille, une chopine d'eau de tubéreuse, deux onces d'essence d'ambre et deux onces d'essence de musc avec huit onces de teinture de baume de tolu ou de benjoin.

Cette eau peut servir au même usage que celle des sultanes.

Si vous la voulez plus parfaite, n'employez que des extraits au lieu d'eaux doubles.

### Eau impériale.

Dans huit pintes d'esprit rectifié, mettez une pinte d'eau de rose, une pinte *idem* à la fleur d'orange; vous y ferez infuser une demi-livre de fleur de violette épluchée, quatre onces *idem* de jacinthe, une demi-livre de fleurs de jonquille, quatre onces de fleurs d'orange, une demi-livre de rose muscade, quatre onces de tubéreuse. Toutes ces fleurs doivent être prises chacune dans leur saison, et de suite mises dans l'esprit préparé pour les recevoir. Vous aurez soin d'agiter votre infusion chaque fois que vous ajouterez à votre recette.

Vous concasserez quatre onces de racine d'iris, deux gros de macis ou muscade, un gros de cloux de girofle et un demi-gros de graines de fenu grec, que vous ajouterez de même à votre recette; ainsi qu'une once de quintessence de Portugal et deux onces *idem* de bergamote, deux gros d'essence d'ambre et deux gros *idem* de musc. Comme c'est la tubéreuse qui se trouve mise la dernière dans votre composition, huit jours après qu'elle aura subi son infusion, vous ferez votre distillation au bain-marie avec les précautions d'usage. Vous tirerez de votre distillation environ cinq pintes au plus; le reste sera employé avec avantage pour d'autres odeurs de composition. Aux cinq premières pintes que vous aurez tirées de votre distillation, vous ajouterez une chopine d'extrait de jasmin, un demi-gros d'essence d'ambre, un demi-gros d'essence de musc et deux onces de teinture de baume de tolu ou de benjoin, et vous la mettrez à 26 ou 28 degrés avec l'eau de rose ou de fleur d'orange.

*Autre procédé pour faire l'eau impériale, si on a négligé de la faire en son temps.*

Une pinte d'esprit de violette, une chopine d'esprit de jonquille, un demi-setier d'esprit de fleur d'orange, une chopine d'esprit de rose, une chopine d'esprit de jasmin, un demi-setier *idem* de tubéreuse, et un demi-setier *idem* de jacinthe.

Vous mettrez en dissolution dans une pinte d'esprit rectifié, deux gros de quintessence de Portugal, quatre de quintessence de bergamote, trois ou quatre gouttes d'huile essentielle de girofle, et autant d'esprit de fenu grec, un gros d'essence d'ambre, et un gros d'essence de musc, une once de teinture de baume de tolu ou de benjoin. Vous agiterez bien ces objets, et les joindrez à votre première composition d'esprit, en y ajoutant une chopine d'eau de rose à l'eau, et un demi-setier d'eau de fleur d'orange.

Pour distinguer cette eau fine des autres par la couleur, comme elle l'est par l'odeur, vous pourrez y ajouter un peu d'esprit de teinture verte, jusqu'à ce qu'elle ait acquis une jolie couleur d'émeraude ; pour cela vous ferez attention que votre esprit ne soit pas trop fort en couleur, et vous filtrerez en définitif.

### Eau athénienne.

Dans trois pintes d'esprit-de-vin faites dissoudre encens, benjoin, gomme arabique, de chacun une once ; girofle et muscade, de chaque une demi-once, une once et demie de pignon, d'amandes douces, deux grains d'ambre et deux grains de musc ; pilez bien ces objets, et laissez-les infuser deux ou trois jours, en les remuant une ou deux fois dans le jour. Vous ajouterez ensuite trois demi-setiers d'eau de rose simple ; vous procéderez à la distillation pour en tirer deux pintes et demie, et vous la réserverez pour vous en servir.

Cette eau ôte les rides du visage, et rend la peau très-belle quand on s'en sert soir et matin, pendant quelque temps. Elle blanchit aussi les dents, raffermit les gencives, et empêche la mauvaise odeur de la bouche. Les dames en font un grand usage.

Si on la trouvoit trop spiritueuse, on la couperoit avec un peu d'eau.

*Eau athénienne par un autre procédé, et d'une odeur fort agréable.*

Esprit de jasmin, de jonquille, fleur d'orange, vanille, violette, réséda, de chacun une pinte ( à défaut de réséda vous mettrez de l'esprit de rose); vous ajouterez ensuite trois demi-setiers d'eau de rose simple, et un demi-setier d'eau de fleur d'orange; vous mettrez dans ces deux dernières eaux quatre onces de teinture de benjoin, quatre onces de celle de baume de tolu, deux gros d'essence d'ambre et autant d'essence de musc; vous agiterez ces objets ensemble, et vous les verserez dans votre composition spiritueuse: agitez de nouveau le tout et filtrez.

*Eau de vanille.*

Quatre pintes d'esprit-de-vin, une pinte d'extrait de vanille; mettez au degré requis avec quatre onces de teinture de baume de tolu ou de benjoin, deux gros d'essence d'ambre et de musc et d'eau de rose.

### Eau d'héliotrope.

Une pinte d'eau de vanille, une chopine d'esprit de baume du Pérou, ou, à défaut, de l'esprit de storax, une pinte d'eau de rose, une pinte *idem* de jasmin, un demi-setier *idem* à la tubéreuse; vous mettrez au degré requis avec un demi-setier d'eau de rose simple, et ajouterez une once d'essence d'ambre et de musc.

### Eau de Flore.

Une pinte d'esprit de rose, deux pintes d'esprit de jasmin, une pinte d'esprit de violette, une chopine d'esprit de jonquille, une chopine d'esprit de fleur d'orange, un gros d'essence d'ambre, un gros d'essence de musc, trois ou quatre gouttes d'huile essentielle de girofle, deux de teinture de baume de tolu ou de benjoin. Vous porterez cette composition à 26 ou 28 degrés avec de l'eau de rose et de l'eau de fleur d'orange.

### Eau de lilas.

Vous vous servirez du même procédé pour cette eau que pour celle au jasmin, portée en tête de ce chapitre, avec l'extrait de lilas.

### Autre composée.

Prenez deux pintes d'esprit de jasmin, une chopine d'esprit de styrax, une chopine *idem* de jacinthe, quatre onces d'esprit d'anis ou de badiane, quatre onces de teinture de benjoin ou de baume de tolu, quatre onces d'essence d'ambre et de musc réunis, deux onces de teinture de vanille, et mettez au degré requis avec l'eau de rose simple.

### Eau à la frangipane.

Quatre pintes d'esprit-de-vin, dans lesquelles vous mettez une pinte d'extrait de jasmin, une chopine *idem* de fleur d'orange, un demi-setier *idem* à la rose, un demi-setier *idem* à la cassie, deux gros d'essence de bergamote, quatre onces d'essence de vanille, quatre onces de teinture de storax, quatre onces de teinture de baume de tolu, deux onces *idem* de safran, une once d'essence d'ambre et de musc, et une pinte d'eau de fleur d'orange simple pour mettre au degré requis.

### Eau de néroli.

Faites dissoudre dans deux pintes d'esprit fin deux gros d'essence de néroli fin; et mettez au degré requis avec trois poissons d'eau de fleur d'orange.

*Eau de thym.*

Faites dissoudre dans deux pintes d'esprit de vin deux gros d'essence de thym, et mettez au degré requis avec de l'eau de rose, en suivant le même procédé que ci-dessus.

Cette eau se fait aussi par la distillation, avec les sommités de la plante de thym, à la dose de deux onces par pinte d'esprit.

Il en sera de même pour tous les aromates que vous voudrez distiller, comme serpolet, marjolaine, romarin, etc.

*Eau de myrte.*

Faites dissoudre dans deux pintes d'esprit-de-vin, comme ci-devant, deux gros d'essence de myrte, et mettez au degré requis avec l'eau de fleur d'orange.

Cette eau a la vertu de resserrer et de raffermir les chairs. Distillée, elle est fort agréable, surtout quand on n'emploie que les fleurs, avec les sommités de la plante, et les feuilles les plus tendres.

### Eau de bergamote.

Faites dissoudre dans quatre pintes d'esprit-de-vin quatre onces d'essence de bergamote, mettez au degré requis avec une chopine d'eau de fleur d'orange, quatre onces de teinture de benjoin ou de tolu, et quelques gouttes d'essence d'ambre et de musc.

On observera que cette eau a besoin d'être portée à un haut degré, attendu que cette essence est plus grasse et plus huileuse que celle des plantes aromatiques, et, par cette raison, plus difficile à dissoudre; il en est de même de toutes les essences que l'on tire des fruits à écorce.

### Eau de cédrat.

Vous ferez celle-ci avec les mêmes procédés que pour celle à la bergamote avec l'essence de cédrat.

### Eau de Portugal.

Faites dissoudre dans quatre pintes d'esprit deux onces d'essence de Portugal, un demi-gros d'huile essentielle de girofle; mettez au degré requis avec de l'eau de fleur d'orange, et quelques gouttes d'essence d'ambre et de musc.

Ayez attention que votre essence ne soit point vieille, car elle est fort sujette à rancir; quand elle a un an, elle perd beaucoup de sa qualité.

### Eau-de-vie de lavande distillée.

Dans vingt-quatre pintes d'esprit mettez six livres de fleurs de lavande, une livre de roses pâles; pour la rendre plus agréable, joignez-y trois ou quatre pintes d'eau, afin d'avoir la faculté de tirer le plus d'esprit possible; car sans cela votre distillation deviendroit à sec, tiendroit au fond de la cucurbite, et acquerroit un mauvais goût : si c'étoit à feu nu, ce seroit encore pire, parce qu'elle brûleroit. Vous devez tirer, à peu de chose près, la même quatnté d'esprit que vous avez mise, si toutefois il étoit à un degré convenable. Vous aurez la certitude que votre distillation sera terminée lorsqu'il n'y aura plus d'esprit; pour vous en convaincre, vous tremperez un peu de papier dans la liqueur qui en sort : s'il ne prend pas feu, c'est que l'opération est bonne.

C'est la meilleure manière de faire l'eau-de-vie de lavande; une fois que l'hiver a passé dessus, elle est des plus agréables, et elle gagne beaucoup en vieillissant.

Si vous la distillez avec de l'eau-de-vie, comme cela se fait quelquefois, vous mettrez moins de fleurs, et vous tirerez aussi moins d'esprit, par la raison que l'eau-de-vie est plus foible en degré.

Cette fleur se distille aussi à l'eau simple, à la même quantité de fleurs : pour vingt-quatre pintes d'eau, vous devez en tirer quinze à dix-huit pintes. C'est ce qu'on appelle eau de lavande, dont on ne fait plus usage pour la toilette ; mais elle s'emploie avec succès pour la fabrication des savonnettes, et sert à purger les savons.

### Eau-de-vie de lavande composée à l'infusion ou à l'essence.

Dans vingt-quatre pintes d'esprit-de-vin, faites dissoudre dix-huit onces d'essence de lavande fine, mettez-la au degré requis avec six pintes d'eau ordinaire ; le degré doit être toujours de 25 à 26. Si vous voulez la rendre plus agréable, vous ajouterez dans votre dissolution quatre onces d'essence de bergamote, et vous la mettrez au degré requis avec l'eau de rose ou de fleur d'orange.

### Eau-de-vie de lavande rectifiée.

Cette dernière composition se distille comme celle aux fleurs dont il a déjà été question.

### Autre composition d'eau-de-vie de lavande à un degré inférieur.

Faites dissoudre, dans six pintes d'esprit-de-vin, cinq onces de lavande; cette plante étant dissoute, ajoutez-y une pinte d'eau de rose, une *idem* d'eau de rivière; vous mettrez une once et demie de chaux vive, que vous ferez éteindre auparavant dans un demi-setier d'eau; vous la mettrez ensuite dans votre composition, agiterez bien le tout, le laisserez reposer pendant vingt-quatre heures, et le filtrerez ensuite. Cette eau-de-vie de lavande doit être portée à environ 23 degrés.

### Eau-de-vie de lavande rouge.

Dans douze pintes d'eau-de-vie double, mettez trois livres de fleurs de lavande; faites infuser le tout dans une cruche au soleil, pendant la belle saison; pressez-le dans un linge, et filtrez.

### Eau-de-vie de lavande rouge aromatique.

Dans quatre pintes d'eau-de-vie, mettez une livre de fleurs de lavande, une petite poignée d'armoise, une *idem* de sauge, une *idem* d'aigremoine, de véronique, d'hyssope, de rose de Provins, de mélisse, d'absinthe, de fenouil, de genièvre et de baume ; mettez le tout infuser comme précédemment, pressez-le et filtrez de même.

Cette eau aromatique est parfaite pour les blessures et contusions.

### Eau-de-vie de lavande à la bergamote.

Dans douze pintes d'esprit-de-vin, faites dissoudre trois onces d'essence de lavande fine, huit onces d'essence de bergamote ; agitez cette composition ; la dissolution étant faite, vous la mettrez au degré de 28 à 30 avec de l'eau simple ; si vous la desirez plus odorante et plus agréable, vous la mettrez au degré avec de l'eau de rose et de fleur d'orange, en y ajoutant quelques gouttes d'essence d'ambre et de musc.

IMPÉRIAL.

### *Eau-de-vie de lavande ambrée.*

Deux pintes d'eau-de-vie de lavande, quatre pintes d'esprit d'ambrette, deux pintes d'eau de jasmin ou de tubéreuse, une pinte *idem* de violette, une pinte d'esprit d'infusion de maréchale, une once d'essence d'ambre, une once *idem* de musc, une once *idem* de vanille, quatre onces de teinture de baume de tolu ou de benjoin; mettez au degré requis avec eau de rose simple; vous pouvez la rendre plus forte et plus ambrée en augmentant votre dose d'ambre et de musc en proportion du prix que vous la vendez.

### *Eau-de-vie de lavande à la rose.*

Dans douze pintes d'esprit fin, mettez une livre de fleurs de lavande, douze livres de fleurs de rose, que vous pilerez auparavant, quatre onces de bois de Rhodes rapé; distillez cette composition au bain-marie, en y ajoutant deux ou trois pintes d'eau, afin que votre distillation ne reste point à sec, et ne contracte pas une mauvaise odeur. Cette eau en outre vous donne la facilité de retirer presque la totalité de votre esprit.

8

### Autre manière de faire la même eau-de-vie de lavande.

Vous ferez dissoudre dans deux pintes d'esprit-de-vin une once de quintessence de lavande fine, vous y ajouterez dix pintes d'eau de rose spiritueuse; vous la mettrez au degré requis avec de l'eau de rose simple, et filtrerez le tout.

### Eau jaune, dite à la reine.

Vous ferez dissoudre dans deux pintes d'esprit-de-vin deux onces d'essence de bergamote, quatre gros d'essence de citron, quatre gros d'essence de Portugal, quatre gros d'essence de néroli fin, un gros d'essence de thym, un gros d'essence de romarin, deux onces d'esprit ou teinture de girofle, un demi-setier de lait virginal, un demi-setier d'eau de vanille, quatre gros d'essence d'ambre, deux gros d'essence de musc.

Vous mettrez votre esprit au degré de 30 avec de bonne eau de rose; joignez-y, pour la mettre à la couleur qui convient, un peu de teinture jaune et rouge.

### Eau de la Reine de Hongrie.

Dans six pintes d'esprit-de-vin mettez une livre et demie de fleurs et sommités de romarin, laissez-les infuser l'espace de deux ou trois jours, en y ajoutant une demi-livre de fleurs d'orange, pour les rendre plus agréables, et une pinte d'eau; au défaut de fleurs d'orange, vous pouvez y mettre une pinte d'eau de fleurs d'orange simple, et distiller ensuite le tout au bain-marie.

### Autre manière de faire la même.

Dans six pintes d'esprit-de-vin faites dissoudre une once et demie d'essence de romarin de la meilleure qualité, trois ou quatre gouttes d'essence de néroli, et mettez au degré de 28 ou 30 avec de l'eau de fleurs d'orange simple.

### Eau vulnéraire, dite d'arquebusade.

Cette eau dans l'origine fut faite d'abord à l'eau simple, ensuite à l'eau-de-vie et au vin blanc; présentement on la fait aux esprits; elle a acquis par ce dernier moyen un degré supérieur de bonté. Il n'est point de remède aussi prompt et aussi efficace pour les contusions, plaies et coupures. Un ouvrier n'a rien de mieux à employer s'il a le malheur d'être blessé. Je citerai, à l'appui de ce que j'avance, l'autorité d'Emeri, qui dit, pag. 650 de son Cours de Chimie, que le nom d'eau vulnéraire suffit pour marquer son excellence et ses vertus, et que son nom d'arquebusade désigne surtout la propriété qu'elle a de guérir des coups de feu, comme d'arquebuse, fusil, pistolet et autres armes de ce genre.

*Recette pour vingt-quatre pintes de cette eau.*

Vous prendrez cinq livres d'absinthe, une livre de grande consoude, feuilles, fleurs et racines; une livre d'armoise, une livre de buglose, une livre de sauge, une livre de feuilles de bétoine, une livre de grande marguerite ou œil de bœuf, une livre de sanicle, une livre de grande scrophulaire, une livre de paquerette ou petite marguerite, une livre d'aigremoine, une livre de plantain, une livre de verveine, une livre de fenouil, huit onces de véronique, huit onces d'orpin, huit onces de millepertuis, huit onces d'aristoloche longue, huit onces de petite centaurée, huit onces de millefeuille, huit onces de menthe, huit onces de nicotiane, huit onces de piloselle, huit onces d'hyssope, huit onces de romarin, huit onces de marjolaine, quatre onces de thym, huit onces de camomille, huit onces de basilic, quatre onces de baume, quatre onces de queue-de-chat, huit onces d'angélique, côtes et racines.

Lorsque vous aurez toutes ces plantes, vous les hacherez bien, les pulvériserez même s'il le faut, et ensuite vous les mettrez en infusion pendant deux ou trois jours dans vingt-quatre pintes d'esprit-de-vin et six pintes d'eau; au bout de ce temps vous distillerez pour tirer à-peu-près la quantité d'esprit que vous y avez mis, mais pas plus, si vous voulez que cette eau vulnéraire soit dans sa perfection et sans flegme. Ces sortes de distillations des simples et aromates sont sujètes à en rendre beaucoup.

Vous aurez soin, s'il est possible, de cueillir vos plantes dans un temps chaud et sec, vers la fin de juin et tout le mois de juillet, époque la plus favorable et où elles ont toutes leurs vertus.

*Eau de mélisse, connue sous le nom d'eau des carmes.*

Vous aurez six livres de feuilles et fleurs de mélisse bien tendres, bien odorantes et nouvellement cueillies; huit onces de citronnelle, quatre onces d'angélique de Bohême, côtes et racines; une demi-once de fleurs de lavande, huit onces de chardon béni, le zeste de douze citrons, quatre onces de muscade, deux onces de cannelle fine, deux onces de girofle, quatre onces de macis, une demi-once de badiane. Vous concasserez bien ces épices; vous y joindrez aussi votre mélisse et autres aromates, auxquels vous donnerez quelques coups de pilon; ensuite vous mettrez infuser cette composition dans vingt-quatre pintes d'esprit fin et six pintes d'eau, et vous opérerez comme pour l'eau vulnéraire.

Les propriétés de cette eau sont connues depuis long-temps; l'usage que l'on en a fait et que l'on en fait encore, ne peut qu'accréditer son mérite.

*La même eau composée à défaut de mélisse.*

Mettez infuser dans vingt-quatre pintes d'esprit fin et six pintes d'eau, quatre livres de zestes de citron, quatre onces de cannelle fine, huit onces de coriandre, quatre onces de muscade, quatre onces de girofle, deux onces de racine ou de graines d'angélique, deux onces de graines de carvi. Concassez tout ce qui est susceptible de l'être, et enveloppez-le dans un linge que vous nouerez solidement avec une ficelle, un peu à l'aise, en forme de tampon. Cette précaution est nécessaire pour que vos épices ne s'attachent pas à votre alambic. Vous opérerez de même qu'à la précédente.

### Eau de Cologne.

Faites dissoudre dans vingt-cinq pintes d'esprit fin douze onces d'essence de bergamote, deux onces *idem* de cédrat, deux onces *idem* de citron, une once *idem* de lavande, deux onces *idem* de Portugal, un gros d'essence de thym, deux onces *idem* de néroli, deux onces et demie *idem* de romarin. La dissolution de vos essences étant faite, vous y ajouterez deux pintes d'eau de mélisse, et vous la mettrez au degré de 28 à 30 avec de l'eau simple, ou avec de l'eau de fleur d'orange; elle en sera meilleure.

Si vous voulez que cette eau soit dans sa perfection, il faut la rectifier par la distillation : elle en sera plus fine et plus blanche. A mon avis, c'est le meilleur procédé que l'on puisse employer, et c'est celui dont on se sert le moins, parce qu'on veut avoir plutôt fait.

### *Eau de Cologne fine, d'une composition plus agréable.*

Prenez douze pintes d'esprit-de-vin, joignez-y six onces d'essence de bergamote, une once *idem* de cédrat, une once *idem* de citron, une once *idem* de Portugal, une once *idem* de néroli, une demi-once *idem* de romarin, deux gros d'huile essentielle de girofle, deux onces de teinture de benjoin, quatre gros d'anis étoilé ou badiane, que vous concasserez légérement; une pinte d'eau de rose simple, une *idem* de fleur d'orange. Distillez le tout pour en obtenir dix pintes, et vous tirerez le reste à part pour l'employer à d'autres usages.

Vous y joindrez, après votre distillation, quatre onces d'esprit de rose, quatre onces d'esprit de jasmin, quatre onces *idem* de fleur d'orange, une pinte d'eau de mélisse, deux onces de teinture de baume de tolu.

### *Eau sans pareille.*

Cette eau, simple par sa composition, réunit autant de vertus que d'autres beaucoup plus compliquées, tant pour l'usage intérieur que pour l'extérieur, et c'est ce qui lui a mérité le nom d'eau sans pareille.

Faites dissoudre dans six pintes d'esprit rectifié quatre onces d'essence de citron fin, deux onces d'essence de bergamote et quelques gouttes d'essence d'ambre; mettez ce mélange au degré de 30 avec de l'eau de fleur d'orange.

Après avoir traité des eaux odorantes, je vais faire mention de quelques-unes d'entr'elles qui sont fort essentielles pour la toilette, comme pour la conservation et la propreté de la bouche et de la peau. Je me bornerai à donner celles jugées les meilleures par l'expérience. Je commencerai par

### L'eau-de-vie de gaïac.

Faites infuser dans six pintes de bonne eau-de-vie une livre et demie de bois de gaïac bien rapé, de la meilleure qualité; vous le laisserez infuser l'espace de six semaines, en le remuant de temps à autre, et ensuite passerez le tout dans un linge et le filtrerez.

On se sert de cette eau pour la bouche en en mettant une demi-cuillerée dans deux cuillerées d'eau. Cette composition est excellente pour les gencives et les dents.

### Esprit de cochléaria.

Faites infuser, dans six pintes d'esprit-de-vin, trois livres de feuilles de cochléaria pendant deux ou trois jours, et ensuite distillez au bain-marie. Vous ajouterez à votre infusion une pinte d'eau, afin de tirer la totalité de votre esprit sans qu'il ait le goût de feu; ce qui peut arriver lorsqu'on le tire trop à sec.

Cet esprit anti-scorbutique est parfait pour la conservation de la bouche et le raffermissement des gencives. On s'en sert comme de l'eau-de-vie de gaïac, à l'exception cependant qu'on en met moins parce qu'il est plus spiritueux. Vous mettrez une demi-cuillerée à café de cet esprit dans une cuillerée et demie d'eau: vous agiterez ce mélange avant de vous en laver la bouche.

### Eau vulnéraire.

Voyez l'article ci-devant *eau vulnéraire*, page 115. J'en fais mention de nouveau en la mettant au rang de celles-ci, parce qu'elle peut servir au même usage.

Mettez une cuillerée de cette eau dans un demi-verre d'eau pour vous rincer la bouche tous les matins : c'est un vrai moyen pour vous la conserver propre et saine. Pour les dents molles mettez moins d'eau : elle les raffermira, ainsi que les gencives.

Cette eau devroit tenir un des premiers rangs pour cet usage ; sa composition seule doit l'accréditer.

### Eau ou teinture de Greenough.

Beaucoup de personnes nomment cette teinture *eau* ou *élixir odontalgique*.

Cette eau se fait par trois infusions particulières. Pour la première infusion, prenez six pintes de vin blanc, faites infuser dedans six onces de racine de patience, que vous nettoierez et couperez par tranches ; quatre onces de cochléaria, quatre onces de bois de gaïac rapé.

*Deuxième infusion.* Douze gros de cloux de girofle, douze gros de cannelle fine. Concassez bien ces deux substances et mettez-les infuser dans trois demi-setiers d'esprit-de-vin.

*Troisième infusion.* Ayez douze gros de gomme myrte, douze gros de cochenille, six gros d'alun, six gros de crême de tartre. Vous concasserez de même ces substances et les infuserez dans trois demi-setiers d'esprit-de-vin. Laissez ces infusions pendant trois ou quatre jours, en les remuant de temps à autre; au bout de ce temps vous les mêlerez toutes après les avoir agitées de nouveau; vous les passerez dans un linge et les filtrerez, soit à la chausse soit au papier gris; mais la chausse seroit préférable, attendu que le mélange est très-long à tirer au clair.

## *Teinture de Gréenough pour le mal de dents.*

Faites infuser dans deux pintes d'esprit-de-vin quatre onces de laudanum liquide, une once d'opium, deux gros de camphre, deux gros de safran, deux gros de girofle, quatre gros de cannelle, quatre gros de muscade, une once de coriandre. Concassez ces quatre dernières substances; mettez le tout infuser pendant un mois en le remuant de temps en temps, et ensuite vous le passerez et filtrerez comme ci-devant.

Cette eau est parfaite pour calmer les douleurs de dents.

## *Eau contre les rougeurs du visage et les boutons.*

Dans trois demi-setiers d'eau de joubarbe douce ou trique-madame, et un demi-setier d'eau de rose, vous mettrez infuser une once de fleur de soufre l'espace de deux ou trois jours. Pendant cet intervalle de temps, vous agiterez la bouteille à différentes reprises, et vous joindrez à cette infusion quelques gouttes de liqueur rose pour lui donner une teinte très-légère de cette fleur. Toutes les fois qu'on se servira de cette eau, il faudra remuer la bouteille. Elle est souveraine pour les boutons.

### *Eau de beauté ou de perle.*

Ayez une pinte d'eau de rivière bien claire, avec une chopine de bonne eau de rose; prenez ensuite huit onces de blanc de perle, que vous broierez bien fin sur le marbre ou dans un mortier, pour l'ajouter ensuite dans votre eau; agitez bien le tout ensemble afin qu'il ne reste aucun dépôt. C'est une attention que vous aurez chaque fois que vous voudrez la mettre dans vos bouteilles ou en faire usage.

Ayez soin que votre mortier soit propre, ainsi que les autres ustensiles dont vous vous servirez, sans quoi vous terniriez la blancheur de votre eau.

### Autre manière plus prompte, à défaut de blanc de perle.

Prenez de l'eau comme ci-devant, ajoutez-y quatre gros de teinture de baume de tolu, deux gros de baume du Pérou et deux gros *idem* de benjoin; agitez bien le tout. Cela vous donnera une eau blanche, laiteuse et d'une odeur agréable, dont on peut se servir pour la peau.

### Eau de fraxinelle, ou eau des dames.

Ayez deux livres de fleurs et sommités de fraxinelle nouvellement cueillies, quatre onces de roses de Provins, quatre onces de roses pâles, une demi-livre de fraises, une once de benjoin, une once de storax calamite, quatre gros de baume du Pérou, quatre gros de girofle, quatre gros de cannelle; vous pulvériserez ces dernières substances, et réunirez le tout pour le mettre en infusion dans trois pintes d'esprit-de-vin fin, une pinte d'eau de rose simple, pendant vingt-quatre heures, et ensuite vous distillerez au bain-marie pour en tirer deux pintes et demie; vous ajouterez après dans ce qui est distillé quatre gros de teinture de baume de tolu et un gros d'essence d'ambre. Ce cosmétique, d'une odeur douce et suave, est très-bon pour la peau ; on en met une cuillerée à bouche dans deux cuillerées d'eau de lis pour s'en nettoyer la figure soir et matin.

A défaut d'eau de lis, vous vous servirez d'eau ordinaire avec moitié d'eau de rose.

*Eau pour enlever les taches de rousseur et les signes qui viennent sur le visage.*

Faites sécher à l'ombre de la racine de concombre sauvage et de narcisse, réduisez-les en poudre très-fine; vous mettrez infuser deux onces de chacune dans une pinte d'esprit fin et un demi-setier d'eau de rose l'espace de cinq à six jours; vous la tirerez de dessus le marc, et vous vous en laverez le visage jusqu'à ce qu'il commence à vous démanger ; alors vous vous laverez avec de l'eau fraîche, et vous continuerez de nouveau jusqu'à parfaite guérison, qui ne tardera pas, parce que cette eau est légèrement caustique.

*Cosmétique par décoction, excellent pour conserver la peau fraîche et pour ôter les rides.*

Prenez une pinte d'eau de rivière ou de pluie ; mettez-la dans un pot ou vase de faïence ou de terre vernisée, faites-la bouillir en y ajoutant une poignée d'orge bien lavée, sur un feu de charbon jusqu'à ce que l'orge soit crevée; alors vous la retirerez et la laisserez refroidir un peu; vous passerez cette décoction à travers un linge, et la mettrez ensuite dans une bouteille de verre assez grande pour qu'il reste un tiers de vide; vous verserez sur cette eau trois ou quatre gouttes de baume blanc de Judée, ou à défaut, du baume du Pérou. Vous agiterez bien fort ce mélange, sans discontinuer, jusqu'à ce que le baume soit bien incorporé avec l'eau, ce que vous reconnoîtrez lorsque l'eau se troublera et blanchira par-tout : alors elle sera faite.

Lorsque l'on voudra s'en servir il faudra se laver avant avec de l'eau de rivière, et prendre un linge blanc de lessive, avec lequel on prendra de cette eau.

*Eau balsamique.*

Prenez une livre de térébenthine de Venise, huile de laurier, galbanum, gomme arabique, gomme de lierre, encens, myrrhe, aloès hépatique, bois d'aloès, galanga, girofle, petite consoude, cannelle, noix-muscade, zédoaire, gingembre, dictame blanc, borax, de chacun trois onces; musc, un gros; ambre gris, douze grains. Après avoir pilé et réduit en poudre ce qui en est susceptible, mettez le tout dans six pintes d'esprit et une pinte d'eau, ensuite distillez au bain-marie. L'eau balsamique qui en résultera est propre à fortifier les chairs et à leur donner cette beauté et cette fraîcheur dont la vue est si agréablement flattée.

## Eau de lis.

Il y a deux sortes de lis, l'une à fleurs blanches, et l'autre à fleurs jaunes; quoiqu'également bonnes par leur odeur, c'est la blanche qu'on emploie de préférence pour la peau. Pour faire cette eau, prenez une livre et demie de fleurs de lis blanches bien fraîches, deux onces de storax en pain, que vous concasserez auparavant; mettez le tout dans quatre pintes d'eau pour être distillé au bain-marie, s'il est possible, cela n'en vaudra que mieux, attendu que cette fleur, étant très-sensible quoique forte en odeur, perdroit beaucoup si elle n'étoit distillée avec précaution. Vous tirerez trois pintes au plus de votre distillation; vous joindrez à votre eau une once de sel de tartre en poudre; vous agiterez bien votre bouteille, et la laisserez en repos pour que les matières puissent s'y dissoudre, et ensuite vous filtrerez.

Cette eau a la vertu d'adoucir et d'embellir la peau, de la maintenir dans sa fraîcheur et d'en enlever les taches lorsqu'on s'en sert matin et soir.

La fleur de lis jaune se distille de même de préférence à l'esprit pour son odeur, qui est très-suave et ressemble à celle de fleur d'orange. Elle peut entrer dans la composition des eaux fines; la quantité est d'une demi-livre de fleurs par pinte d'esprit, et une once de storax.

*Eau de mouron pour le teint.*

Faites infuser dans douze pintes d'eau, pendant vingt-quatre heures, douze livres de mouron, quatre onces de benjoin et quatre onces de storax. Vous concasserez auparavant ces substances, et distillerez le tout pour en tirer huit pintes. Cette eau végétale et balsamique est souveraine pour la conservation de la peau.

*Lait virginal.*

Huit onces de benjoin, huit onces de storax en pain, quatre onces de souchet, une once de girofle, deux onces de cannelle fine, deux noix-muscades, deux onces de graine d'ambrette, deux onces de calamus, un gros d'ambre et autant de vessie de musc. Vous concasserez toutes ces drogues, et les passerez dans un tamis de crin clair ; vous les mettrez infuser dans six pintes d'esprit rectifié, et deux pintes d'eau-de-vie, pendant au moins un mois, au soleil ou à l'étuve, en remuant votre infusion de temps en temps ; vous aurez soin que votre bouteille ne soit pas trop pleine, afin que la force de l'esprit ne la fasse pas casser. Vous tirerez votre infusion au clair, ou la filtrerez pour plus de sûreté ; vous aurez un lait virginal d'une odeur agréable. Réservez le marc pour en faire l'application à l'usage que je vous indiquerai.

On se sert de ce lait en en mettant quelques gouttes dans un peu d'eau et en l'agitant ; ce qui formera un lait propre à laver le visage.

### *Lait virginal blanc.*

Prenez quatre onces de litharge en poudre, que vous ferez bouillir dans une chopine de vinaigre blanc distillé. Vous vous servirez d'un pot neuf de terre vernissée, pour faire bouillir le mélange jusqu'à la diminution du tiers ; alors vous l'ôterez du feu, et le laisserez reposer pour le tirer au clair, en le versant par inclinaison pour ne rien troubler ; vous le garderez dans une bouteille, puis vous ferez ce qui suit.

Vous prendrez deux onces de sel marin ou sel gemme, que vous pilerez et ferez fondre dans une chopine d'eau de rose, en remuant doucement le mélange ; ensuite vous filtrerez cette eau pour la rendre claire ; pour que vous puissiez vous en servir au besoin.

Vous verserez de ces deux eaux dans un verre, autant de l'une que de l'autre, ce qui vous donnera un lait blanc et épais dont vous pourrez vous servir pour le visage et les mains, qu'il rendra très-blancs. Si vous trouvez le mélange trop épais, vous pourrez l'éclaircir avec un peu d'eau.

## *Lait de rose, dit anglais.*

Dans l'origine, ce lait se faisoit en France sous le nom de crême ou lait d'amande ; mais comme l'on trouve toujours du merveilleux dans tout ce qui vient de l'étranger, ou qui en porte le nom, le sien l'a accrédité, et lui a donné la vogue.

Prenez une livre d'amandes douces, deux onces d'amandes amères des plus belles, bien épluchées et sans taches; vous les sasserez dans un linge pour les essuyer, ensuite vous les passerez au moulin, ou, à défaut de moulin, vous les pilerez dans un mortier de marbre ou de pierre, et non dans d'autres mortiers; car ceux de fonte ou de cuivre en terniroient la blancheur. J'indique de les passer au moulin pour abréger; cela n'empêche pas qu'il ne faille toujours les piler. Quand elles sont à-peu-près à moitié pilées, vous faites fondre dans un poêlon de faïence ou de terre vernissée, au bain-marie ou à feu doux, une once de blanc de baleine bien blanc, une once de cire vierge; vous joigniez à la fusion de ce mélange, une once de savon blanc, que vous coupez auparavant par morceaux. Toutes ces substances étant bien fondues ensemble, vous laissez une petite portion de vos amandes dans votre mortier, sur lesquelles vous versez ce que vous venez de faire fondre, en continuant de piler vivement pour lier l'un et l'autre comme il faut; vous continuez d'incorporer le reste peu à peu, et de piler jusqu'à ce que vous n'aperceviez plus aucun vestige de blanc ou d'amandes; car plus vos matières seront triturées, et plus elles rendront tant en qualité qu'en quantité.

Préparez dans une bouteille deux pintes d'eau ordinaire et une chopine d'eau de rose double, une *idem* d'esprit fin, ou esprit de rose, ce qui n'en vaudroit que mieux; mêlez votre esprit avec l'eau; versez peu à peu sur vos amandes, en broyant bien avec le pilon, et réservez une chopine au moins de votre eau pour un emploi que j'indiquerai. Votre lait étant délayé, vous le passez dans un linge bien serré et propre, mais par partie pour plus de facilité, et vous en mettez le marc de côté; vous remettez le marc dans le mortier pour le piler de nouveau, et le délayez de même que vous avez fait, avec l'eau que vous avez réservée; vous le pressez une deuxième fois pour en exprimer tout le lait.

A la suite de cette opération, vous repassez de nouveau votre lait dans une mousseline pliée en trois ou quatre, que vous ajustez en forme de filtre sur un entonnoir de verre, s'il est possible; vous avez soin d'agiter de temps en temps avec une spatule, pour lui faciliter le passage. Si vous voulez donner plus de parfum à votre lait, peu après l'incorporation des matières fondues avec vos amandes, vous ajoutez trois ou quatre gouttes d'essence de rose dans cette petite portion, en la recouvrant d'un peu de vos amandes, pour que votre essence, venant à se figer aussitôt, ne se perde pas en s'attachant à votre pilon. Ce procédé vous donnera un lait de rose parfait, tant pour la qualité que pour l'odeur.

J'observe qu'il arrive quelquefois que votre lait paroît vouloir se décomposer. Cela dépend des matières que l'en emploie; pour y remédier, lorsque vous vous en apercevrez, vous remuerez bien la bouteille qui le contient ; il se remettra dans son état, et une fois rétabli, il est rare qu'il se décompose.

### *Lait de concombres.*

Vous vous servirez pour celui-ci du même procédé que pour le lait de rose, excepté qu'après avoir broyé et pilé vos amandes, vous aurez en place d'eau de rose du jus de concombre ; vous prendrez donc deux pintes de ce jus et une chopine d'esprit rectifié, que vous mêlerez ensemble, et avec lesquels vous délaierez vos amandes.

Comme il ne seroit pas possible de trouver des concombres en tout temps, il est bon d'user du moyen suivant pour en conserver le jus.

Vous mettrez ensemble trois demi-setiers de jus et un quart d'esprit ; vous mêlerez bien ce jus et le filtrerez pour en ôter la crasse, qui nuiroit à sa conservation, et vous vous en servirez au besoin.

# TROISIÈME PARTIE.

*De la fabrication de toutes les Poudres blanches et de couleur, aux fleurs, et autres de composition.*

## CHAPITRE PREMIER.

*De la poudre blanche.*

CETTE poudre date de plus d'un siècle en France; elle fut mise en usage par les personnages de la plus haute distinction. On lui reconnut tant d'avantage pour la propreté et l'élégance de la toilette, que l'usage en fut général, et que la mode s'en est propagée jusqu'à nos jours dans une grande partie de l'Europe.

Tous les parfumeurs fabricans savent la faire; le premier venu même, avec de l'amidon et un moulin, est aussi savant que le plus expert dans cette partie. Anciennement on purgeoit la poudre soit à l'eau-de-vie, soit à l'esprit-de-vin, parce que les amidons étoient mal fabriqués, ce qui les rendoit de mauvaise qualité et souvent gras; depuis on est parvenu à en perfectionner la fabrication, et par ce moyen on est dispensé de purger la poudre. Je vais indiquer le moyen de distinguer le bel et le bon amidon : ses qualités consistent dans la blancheur, la sécheresse, et dans la privation de tout goût aigre. Il faut que sa blancheur ne soit pas terne, mais d'un blanc clair et légèrement azuré; Sa sécheresse se connoît lorsqu'en le pressant dans la main, il crie un peu sans se pelotonner, et s'étend facilement.

Avec des tamis de soie très-fins vous faites de belle poudre, et cette poudre se parfume avec les odeurs que l'on desire, et de la manière indiquée ci-après.

Toutes les poudres blanches que l'on parfume avec des fleurs ou avec des odeurs fines, doivent être du plus bel amidon; l'on doit en conséquence prendre le premier passé à part, que l'on nomme fleur d'amidon.

### Poudre à la fleur d'orange.

Sur vingt-quatre livres de poudre, vous emploierez au moins une livre et demie de fleurs d'orange épluchées ; vous formerez dans votre caisse ou boîte, avec votre poudre, un lit de l'épaisseur de deux doigts, et un lit de fleurs ; vous distribuerez proportionnellement toute votre poudre et vos fleurs, en ayant soin dans le jour de remuer votre poudre deux ou trois fois; au bout de vingt-quatre heures, vous passerez votre poudre dans un tamis pour en retirer les fleurs, et en remettre de fraîches, la même quantité et de la même manière. Vous ferez la même opération pendant trois ou quatre jours ; si vous la desirez plus forte, vous augmenterez vos couches de fleurs.

Lorsque vous aurez ôté vos fleurs, vous retamiserez votre poudre dans un tamis plus fin, de crainte qu'il n'ait passé quelques parcelles de fleurs ou ordures à votre première tamisée, ce qui nuiroit beaucoup à sa conservation par l'humidité qu'elles lui communiqueroient.

Vous aurez attention que cette poudre soit déposée dans un endroit à l'abri de l'humidité, que vos boîtes soient bien fermées. Comme il reste toujours un fond d'humidité à votre poudre, ne négligez point de la remuer tous les deux jours une fois, jusqu'à ce que vous

vous aperceviez qu'il n'y en ait plus, ce que vous répéterez de temps à autre dans le courant de l'année; cela la rafraîchit et lui fait du bien. Le meilleur moyen pour faire cette opération, c'est d'avoir un grand peigne de bois à longues dents : vous remuerez plus également et plus facilement votre poudre qu'avec la main.

Si tous les soins que j'indique sont négligés, on court risque que la poudre ne perde son odeur.

### *Poudre au jasmin.*

Pour la même quantité de poudre que ci-dessus, vous emploierez environ douze cents fleurs de jasmin d'Espagne, en ayant soin de n'y point laisser de vert à la queue. Vous formerez du tout un lit de poudre et un lit de fleurs; au bout de vingt-quatre heures, vous sasserez votre poudre, pour en ôter les fleurs et en remettre de fraîches; vous continuerez de même pendant trois ou quatre jours et plus; elle n'en sera que meilleure. Il ne faut pas toucher à votre poudre pendant que les fleurs y sont, parce que le jasmin n'est pas sujet à s'échauffer; si vous la remuiez, cela le flétriroit, et l'odeur n'en seroit pas aussi suave.

## Poudre à la jonquille.

Les fleurs de jonquille double ou simple sont également bonnes; la double a l'odeur plus suave, mais la simple est plus odorante : les fleuristes ne vendent ces fleurs qu'en paquet. La jonquille étant plus grande, la quantité en sera moindre que celle du jasmin. Sur vingt-quatre livres de poudre, vous emploierez douze bottes de fleurs de jonquille, en ayant soin d'ôter tout le vert de la queue, et vous suivrez le même procédé que pour celle au jasmin, en faisant un lit de poudre et un lit de fleurs : vous la remuerez une seule fois dans le jour.

## Poudre de jacinthe.

On emploie indistinctement la jacinthe blanche ou bleue : la double est celle qui a le plus d'odeur. Cette poudre se fait de même que celle à la jonquille, et on l'épluche de même.

## Poudre à la tubéreuse.

Cette fleur commence à être bonne à travailler au mois de juillet; au mois d'août elle est dans toute sa force; après les premiers jours de septembre, elle perd beaucoup de sa qualité, les fraîcheurs du matin en absorbant l'odeur. A cette époque le travail n'en est pas avantageux.

Vous suivrez pour celle-ci le même procédé que pour la précédente.

*Poudre à la rose ordinaire ou pâle.*

Cette fleur étant plus abondante que les précédentes, et par cette raison moins chère, on peut l'employer avec moins d'économie en donnant quelques couches de plus; il s'agit de la bien employer, parce qu'elle s'échauffe plus facilement que les autres. Je me suis expliqué dans les chapitres précédens sur le choix et la qualité des roses; pour la poudre principalement il les faut belles et sans humidité. Après les avoir effeuillées avec soin, vous les mettrez par lits, et les remuerez deux ou trois fois dans les vingt-quatre heures, en les renouvelant cinq à six fois par jour. Dans le cas où vous n'auriez pas de fleurs à mettre pour changer, il faut toujours ôter les anciennes. Vous tiendrez votre boîte ouverte pendant que les fleurs sont dedans. Je vous observe encore, comme ci-devant, de retamiser votre poudre, et de suivre les mêmes

procédés que pour la poudre à la fleur d'o-
range, afin de conserver son odeur.

*Poudre à la rose-muscade.*

Vous effeuillerez des roses suivant la quantité de poudre que vous voulez en faire; vous les emploierez par lits et proportionellement; vous les remuerez dans le jour une fois seulement; au bout de vingt-quatre heures vous les sasserez, et vous remettrez de nouvelles fleurs jusqu'à quatre ou cinq fois. Vous suivrez le même procédé que pour les poudres précédentes.

*Poudres de giroflé, de muguet et de réséda.*

Quoique ces poudres ne soient pas d'un grand usage, il est bon d'en parler, puisque l'on peut en faire. Il est vrai que leur odeur ne se soutient pas long-temps; j'ai trouvé un moyen pour la fixer, ou pour qu'elle soit plus durable. Il faut préparer votre fleur d'amidon avec de l'iris, comme vous faites pour votre poudre à la violette, avant d'y mettre vos fleurs : vos poudres seront parfaites.

### Poudre de giroflé.

Cette fleur est la première des trois qui paroissent au commencement du printemps; vous la choisirez belle et bien fleurie, sans humidité; vous l'effeuillerez et la mettrez par lits avec votre poudre d'iris ou à la violette, et vous suivrez le même procédé que pour les précédentes.

### Poudre de muguet.

Cette fleur paroît un peu avant la rose. Il ne faut pas négliger de saisir l'occasion de l'employer, attendu qu'elle passe promptement. Vous observerez le même procédé que pour la giroflée.

### Poudre de réséda.

Le réséda plaît à beaucoup de personnes; son odeur fraîche de verdure n'est pas sans agrément. Vous le choisirez bien fleuri et bien sec; il dure assez de temps pour qu'on ait le loisir de le bien travailler. Vous ajouterez à votre poudre de réséda un tiers de poudre à la rose, et vous observerez le même procédé que pour la précédente.

*Poudre à la maréchale, ou odeur de maréchale de composition pour parfumer la poudre blanche.*

Cette composition est la plus propre à parfumer la poudre, attendu que son odeur est pénétrante et qu'elle n'a pas l'inconvénient d'en ternir la blancheur, ce qui arrive souvent chez beaucoup de fabricans qui parfument la leur avec de la poudre de couleur, soit en la mêlant, ou en la mettant dessus lorsqu'elle est pesée ; de cette manière elle ne peut passer que pour de la poudre ordinaire. Quant à la poudre fine, comme elle est plus chère, il faut la vendre un bon prix. J'indiquerai cette composition comme odeur de maréchale.

Vous prendrez deux livres d'iris, une demi-livre de roses de Provins, une livre de bois de Rhodes, une livre et demie de graine d'ambrette, deux onces de girofle, une demi-livre de cannelle fine, un quarteron de benjoin, une demi-livre de storax, une demi-livre de coriandre, un quarteron d'écorce de bergamote ou de petits orangeons, un quarteron de fleur d'orange sèche, deux onces de badiane, quatre onces de racine d'angélique, quatre onces de sandal citrin, deux onces de souchet, deux gros de musc, ou quatre gros de vessie.

Concassez toutes ces choses, excepté le musc, que vous incorporerez à la moitié de votre opération; vous joindrez à ces articles concassés la quantité d'environ vingt livres d'amidon ou de grossiers, si vous en avez, que vous mêlerez avec eux, en réduisant à fur et mesure, et que vous passerez au tamis fin. Vous remuerez bien votre odeur, et vous la repasserez au tamis de crin, afin qu'elle se trouve par ce moyen bien mélangée.

La dose de cette poudre pour parfumer la poudre blanche, est de deux livres par cent. Vous mêlerez bien votre odeur avec la poudre avant de la tamiser.

### *Poudre d'œillet de composition pour le même objet.*

Prenez deux livres d'iris, une demi-livre de piment, une demi-livre de coriandre, une livre et demie de girofle, quatre onces de cannelle, quatre onces de bois de Rhodes, quatre onces de fleurs d'orange sèches, quatre onces d'écorce de bergamote, quatre onces de graine d'ambrette, une livre de roses de Provins, une livre de roses pâles. Broyez votre composition comme vous l'avez fait pour l'odeur de maréchale, joignez-y même quantité de grossiers ou d'amidon, et suivez le même procédé que pour la dernière poudre. Vous mettrez la même dose de celle-ci que de celle à la maréchale pour parfumer votre poudre blanche.

Ceux qui desireroient avoir leur poudre à la maréchale plus forte ou un peu ambrée, ajouteront une demi-livre de poudre ambrée et musquée par cent.

Ces deux sortes de poudres de maréchale et d'œillet sont les plus en usage dans la consommation; nous avons encore celle à la violette. Nous observerons pour celle-ci que sur cent livres de poudre blanche, on doit mettre deux livres de poudre d'iris ou de violette, comme il est dit ci-après. On aura attention de même de la mêler et tamiser. Cela donnera une poudre suave et agréable, et du goût de bien des gens. Si on la desire plus forte, on augmentera la dose d'iris en conséquence.

*Poudre blanche au bouquet composée.*

Cette poudre, dans le genre des trois dernières que je viens de traiter, est supérieure par son odeur.

Sur cent livres de poudre de fleur d'amidon on met six livres de poudre de rose-muscade, six livres de poudre de rose pâle, quatre livres de poudre au jasmin, quatre livres à la fleur d'orange quatre livres *idem* à la tubéreuse, six livres à la jonquille ou à la jacinthe, deux livres de poudre d'iris, huit onces de poudre d'odeur d'œillet composée, une demi-livre de poudre ambrée et musquée. On mêle toutes ces poudres ensemble, et on tamise comme ci-devant. Cette composition revient plus chère, sans doute : aussi la vend-on en conséquence. On doit en avoir le débit, parce qu'il se trouve toujours des gens qui la recherchent.

## CHAPITRE II.

### *Des Poudres de couleur à la maréchale, œillet, et autres odeurs.*

---

#### *Poudre à la maréchale.*

PRENEZ six livres d'iris, trois livres de roses de Provins, deux livres de fleurs d'orange sèches, une livre de sandal citrin, huit onces de petits orangeons, quatre onces d'écorce d'orange, une livre de bois de rose rapé, cinq livres de graine d'ambrette, une livre huit onces de souchet, quatre onces de calamus, une livre de bois de girofle, trois livres de piment, une livre huit onces de storax en pain, une livres huit onces de benjoin, deux livres de bois de Rhodes, une livre huit onces de sassafras, deux livres d'écorce de bergamote, une livre de coriandre, une livre de cannelle fine, huit onces de racine d'angélique, deux onces d'anis étoilé ou badiane, une once de racine de petit galanga.

Vous concasserez toutes ces drogues, ensuite vous les mêlerez bien, et vous en mettrez dans le mortier la quantité indiquée pour la réduire en poudre; vous la passerez au tamis fin. Lorsque vous serez à la moitié de la trituration de cette composition, vous ajouterez deux gros de musc, ou quatre gros de vessie, que vous couperez par petits morceaux, avec une bonne pincée de graine d'ambrette. Vous pulvériserez à part dans votre mortier ces deux dernières substances; et pour donner une teinte moins rougeâtre à votre poudre, vous mettrez une demi-livre d'ocre jaune sans aucune mauvaise odeur; vous joindrez un peu de cet ocre au musc, que vous broierez bien pour que l'odeur s'incorpore mieux avec votre poudre, et que vous mêlerez toujours avec le reste de votre ocre; ensuite vous mêlerez bien le tout, et y ajouterez quatre gros d'essence d'ambre que vous écraserez bien avec la poudre, en la passant de nouveau au tamis de crin clair pour mieux opérer le mélange.

Si vous desirez votre poudre plus ambrée, vous doublerez votre dose d'ambre et de musc.

Il faut aussi vous assurer de la qualité de votre musc et ambre, ce qui détermine souvent à en mettre plus ou moins. Il en est de même de tous les objets qui entrent dans vos compositions.

Vous pouvez faire votre poudre à la maréchale plus simple, en la coupant avec des bois de couleurs ou poudres rousses. Il en est de même de toutes les poudres que vous voulez faire inférieures.

### Poudre d'œillet double.

Prenez six livres d'iris, trois livres de roses de Provins, deux livres de girofle, deux livres de piment, deux livres de roses pâles, une livre de bois de girofle, quatre onces de cannelle, quatre onces de coriandre, quatre onces d'écorce de bergamote, deux onces de bois de

Rhodes, quatre onces de graines d'ambrette, une demi-once de gingembre, quatre onces de souchet, trois livres de bois de palissandre, une livre de fleur d'orange sèche, deux onces de marjolaine sèche, une livre de bois de rose rapé. Vous concasserez le tout et suivrez le même travail que pour la poudre précédente, sans y ajouter autre chose. Vous mêlerez bien votre poudre et la tamiserez comme la dernière.

### Poudre à la frangipane.

Prenez trois livres de grossiers ou de corps de poudre à la maréchale, une livre de fleur d'orange sèche, deux onces de girofle, une livre de storax en pain, quatre onces de benjoin, quatre onces de graines d'ambrette, deux onces de vanille (que vous couperez par morceaux), quatre onces d'écorce d'orange. Concassez tous ces objets et ajoutez-y une livre de sciure de bois de citrin : c'est un bois qui se trouve chez les tourneurs ou tabletiers ; il est jaunâtre et a une petite odeur agréable. A défaut de ce bois, vous y mettrez de la sciure de bois jaune : ce bois donne une teinte différente de celle des autres poudres. Vous joindrez, comme à la maréchale, deux gros de musc ou quatre gros de vessie de musc, que vous incorporerez de même quand vous la tamiserez; à la fin vous y ajouterez quelques gouttes d'essence d'ambre.

### Poudre à la frangipane blanche.

Prenez quatre livres de poudre à la fleur d'orange, de la meilleure, deux livres de poudre à la tubéreuse; vous pulvériserez avant dans le mortier deux gros de musc, deux gros de vanille, une once de graine d'ambrette, quelques gouttes d'essence d'ambre; broyez bien ces objets en y ajoutant peu à peu de votre poudre aux fleurs jusqu'à la concurrence d'une livre, mêlez-les ensuite avec la totalité de la poudre blanche, passez au tamis fin, et réduisez vos grossiers le plus que vous pourrez. Comme ces derniers pourroient être gras, vous y joindrez un peu de grossiers d'amidon bien sec. Le tout étant bien réduit, mêlez-le avec le reste et passez au tamis clair.

### Poudre à l'ambre.

Vous mettrez dans un mortier de fonte une once d'ambre gris du plus fin; vous ferez chauffer le pilon du mortier avec lequel vous pulvériserez et broierez votre ambre; lorsqu'il sera bien broyé, vous y ajouterez une demi-once de bon musc, que vous broierez de même avec votre ambre; ensuite vous y mettrez deux onces de benjoin, deux onces de storax en pain et deux onces de graine d'ambrette. Comme toutes ces drogues sont en partie résineuses et visqueuses, vous y ajouterez, pour en faciliter la dissolution et les réduire en poudre, quatre onces de bois d'ébène, quatre onces de bois de palissandre, deux livres d'amidon, ou plutôt de grossiers d'amidon si vous en avez de sec, la chose n'en vaudra que mieux pour la trituration de votre composition. Vous passerez le tout au tamis fin, et vous continuerez à broyer en y ajoutant toujours des grossiers ou de l'amidon jusqu'à la concurrence de douze livres. Cette poudre doit être bonne si vos drogues ont les qualités requises. Comme elle doit être un peu grisâtre, les bois d'ébène et de palissandre lui donneront cette couleur.

*Poudre au musc.*

Vous mettrez dans votre mortier une once de musc, une demi-once d'ambre; vous commencerez par broyer votre ambre et votre musc, en suivant les mêmes proportions et le même procédé que pour le reste. Pour différencier la couleur, vous y ajouterez quatre onces de bois de rose et quatre onces de bois d'ébène.

### Poudre de Chypre.

La mousse de chêne en est la base. En poudre elle a une odeur des plus pénétrantes ; elle ne doit cette qualité qu'à sa volatilité. Ce végétal, préparé et pulvérisé, donne du montant à toutes les substances auxquelles on le joint.

### Préparation de la mousse de chêne.

Vous commencerez par mettre tremper la mousse de chêne dans de l'eau de fontaine du jour au lendemain, vous la retirerez de cette eau en la passant dans un linge et en l'exprimant le plus que vous pourrez ; vous la remettrez de même tremper dans de l'eau de rose et un tiers d'eau de fleur d'orange l'espace de deux jours ; vous la retirerez en l'exprimant bien, et vous la ferez sécher au grand air et au midi, ou au four si c'est dans la mauvaise saison, pour lui ôter l'odeur de sauvageon. Faites en sorte qu'elle l'ait absolument perdue et qu'elle soit sèche à pouvoir se broyer dans la main : de cette manière elle est bonne à employer.

Cette préparation étant bien faite, ayez

une demi-once d'ambre gris, broyez-le dans votre mortier après avoir fait chauffer votre pilon; ajoutez-y une once et demie de musc ; continuez à broyer ces deux substances comme ci-devant, en y ajoutant quatre onces de benjoin, quatre onces de storax en pain, huit onces de bois de Rhodes, quatre onces d'iris, deux onces de graine d'ambrette, un gros de de racine d'angélique, deux pincées de semence de céleri, une once de sandal citrin, une livre de feuilles d'oranger bien vertes et sèches, une livre de mousse de chêne. Pulvérisez le tout et passez-le au tamis le plus fin.

Ajoutez-y ensuite une demi-livre de poudre à la fleur d'orange, une demi-livre *idem* à la rose-muscade, une livre à la tubéreuse, une livre au jasmin et à la jonquille. A défaut de ces deux dernières, mettez celle à la jacinthe. Mêlez le tout ensemble et tamisez de nouveau.

Si votre poudre n'étoit pas assez colorée, vous pourriez y ajouter un peu d'indigo et de stil de grain. Sa teinte doit être d'un petit vert très-clair et grisâtre.

### *Poudre à la vanille.*

Prenez une livre de vanille que vous couperez par morceaux, une livre de rose de Provins, une livre de storax en pain, une livre de benjoin, une livre de bois de Rhodes, une livre de bois de palissandre, une livre de bois d'ébène, deux onces de girofle, deux gros de musc. Si vous avez des marcs d'infusion d'esprit, ou d'essence de vanille bien secs, vous pouvez les y joindre, la composition n'en sera que meilleure. Réduisez toutes ces substances et passez-les au tamis fin. Vous ajouterez à cette composition une livre de poudre blanche à la tubéreuse, une livre *idem* au jasmin, une livre *idem* à la vanille blanche. Vous mêlerez le tout ensemble et tamiserez de nouveau. Cette poudre est d'une agréable odeur.

Avant d'ajouter votre composition de poudre blanche à votre poudre à la vanille brune, vous mettrez de cette dernière à part, afin de l'employer dans votre pommade à la vanille pour la brunir, comme je l'ai indiqué au chapitre II, à l'article pommade à la vanille. Elle peut vous servir de même pour la pâte liquide à la vanille. Observez surtout que cette poudre soit très-fine.

### *Poudre à la vanille blanche.*

Prenez six livres de poudre à la tubéreuse ou au jasmin, et six onces de vanille que vous couperez par petits morceaux bien menus ; vous mettrez votre vanille avec la poudre légèrement par lits, dans une boîte bien close, et la laisserez de cette manière au moins quinze jours, au bout duquel temps vous la passerez au tamis clair pour en détacher la poudre à la vanille; vous remettrez de nouveau cette même vanille, avec la même poudre, par lits, et recommencerez la même opération jusqu'à ce que vous aperceviez que la poudre soit pénétrée de toute l'odeur de la vanille; vous la tamiserez alors, et vous y joindrez une once ou deux de poudre blanche ambrée et musquée. Vous la retamiserez encore après l'avoir mêlée.

*Poudre à l'héliotrope.*

Prenez une livre de storax en pain, huit onces de benjoin, une livre de bois de Rhodes, une livre de bois de palissandre, quatre onces de bois d'ébène, quatre gros de girofle. Concassez toutes ces substances, versez ensuite dessus deux gros de baume du Pérou; réduisez le tout ensemble, avec six livres de grossiers d'amidon, que vous mettrez à fur et mesure que vous broierez ; lorsque vous serez à la moitié de votre trituration, vous ajouterez au mélange deux gros de musc. Si votre composition étoit un peu difficile à passer, vous y pourriez joindre quatre onces de bois d'ébène. Tout étant pilé et tamisé, vous finirez par y mettre une livre de poudre à la vanille brune, une livre de poudre au jasmin, une livre *idem* à la rose-muscade, une livre *idem* à la tubéreuse. Vous mêlerez bien le tout et tamiserez.

### Poudre au bouquet.

Prenez douze livres de poudre à la rose-muscade, six livres *idem* au jasmin, six livres *idem* à la fleur d'orange, six livres *idem* à la tubéreuse, six livres *idem* à la jacinthe, six livres *idem* à la jonquille (à défaut de ces deux dernières vous mettrez de la tubéreuse ou jasmin), quatre livres de poudre d'iris, une livre de poudre à la vanille, moitié brune et moitié blanche, deux livres de poudre ambrée et musquée. On donne ordinairement à cette poudre une couleur jaunâtre tirant sur le chamois : c'est avec un peu d'ocre jaune et moitié stil de grain que vous lui donnerez cette couleur plus ou moins foncée. Vous pulvériserez ces deux couleurs et les passerez au tamis fin ; ensuite vous les mettrez avec le reste pour être tamisées de nouveau.

Pour faire cette poudre plus ambrée, vous broierez quatre gros de musc, du plus fin, avec votre couleur chamois dont nous avons parlé ci-devant, et quatre gros d'essence d'ambre, en y mêlant peu à peu une portion de votre poudre de composition de bouquet, à la quantité de vingt-quatre livres. Vous réduirez et tamiserez le tout.

C'est ce que l'on appelle la poudre au bouquet ambrée, et qui étoit si renommée autrefois.

### Poudre de millefleurs.

Prenez une livre de poudre à la maréchale, deux livres *idem* à l'œillet, une livre *idem* d'iris, huit onces à la frangipane, huit onces à l'héliotrope, huit onces *idem* au bouquet, huit onces *idem* à l'ambre, huit onces *idem* à la bergamote, huit onces de poudre de bois de Rhodes. Mêlez cette composition et tamisez. Vous aurez une poudre bonne et agréable. Si vous voulez la rendre plus forte, vous y joindrez une demi-livre de poudre au bouquet ambrée, ou une once ou deux de poudre de Chypre.

### Poudre impériale.

Prenez deux livres d'iris, huit onces de benjoin, huit onces de storax en pain, huit onces de bois de Rhodes, quatre onces de vanille, une once de cannelle fine, quatre onces de graine d'ambrette, une demi-once de badiane, un gros de graine de *fenum-græcum*, quatre gros de musc, deux gros d'essence d'ambre.

Cette composition étant réduite et tamisée, vous y joindrez une livre de poudre au jasmin, une livre à la rose-muscade, huit onces à la fleur d'orange, huit onces à la tubéreuse ou jonquille. Vous mêlerez le tout et tamiserez, et vous aurez une poudre excellente.

### Poudre de Flore.

Prenez deux livres de poudre au jasmin, une livre de poudre à la rose-muscade, une livre *idem* à la tubéreuse, une livre *idem* à la fleur d'orange, une demi-livre à la jonquille, une demi-livre d'iris, deux onces de poudre de Chypre ou à l'ambre. Vous donnerez ensuite au mélange une petite teinte couleur de chair très-claire avec une once de rouge fin en poudre, que vous mêlerez bien et tamiserez.

## Poudre de mousseline des Indes.

Cette poudre a été fort en usage autrefois à cause de son odeur pénétrante et agréable, qui se rapproche de l'odeur des mousselines des Indes, et que l'on respire avec plaisir.

Prenez une livre d'iris, huit onces de coriandre, deux onces de graine d'ambrette, une once de cannelle fine, une once de girofle, une once de noix-muscade, deux gros de badiane ou d'anis, deux onces de poivre, deux onces de gingembre, une once de bois de sandal, deux onces de bois de palissandre. Pilez cette composition et tamisez.

## Poudre à la bergamote.

Cette poudre se fait simplement avec l'écorce de bergamote. Il faut la choisir bien saine et sèche. Pour la rendre plus agréable, vous ajouterez sur deux livres d'écorce de bergamote, une livre de fleurs d'orange sèches ( les épluchures ou les fleurs que vous retirez de la poudre à la fleur d'orange, étant bien sèches, sont bonnes pour cela ) avec un quarteron de graine d'ambrette. Vous pulvériserez bien le tout et tamiserez.

Cette poudre peut entrer dans beaucoup de compositions.

### Poudre d'iris ou de violette.

De toutes les racines d'iris, c'est celle de Florence que l'on préfère, et qui fait la base de cette poudre qu'on emploie à parfumer la blanche, nommée poudre à la violette.

Vous ajouterez à l'iris, pour donner un peu de montant, sur douze livres, huit onces d'écorce de bergamote, une demi-livre de fleur de cassie, une demi-once de cloux de girofle. Vous pilerez et passerez au tamis fin, ce qui vous donnera une poudre agréable.

### Poudre noire.

Cette poudre se fait purement et simplement avec du charbon, ou de la braise pilée et tamisée. Choisissez ces substances d'un beau noir.

Vous pouvez la faire avec du noir d'ivoir, qu'il faut avoir soin de choisir, car quelquefois il tire sur le gris. Cette poudre n'est pas aussi légère que la précédente, mais elle est d'un plus beau noir.

### Poudre grise ou ardoise.

Celle-ci se fait en mêlant de la poudre blanche avec la noire. Par ce moyen vous la faites de toutes les nuances que vous jugez à propos. Si vous la voulez un peu cendrée, vous y mêlerez un peu de jaune. Ayez soin de la tamiser après le mélange.

### Poudres blonde et chamoise.

Vous faites cette poudre avec l'ocre jaune et le stil de grain. Choisissez l'ocre d'un beau jaune et non rougeâtre comme il s'en trouve. Ces deux couleurs vous servent de base pour faire vos poudres. Pour faire la poudre blonde, par exemple, vous mêlez l'ocre jaune avec la poudre blanche, suivant la nuance dont vous avez besoin. Si vous la desirez chamoise, vous mêlez l'ocre avec le stil de grain et de la poudre blanche pour former vos nuances différentes.

Vous pilerez bien et tamiserez vos couleurs avant de les mêler avec la poudre, et vous passerez de nouveau au tamis après le mélange.

### Poudre rousse.

Cette poudre se fabrique de différentes manières; elle se fait avec le bois pourri, les feuilles de chêne sèches, ainsi qu'avec l'amidon brûlé, et on en varie les nuances avec les bois de palissandre, de rose, d'ébène, de Sainte-Lucie et autres, que l'on trouve chez les tabletiers et tourneurs.

### Poudre rose.

Vous prendrez la quantité de poudre blanche que vous jugerez à propos; vous y mettrez du vermillon un peu fin à la quantité d'environ une once par livre, et plus si vous la voulez plus foncée; vous incorporerez au commencement le vermillon avec un peu de poudre blanche; lorsque cette portion sera bien broyée, vous ajouterez peu à peu le reste de votre poudre blanche, et passerez le tout au tamis.

Si vous la voulez d'un plus beau rose, vous la ferez avec du carmin; mais comme il rend plus en couleur, vous n'en mettrez qu'un gros. Vous pouvez aussi employer vos marcs de vinaigre rouge pour faire cette poudre.

## Poudre de fèves.

Prenez une livre de févroles et autant de haricots blancs, pourvu qu'ils soient bien secs; vous y ajouterez deux onces d'iris. Pilez bien ces objets, et tamisez au tamis presque fin.

Comme il y a des personnes qui sont susceptibles de transpirer de la tête plus que d'autres, principalement dans les grandes chaleurs, ce qui occasionne des démangeaisons, je leur conseillerai d'user de cette poudre : il n'y a rien de meilleur pour sécher et décrasser la tête.

## Poudre de propreté.

Cette poudre se nomme ainsi à cause de la vertu qu'elle a de détruire la vermine.

Prenez staphisaigre et cévadille, parties égales; pulvérisez ces substances en y ajoutant un quart de poudre rousse pour les sécher et aider à les passer. Lorsqu'elles seront sèches et cotonneuses, réduisez le tout et tamisez.

## Poudre à sachets.

Je ne vois rien de mieux pour les sachets que de prendre de la composition de vos corps de poudre dont il est fait mention ci-dessus, soit à la maréchale, soit à l'œillet. Vous prenez de cette dernière lorsque vous êtes à la moitié de la pulvérisation, et de la maréchale lorsque vous êtes au même degré et que vous avez mis votre musc. C'est après la deuxième ou troisième tamisée, et lorsque votre musc est bien incorporé, que vous en retirez pour vos sachets. Ayez soin de la mêler avant, et de la serrer dans une boîte bien close, et non dans un bocal ; le verre étant susceptible de prendre l'humidité, cela lui feroit perdre son odeur. Lorsque vous voulez l'employer pour les sachets, vous avez du coton que vous imprégnez bien de cette poudre, et vous en garnissez l'intérieur le plus également possible ; s'ils étoient un peu grands vous les piqueriez largement et légèrement pour maintenir votre coton. Ayez soin de ne pas mêler vos sachets, parce qu'une odeur nuit toujours à l'autre ; vous les étiquetterez aussi à cet effet.

## *Sachets à l'ambre ou au musc.*

Je renvoie pour ces deux sortes à la poudre au musc et à l'ambre, mentionnées ci-dessus au chapitre qui les concerne, ainsi qu'à la poudre de Chypre. Vous pouvez vous servir de toutes ces poudres pour les sachets de la même manière que vous avez fait pour les autres, et satisfaire ceux qui aiment les odeurs fortes. Toutes ces poudres peuvent servir également pour sultanes, corbeilles, cassolettes, etc., de même que les suivantes.

### Sachets aux herbes de Montpellier.

Vous aurez des herbes de Montpellier les plus nouvelles ; sur une livre vous y joindrez, pour donner une odeur agréable, deux onces d'iris, deux onces de roses de Provins ou roses pâles, une once de fleurs d'orange ( ces fleurs doivent être sèches), une demi-once de cloux de girofle. Pulvérisez le tout et tamisez pour vous en servir comme ci-devant.

### Sachets au pot-pourri.

Prenez de la poudre de sachets aux herbes une demi-livre, un quarteron de celle à la maréchale et autant à l'œillet ; mêlez le tout en y ajoutant quelques gouttes d'essence d'ambre et de musc, et passez au tamis clair.

### Sachets à la rose.

Prenez une demi-livre de roses de Provins, autant de roses pâles, quatre onces de bois de Rhodes, quatre onces de bois rose rapé, deux gros de graine d'ambrette; mettez sur ce corps de composition cinq à six gouttes d'huile essentielle de rose ou de rhodia; pulvérisez et tamisez.

Comme les grossiers de cette composition peuvent avoir encore de l'odeur, vous pourriez les mettre infuser dans l'esprit et vous en servir pour l'eau de miel, ou autres compositions agréables.

### Sachets à la violette.

Prenez une livre d'iris, une demi-livre de fleurs de cassie, deux onces d'écorce de bergamote, deux gros de graine d'ambrette, deux gros de cloux de girofle; pulvérisez ces objets, et tamisez comme ci-devant.

### Sachets à la vanille.

Prenez quatre onces de vanille que vous couperez par morceaux, quatre onces de storax en pain, deux gros de girofle, quatre onces de benjoin en lames, un demi-gros de musc, un quarteron de bois de Rhodes. On y joint ce bois autant pour faciliter la réduction des drogues, qui sont en partie grasses ou résineuses, que pour son odeur. Pulvérisez et tamisez au tamis un peu clair; s'il y avoit difficulté pour passer, prenez un peu de grossier d'amidon bien sec avec un peu de bois d'ébène. Vous aurez un bon corps de vanille pour sachets. Vous pourriez au besoin vous servir de poudre à la vanille, dont il est parlé ci-devant, même chapitre.

### Pot-pourri aromatique.

Cette composition se met dans des vases ou cassolettes.

Prenez huit onces de menthe, huit onces de sauge, huit onces d'absinthe, huit onces de fleurs de lavande, huit onces de fleurs de romarin, huit onces de marjolaine, huit onces de thym, quatre onces de baume, quatre onces de myrte, quatre onces de basilique, quatre onces de fleurs de camomille, quatre onces de citronnelle, autant de laurier et d'hyssope. Ayez attention que ces simples soient frais et sains. Il faut de préférence prendre les sommités des branches ou tiges, qui se trouvent toujours plus tendres et plus odorantes. Celles qui se trouveroient avoir leurs fleurs n'en seroient que meilleures. Lorsqu'elles seront épluchées, vous les étendrez à l'ombre, d'un jour à l'autre, pour qu'elles se sèchent; vous y joindrez ensuite huit onces de roses de Provins sèches et autant de fleurs d'orange; vous préparerez quatre onces de baies de genièvre, deux onces de clous de girofle, une demi-once de graine de fenu grec, une once de badiane, deux onces de coriandre. Vous concasserez légèrement ces quatre objets dans un mortier pour mêler avec vos simples. Vous préparerez de même deux onces de racine d'angélique, une once de calamus aromatique, quatre onces d'iris, une demi-once de gingembre, une demi-once de galanga, deux onces d'écorce d'orange, autant d'écorce de citron, quatre onces de bois de sassafras, quatre onces de bois de Rhodes, deux onces de cascarille, autant de cannelle blanche. Vous pilerez tous ces aromates et les passerez au tamis de crin clair, et ensuite vous mêlerez le tout avec vos simples.

Vous les mettrez alors dans un vase de faïence ou de terre vernissée; en formant au fond un lit de sel d'environ deux lignes d'épaisseur; vous dégrossirez un peu votre sel avant; vous formerez aussi de vos simples et aromates un lit d'environ deux pouces d'épaisseur, vous le saupoudrerez légérement d'un peu de sel; vous continuerez cette même opération jusqu'à la consommation de vos simples, en finissant par un lit de sel; vous fermerez bien votre vase, et vous le laisserez de cette manière l'espace de six semaines au moins à l'abri du soleil; après cela vous l'ouvrirez pour le remuer. C'est alors qu'il se fera sentir et sera disposé à garnir vos pots ou cassolettes, dont les couvercles doivent être percés pour que l'odeur puisse se répandre; vous aurez soin de le remuer de loin en loin pour réveiller son odeur aromatique, qui est aussi utile qu'agréable. Quelques mois après il change de couleur, ce qui indique qu'il est dans sa perfection.

Le pot-pourri est ainsi nommé à cause de toutes les substances aromatiques dont il est composé. Tout en répandant sa bonne odeur, il sert à intercepter la mauvaise, et peut être mis au rang des anti-pestilentiels.

### *Parfum de Portugal.*

Ayez une livre d'écorce d'orange sèche, quatre de clou de girofle, deux onces de storax, deux onces de benjoin, quatre gros de graine d'ambrette, deux gros de musc et d'ambre ; pulvérisez ces objets et serrez-les dans une boîte : ayez soin de remuer cette poudre de temps à autre.

Cette odeur est agréable et peut s'employer de plusieurs manières, comme en poudre, en sachets pour mettre dans la poche ou dans les armoires, en cassolettes pour brûler et parfumer les appartemens, comme les pastilles.

### *Pot-pourri aux fleurs.*

Prenez une livre de fleurs de rose pâle, autant de rose de Provins, d'œillet, violette, rose-muscade, fleurs d'orange, jasmin, muguet, fleurs de cassie nouvelles, giroflée, réséda, héliotrope, jonquille, un peu de celles de myrte, de mélisse, de romarin et de thym, en observant que ces quatre dernières soient en très-petite quantité, et surtout de n'y mettre que la fleur. Il faut aussi que toutes ces fleurs soient prises chacune dans leur saison. Vous les étendrez quelques jours pour leur faire perdre leur humidité, et à fur et mesure qu'elles sécheront, vous les mettrez dans un vase, en commençant par placer au fond un lit très-léger de sel fin très-sec, mêlé avec de la poudre d'iris, et ensuite un lit de fleurs, en continuant de la même manière un lit de poudre et un lit de fleurs jusqu'à la dernière couche, que vous finirez par un lit de poudre. Vous fermerez hermétiquement votre vase, et le laisserez dans cet état pendant environ un mois; vous l'ouvrirez alors, et remuerez bien vos fleurs jusqu'au fond; vous aurez soin aussi de les retourner de temps en temps. Elles seront propres à garnir des cassolettes lorsque l'occasion s'en présentera.

## QUATRIÈME PARTIE.

*De la fabrication des huiles d'amandes et pâtes sans odeur et à odeur, huiles parfumées aux fleurs et aux essences ; huiles essentielles des fleurs et fruits ; huiles essentielles des graines et épices.*

### CHAPITRE PREMIER.

Je commencerai par établir la manière de faire l'huile d'amande douce ou amère, de noisette, etc. Beaucoup de fabricans tirent l'huile sans feu ; elle est meilleure, il est vrai, mais aussi la pâte qui en provient est bise.

Voici le procédé qu'il faut suivre pour se la procurer. Vous choisirez vos amandes sans taches et sans aucun goût aigre ou échauffé ; vous aurez soin de les cribler pour ôter les ordures et la poussière qui s'attachent après elles, ensuite vous les passerez dans un moulin à amandes ; et lorsqu'elles seront moulues, vous les placerez dans des toiles destinées à cet usage, puis vous les mettrez sous presse pour en tirer l'huile. Cette opération se fait par degrés. Quand vous voyez que votre presse est un peu serrée, vous laissez couler l'huile ; au bout de quelque temps vous serrez de nouveau et vous réitérez cette opération jusqu'à ce que vous vous aperceviez qu'il ne sorte plus d'huile. Ce travail terminé, vous ôtez vos amandes de vos toiles, vous leur donnez un coup de pilon et les sassez dans un tamis clair ; vous les remettez encore de la même manière sous presse pour en exprimer toute l'huile.

Il y a des personnes qui mettent en presse de différentes façons, et qui ne se servent pas de toiles, mais de seaux ronds ou carrés, percés de trous à leur circonférence pour faciliter l'écoulement de l'huile ; ils mettent les amandes dans ces seaux, et se servent d'une espèce de billot de bois pour les comprimer. Ce billot, qui entre dans votre seau et qui est du même diamètre, doit être d'une certaine épaisseur.

Lorsque vos amandes, étant bien exprimées, se trouvent en pain, vous les retirez des toiles en les arrondissant un peu sur les bords, et vous les rangez en piles pour vous en servir au besoin ; vous aurez soin de les mettre dans un endroit où il n'y ait point d'humidité, et lorsqu'elles seront un peu sèches, vous les pilerez et tamiserez : c'est ce que l'on appelle pâte d'amande bise ou son d'amande.

Mais voici une manière plus usitée pour cette fabrication, principalement par les parfumeurs. Après avoir passé au crible ces amandes, ils les échaudent; et lorsqu'ils voient que la pellicule s'en détache, ils les retirent et les mettent dans un baquet dont le fond est percé de trous ; ils jettent quelques seaux d'eau par-dessus pour les refroidir et pour les éplucher facilement; lorsqu'elles sont épluchées, ils les étendent sur des tamis de crin faits exprès pour cela, et les font sécher à l'étuve disposée en claie ; ils rangent les tamis dessus la claie, en ayant l'attention de remuer de temps à autre les amandes; lorsqu'elles sont bien sèches, ils les passent au moulin comme les précédentes, et les mettent sous presse en observant le procédé dont il a été parlé ci-devant. La pâte obtenue de cette manière est blanche et plus agréable à la vue. Lorsqu'elle est en pain et bien sèche, on la pile et on la passe au tamis comme l'autre : elle forme ce qu'on appelle la pâte d'amande douce. Celle d'amande amère est plus recherchée à cause de son odeur ; elle est aussi plus chère ; mais, à l'odeur près, la douce est aussi bonne pour l'usage auquel elle est destinée.

La pâte d'amande douce se parfume aussi avec telle odeur que l'on desire. Si vous voulez, par exemple, lui donner l'odeur de bergamote, mettez sur huit livres de pâte d'amande en poudre, dans laquelle il y aura le quart de pâte d'amandes amères, deux onces d'essence de bergamote ; vous broierez peu à peu dans un mortier pour écraser les grumeaux qui pourroient s'y trouver, et vous tamiserez ensuite.

Vous vous comporterez selon la qualité et la force de vos essences, qui sont plus ou moins âcres ou aromatiques ; car, s'il faut deux onces de telle essence, comme la dernière, pour parfumer la pâte d'amande, il en est d'autres dont il ne faut prendre qu'une once et même deux gros.

## Autre pâte d'amande en poudre parfumée et agréable.

Prenez de la pâte d'amande en poudre sur laquelle il y aura un quart de celle amère de la meilleure qualité, sur douze livres au total. Vous peserez dans une bouteille une once d'essence de bergamote, une demi-once de celle au citron, deux gros de celle de Portugal, deux gros d'huile essentielle de girofle, un demi-gros d'huile essentielle de fenouil ou d'anis ; vous mettrez dans un mortier de marbre ou de fonte, très-propre, une demi-livre d'iris en poudre, vous verserez dessus vos essences, et broierez le tout parfaitement afin d'écraser les grumeaux qu'elles auront occasionnés ; vous y joindrez peu à peu une portion de la pâte que vous voulez parfumer ; vous mêlerez le tout ensemble et passerez au tamis clair, en observant d'écraser les grumeaux qui pourroient s'être formés, parce qu'ils renferment de l'essence.

Cette manière doit vous servir de base pour parfumer votre pâte à d'autres odeurs, comme à l'ambre ou au musc.

## Pâte d'amande liquide.

Ayez douze livres d'amandes amères que vous échauderez pour les éplucher; ensuite vous les presserez dans un linge pour les sécher. Vous les passerez alors au moulin à amandes; lorsqu'elles seront moulues, vous les délaierez avec de l'eau-de-vie de 18 à 20 degrés, ou de l'esprit-de-vin, que vous mettrez à ce même degré avec de l'eau ; vous repasserez de nouveau vos amandes délayées dans un moulin à pâte : ces moulins sont disposés de même que ceux à moutarde dont les vinaigriers se servent. Vous aurez soin que cette pâte soit bien fine, et vous la passerez même jusqu'à deux fois; après cela vous la ferez cuire dans un chaudron ou bassine de cuivre étamée, sur un bon feu, qui ne soit cependant pas trop vif. Vous la tournerez continuellement pour éviter qu'elle ne s'attache au fond, ce qui arrive lorsque l'on pousse le feu trop vivement et que l'on se ralentit en tournant. Quand votre pâte sera à moitié cuite, vous mettrez dedans deux onces d'alun de glace, deux onces de blanc de baleine, quatre onces de sel ; vous concasserez bien ces matières et vous y ajouterez vingt-quatre jaunes d'œuf, que vous aurez délayés avec un peu d'eau-de-vie ; vous retirerez votre pâte de dessus le feu. Pendant que vous mettrez toutes ces substances, vous continuerez votre cuisson jusqu'à ce que votre pâte se détache bien de la bassine et de la spatule ; si elle se roule bien et ne tient pas à la main, c'est une preuve qu'elle est assez cuite. Vous aurez attention de la retourner deux ou trois fois en refroidissant. Vous la passerez dans un tamis de crin fort et un peu clair (on ne doit pas négliger cette opération, elle est nécessaire) ; vous la délaierez ensuite avec de l'eau-de-vie, en la rendant plus ou moins liquide suivant que vous le jugerez nécessaire, et la mettrez en pots. Si c'est dans de grands pots que vous la mettez pour votre débit, vous aurez la précaution de la retourner de temps en temps, en l'humectant d'un peu d'eau-de-vie si elle se sèche, ce qui arrive ordinairement dans les chaleurs, et aurez soin que l'intérieur de vos pots soit propre. Il arrive souvent qu'on en laisse autour des bords de ces vaisseaux, et lorsqu'elle sèche elle tombe dessus l'autre et fait un mauvais effet en y déposant des grumeaux qui nuisent à sa conservation, quoique la manière dont elle est fabriquée soit à l'abri de toute corruption.

## Pâte liquide parfumée.

Cette pâte ci-dessus peut se parfumer de différentes manières : si c'est, par exemple, à la bergamote, on peut le faire avec deux gros d'essence de bergamote par livre de pâte. Vous faites dissoudre auparavant votre essence dans un peu d'esprit ; vous y mêlez ensuite un peu d'eau de fleur d'orange ; la pâte délayée avec ce mélange ne peut être que bonne. Il y a des essences plus fortes et plus âcres dont il faudroit bien moins, comme l'essence de Portugal, par exemple, dont le quart suffiroit ; il faudroit encore moins de néroli. Ces sortes d'odeurs ne sont pas beaucoup en usage ; je les cite seulement pour les indiquer à ceux qui voudroient les employer.

## Autre pâte parfumée d'une autre composition, et qui est très-agréable.

Prenez six livres de pâte comme ci-dessus, sans être liquide ; faites dissoudre dans une chopine d'esprit-de-vin quatre gros d'essence de bergamote ; deux gros d'essence de citron, un gros d'essence de Portugal, deux gros d'huile essentielle de girofle, deux gros de baume du Pérou liquide, un demi-gros d'essence de fenouil ou d'anis; ou ajoutez à cette dissolution un demi-setier d'eau de rose et autant d'eau de fleur d'orange, et vous détremperez votre pâte avec cette composition; si vous ne la trouviez pas assez forte d'odeur ou assez liquide, vous augmenteriez la dose de l'un ou de l'autre pour la rendre plus fine; vous ajouteriez deux gros d'essence d'ambre et deux gros d'essence de musc dans votre dissolution en la passant au tamis.

### *Pâte liquide à la vanille.*

Prenez trois livres d'amandes douces, une livre d'amandes amères; vous les échauderez et éplucherez de la manière indiquée ci-devant; vous les moudrez de même au moulin à amandes, ensuite vous concasserez à part trois onces de vanille, une demi-once de girofle, un gros de cannelle, une once de storax en pain. Vous broierez bien toutes ces matières, vous mêlerez le tout avec vos amandes et le délaierez avec une pinte d'esprit-de-vin, dans lequel vous aurez mis deux onces d'esprit de vanille, deux onces de teinture de baume du Pérou ou de tolu pour l'incorporer dans votre pâte, que vous passerez au moulin deux fois au moins, pour qu'elle soit bien fine ; si elle se trouvoit un peu épaisse, vous ajouteriez un peu d'eau de rose. Cette opération finie, vous la ferez cuire de la même manière que l'autre ; lorsqu'elle le sera à demi, vous mettrez huit jaunes d'œuf, et vous continuerez votre cuisson jusqu'à ce qu'elle se détache de la bassine, comme il est dit ci-devant ; ensuite vous ferez dissoudre dans une chopine d'esprit-de-vin deux onces de baume du Pérou, deux onces d'essence de vanille, deux onces de teinture de baume de tolu ; agitez bien votre bouteille et ajoutez-y une chopine d'eau de rose ; délayez votre pâte avec cette dissolution, et passez-la au tamis. Vous pourrez la rendre plus odorante en y ajoutant un gros d'essence de musc et un gros d'essence d'ambre que vous délaierez dans votre mélange.

*Corps composé pour la pâte à la vanille.*

La pâte à la vanille exigeant un certain travail, le corps composé dont je vais parler donnera plus de facilité pour fabriquer cette pâte dans la quantité que l'on desirera.

Prenez quatre onces de vanille, quatre onces

de storax en pain, deux onces de benjoin, une once de styrax, une once de girofle, une demi-once de cannelle; pilez ce mélange le plus que vous pourrez, ajoutez-y deux onces de baume du Pérou que vous incorporerez bien avec le reste; prenez ensuite une demi-livre de votre pâte préparée à la vanille, passée au moulin et cuite, que vous incorporerez de même peu à peu en pilant toujours pour la rendre fine au dernier degré; le tout étant bien amalgamé, vous le délaierez avec un peu d'esprit de vanille, de baume du Pérou ou de tolu, mêlé d'un peu d'eau de rose, et vous le passerez au tamis de crin. Ce corps est d'une bonne odeur et incorruptible; vous aurez soin, lorsqu'il se séchera, de le délayer avec un peu d'esprit de vanille. On peut le rendre plus brun en y ajoutant un peu de poudre à la vanille brune, dont il est fait mention à l'article de la pommade à la vanille. Vous pouvez faire la pâte à la vanille avec cette composition en en mettant la valeur d'une noisette par pot d'une livre; vous broierez peu à peu de la pâte avec ce corps, pour plus de facilité, en y ajoutant un peu d'esprit de vanille, de teinture de baume du Pérou ou de tolu, un peu d'eau de rose, et quelques gouttes d'essence d'ambre et de musc.

## Pâte de Flore, dite à la rose.

Prenez trois livres d'amandes douces bien choisies, une demi-livre d'amandes amères; vous les échauderez et éplucherez de la manière indiquée ci-devant et les moudrez de même; vous les délaierez ensuite avec moitié d'esprit de rose et moitié d'eau de rose simple ; vous les passerez de cette manière au moulin à pâte, bien finement, et les ferez cuire comme ci-devant à feu modéré de crainte qu'elles ne s'attachent; vous jetterez dans ce mélange, quand il sera à moitié cuit, huit jaunes d'œuf délayés avec de l'esprit de roses, et continuerez votre cuisson jusqu'à ce que le tout se détache bien. Après la cuisson, vous retournerez le mélange pour le refroidir ; vous disposerez alors dans une bouteille une chopine d'esprit de rose, dans lequel vous mettrez quatre ou cinq gouttes d'huile essentielle de rose, et autant d'huile essentielle de rhodia ; vous agiterez ces substances ensemble en y joignant une chopine d'eau rose double que vous agiterez de même. Vous délaierez le mélange avec cette eau rose, et vous aurez une pâte à la rose des plus odorantes.

On donne à cette pâte la jolie couleur rose : il y a différentes manières de la lui communiquer ; j'y suis parvenu avec une once et demie de rouge végétal fin pour la quantité dont je viens de parler.

On en augmentera la dose si on la veut plus foncée, et on la passera au tamis.

### *Pâte liquide au jasmin.*

Prenez deux livres de pâte d'amandes douces, deux livres *idem* amères ; disposez-les comme pour la pâte à la rose ; quand elles seront moulues, vous les délaierez avec moitié esprit de jasmin, et moitié eau ; vous les passerez au moulin à pâte, et les ferez cuire ; lorsqu'elles seront à demi-cuites, vous mettrez huit jaunes d'œuf délayés avec un peu d'eau et d'esprit de jasmin ; continuez votre cuisson ; lorsqu'elle sera terminée et que le tout sera refroidi, délayez ce dont vous avez besoin avec de l'eau et de l'esprit de jasmin, et deux onces de bonne huile de jasmin ; vous pourrez ajouter à votre pâte, si vous la désirez plus agréable, un peu d'essence d'ambre et de musc.

## Pâte liquide à la fleur d'orange.

Prenez la même quantité de pâte que pour celle au jasmin ; vous la délaierez après qu'elle sera moulue et passée avec moitié d'esprit de fleur d'orange et moitié d'eau de fleur d'orange ; vous la passerez, vous la ferez cuire et y mettrez vos œufs comme ci-devant ; vous la délaierez de nouveau avec de l'esprit de fleur d'orange, de l'eau, deux onces d'huile à la fleur d'orange, et quelques gouttes d'ambre et de musc. Si vous ne la trouviez pas assez forte de fleur d'orange, et que vous n'ayez point d'esprit de fleur d'orange, vous mettriez dans votre composition quelques gouttes de bon néroli.

## Pâte d'amande au miel.

Prenez six onces de bonne pâte d'amandes a mères en poudre bien fine, que vous délaierez dans un mortier de marbre avec un peu d'huile d'amandes amères, sans cependant la rendre trop claire ; vous y joindrez douze onces de bon miel ordinaire, et tournerez ce mélange sans y mettre d'huile ; vous y mettrez huit jaunes d'œuf bien frais, dont vous aurez séparé les blancs, et que vous délaierez avec deux ou trois cuillerées d'huile amère. Vous aurez soin qu'il ne reste point de germe à vos jaunes. Quand vous aurez tourné et bien lié votre pâte, vous ajouterez trois ou quatre onces environ d'huile d'amandes amères ; vous tournerez ainsi votre pâte environ une demi-heure pour lui faire boire l'huile ; vous continuerez toujours à y mettre de l'huile à la même dose et à la même distance de temps ; car si vous précipitiez votre opération, vous noieriez le mélange et tout seroit manqué. Lorsque vous vous apercevrez que la composition se détache un peu, vous aurez soin de l'avancer en continuant toujours à tourner et en y mettant de l'huile. Lorsqu'elle commencera à faire le bourrelet, et qu'elle se détachera bien du mortier et du pilon, elle sera faite.

Cette pâte se conserve et a la vertu d'adoucir et de blanchir les mains, de préserver des engelures, lorsqu'on s'en sert soir et matin, avant les premières gelées ; elle les guérit même radicalement.

Quoique cette pâte ait une bonne odeur d'amande, elle peut se parfumer par le moyen des huiles aux fleurs. On en peut faire à la rose, à la fleur d'orange, au jasmin et à la cassie. L'huile au jasmin et à la tubéreuse se corrompant facilement, il ne faut les employer que dans leur primeur, car lorsque les premières chaleurs viennent, elles sont susceptibles de rancir. Par le moyen de ces différentes huiles aux fleurs, vous pouvez en faire au bouquet, en y ajoutant quelques gouttes d'huile essentielle de girofle.

Vous commencerez donc votre pâte d'amande au miel parfumée comme l'autre avec l'huile d'amande amère jusqu'à la moitié, et la continuerez avec les huiles aux fleurs.

### Pâte grasse.

Cette pâte, fort en usage autrefois, est à présent discréditée, je ne sais pourquoi. Sa composition est simple; il est vrai qu'elle n'est pas aussi agréable à la vue que les autres pâtes, mais son utilité compense ce désavantage.

On la compose avec de la pâte d'amande amère en poudre, dans laquelle on met de l'huile d'amande amère en quantité suffisante pour qu'elle ait la consistance d'une pâte liquide un peu ferme. Voilà toute la façon de cette pâte, qui porte avec elle son onctuosité et son odeur d'amande, et qui adoucit parfaitement les mains; elle peut se parfumer comme les autres, et est incorruptible. Quand elle se sèche, on la rend liquide avec un peu d'huile d'amande amère. On s'en sert avec de l'eau comme de celle en poudre.

Après avoir traité des huiles au commencement de ce chapitre, je vais exposer dans le suivant les différentes manières de les parfumer, soit avec les fleurs ou par le moyen des huiles essentielles. Ces huiles étoient anciennement fort en usage. Avant que l'on se servît de la pommade, on n'employoit que des huiles auxquelles on donnoit le nom d'essences; dans ces temps modernes, depuis qu'on a laissé la poudre et la pommade pour se servir des huiles, on n'a plus connu qu'elles, et leur vogue continuera tant qu'on ne reprendra pas l'usage de la poudre.

## CHAPITRE II.

*Des Huiles parfumées aux fleurs et aux essences.*

CES huiles dérivent des précédentes. Je vais donner la manière de les faire, quoique l'on ne s'en occupe guère à Paris, et qu'on les tire presque toutes de la Provence. Il est cependant bien facile d'en fabriquer dans la capitale, où les roses, les fleurs d'orange, la jacinthe et la jonquille sont très-communes.

On peut composer ces huiles de différentes manières, comme je l'ai pratiqué moi-même. D'abord vos huiles d'amandes douces ou amères, de noisettes, des quatre semences froides ou de ben, doivent être fraîches : ce dernier fruit, s'il étoit plus commun, devroit, selon moi, être employé de préférence à tous les autres; mais sa rareté et sa cherté en empêchent l'usage. On y supplée par l'huile de noisette : c'est celle qui se conserve le mieux, ainsi que celle d'olive que l'on nomme huile vierge; celles d'amande douce et des quatre semences sont encore bonnes; il en est de même de l'huile d'amande amère; cependant son parfum, qui est un peu pénétrant, nuit à de certaines odeurs, comme celle du jasmin, de la jonquille, de la tubéreuse, etc.; mais elle peut s'employer au besoin avec les huiles essentielles des fruits à écorce, tels que la bergamote, le citron, le portugal, le cédrat, etc.

Je vais commencer par ces dernières comme huiles essentielles.

### Huile parfumée à la bergamote, citron, cédrat, Portugal, néroli, etc.

Sur une livre d'huile désignée ci-devant, vous mettrez deux onces de bergamote, et agiterez bien la bouteille pour incorporer ce mélange : si c'est de l'huile d'amande amère, vous mettrez une demi-once d'essence de plus en suivant la même opération que pour l'huile au citron et au cédrat. Quant à celle de Portugal, vous pouvez en mettre une demi-once de moins par livre, parce qu'elle est plus âcre. Il en est de même pour celle de petit grain ou de néroli : il suffira de deux à quatre gros au plus par livre.

Il est des essences aromatiques, telles que le thym, la lavande, la marjolaine, le serpolet, etc., dont il faut user aussi avec économie. On laisse déposer ces huiles pour les avoir plus claires. Si vous en avez besoin sur-le-champ, clarifiez-les au papier gris.

### Huiles aux fleurs.

Pour faire ces huiles, il faut avoir une caisse garnie en fer-blanc dans l'intérieur, bien propre, d'environ un pied et demi de long sur autant de large, et haute d'un pied ou deux, selon la quantité de châssis que vous voulez employer; elle doit s'ouvrir par le côté pour qu'on puisse y introduire les châssis que vous faites poser à cet effet. Ces châssis doivent être en bois, de l'épaisseur d'environ un pouce, et entourés de petites pointes en forme de crochets pour y adapter vos toiles; vous les poserez, l'un sur l'autre, à deux bons doigts de distance. Au lieu d'accrocher vos toiles, vous pouvez avoir des planches de fer-blanc percées à jour sur lesquelles vous les étendez.

Il faut que les toiles soient de coton blanchi et de la grandeur de vos châssis; vous les plierez en deux ou en quatre, selon leur épaisseur. Il faut surtout qu'elles soient bien sèches lorsque vous vous en servez. Vos toiles étant ainsi préparées, vous les tremperez dans l'huile de ben, ou autres à défaut de celle-ci, comme je l'ai indiqué ci-dessus.

Pour les huiles aux fleurs, vous n'exprimerez pas trop vos toiles, et vous les poserez ou accrocherez à vos châssis pour y étendre vos fleurs fraîchement cueillies et dans leur force; vous les y laisserez environ vingt-quatre heures en les renouvelant tous les jours, jusqu'à ce que l'huile soit suffisamment chargée de parfums ; ensuite vous lèverez vos toiles en les ployant comme une serviette, et les mettrez sous la presse pour en exprimer toute l'huile, jusqu'à ce qu'elles soient sèches. Il faut que votre presse, ainsi que les vases destinés à recevoir votre huile, soient bien propres. Vous verserez cette huile dans vos vases ou bouteilles, et la laisserez déposer quelque temps ; vous la tirerez ensuite an clair dans une autre bouteille, et surtout vous ne laisserez pas passer de matières, car leur dépôt nuiroit à la conservation de l'huile. Vous pouvez clarifier ce dépôt et l'employer le premier.

En observant régulièrement ce qui est prescrit pour chaque fleur, on est sûr de bien opérer.

Cette manière de tirer l'huile est généralement adoptée dans les pays méridionaux de l'Europe, comme la Provence, l'Italie, la Turquie, etc.

### Huile au Jasmin.

Je vais commencer par celle-ci, qui servira d'exemple pour les autres. Cette fleur étant une des plus précieuses pour la parfumerie, par son odeur suave, est aussi une des plus délicates, et demande le travail le plus soigné : voici la manière d'en tirer l'huile.

Cueillez le Jasmin avant le lever du soleil pour qu'il ait tout son parfum, et cette vertu que l'air et la fraîcheur de la nuit impriment à toutes les fleurs ; arrachez la fleur du calice auquel elle est attachée, et employez-la aussitôt afin qu'elle ne perde pas son parfum. Etendez-la ensuite sur vos toiles de la manière prescrite et de l'épaisseur de deux doigts et plus si vous le pouvez ; continuez tous les jours à changer vos fleurs jusqu'à dix à douze fois, et jusqu'à ce que votre huile soit très-odorante ; vous presserez vos toiles et clarifierez comme il est dit ci-devant : vous aurez une huile des plus agréables pour la douceur de son parfum.

Cette fleur ne rendant pas d'huile essentielle, il faut employer tous les soins pour la bien faire : on n'en peut tirer l'odeur que par le moyen des corps gras, et en l'introduisant dans l'esprit-de-vin, pour en extraire l'odeur ; il est donc d'une nécessité indispensable d'employer la meilleure huile, afin que les esprits dans lesquels on met ces huiles prennent seulement le parfum du jasmin, sans conserver une odeur d'huile, ce qui arriveroit en employant de l'huile inférieure.

### Huile à la rose.

Cette huile peut se fabriquer de même que la précédente, mais l'expérience m'a prouvé qu'on tiroit meilleur parti de cette fleur par l'infusion. Ayez soin qu'elle soit fraîchement cueillie, sans humidité ; vous mettrez une demi-livre de roses par livre d'huile, et vous laisserez le tout infuser pendant vingt-quatre heures ; vous aurez soin dans cet intervalle de temps de la remuer deux ou trois fois ; vous la passerez dans un canevas comme vous avez fait pour la pommade à la rose ; ensuite vous la remettrez de même sous presse, et vous réitérerez la même opération jusqu'à six fois au moins ; vous aurez par ce moyen une huile bien parfumée et qui se conservera, si toutefois vous la clarifiez avec soin.

### Huile à la fleur d'orange.

La fleur d'orange est une de celles qu'on peut se procurer facilement et qui conserve le mieux son parfum. Si vous l'épluchez et n'y mettez que la feuille de la fleur, vous aurez une odeur plus fine et plus suave : en y mettant la fleur entière, le parfum en sera plus fort et plus aromatisé. Vous pouvez avec quatre ou cinq couches de fleurs parfumer votre huile, et la terminer comme la précédente.

### Huile à la jonquille.

Cette fleur a une odeur pénétrante et un parfum agréable; il y en a de la double et de la simple : cette dernière est plus forte, mais la double est plus agréable. On se sert indistinctement de l'une et de l'autre; elles se travaillent de même que le jasmin, et il faut y donner les mêmes soins. On emploie communément cette fleur à Paris où elle est assez abondante; mais il faut saisir l'instant où elle commence à paroître et continuer le travail avec activité, car elle se passe promptement.

Je fais observer qu'elle peut se faire à l'infusion comme la rose et la fleur d'orange, attendu qu'elle n'est pas aussi délicate que le jasmin. Ce procédé est beaucoup plus simple; j'en ai souvent fait usage

### Huile à la jacinthe.

Il y a de la jacinthe blanche et bleue, double et simple; l'une et l'autre s'emploient de même, c'est-à-dire comme la jonquille; elles rendent beaucoup de parfums; l'huile de jacinthe se conserve long-temps; j'en ai eu de cinq à six ans qui avoit encore son parfum. Cette huile est bonne pour les compositions si on l'emploie avec ménagement.

### Huile à la tubéreuse.

Cette belle fleur est extrêmement forte en odeur, et l'on peut dire qu'elle en exhale au-delà de la proportion de son volume; on la cueille depuis la mi-août jusqu'au commencement de septembre; vous aurez soin, avant de l'employer, d'ôter le vert de la queue, et vous l'appliquerez alors au même usage que les précédentes et en suivant les mêmes procédés.

### Huile à la cassie.

Cette fleur se cultive fort peu à Paris, mais beaucoup en Provence et en Italie; elle est trop odorante pour être employée seule; elle a besoin d'être un peu mitigée, et alors elle n'en est que plus agréable : elle approche beaucoup de la violette, qu'elle peut remplacer dans les compositions.

### Huile à la violette.

Cette fleur printanière est d'un parfum agréable, mais elle perd au travail qu'elle subit et qui est le même que pour les précédentes. Vous en ôterez le vert et vous l'étendrez sur vos toiles à une bonne épaisseur; et pour soutenir un peu son odeur, après que vous l'aurez pressée, ajoutez-y par livre d'huile deux onces d'huile de cassie, et deux onces d'huile au jasmin : mélangez bien le tout et clarifiez.

A défaut de cette fleur, ayez huit onces de bonne huile sans odeur, ajoutez-y quatre onces d'huile à la cassie, quatre onces *idem* au jasmin ; mélangez vos huiles comme il faut et clarifiez : vous aurez une huile qui peut remplacer celle de violette, et qui est aussi agréable.

### Huile à l'œillet.

L'œillet plaît à beaucoup de personnes par son odeur pénétrante et agréable ; on en emploie de deux espèces : l'un de ces œillets est rouge et se nomme œillet à ratafiat ; l'autre est rouge panaché de blanc, et se nomme gris : ce sont les deux espèces les plus odoriférantes. Vous éplucherez ces fleurs comme les précédentes et les emploierez de même, en leur donnant plusieurs couches. Vous pourrez, pour leur donner plus de montant, mettre un gros d'huile essentielle de girofle par livre d'huile à l'œillet, et vous mélangerez bien comme ci-devant.

A défaut de cette fleur ayez huit onces de bonne huile sans odeur, ajoutez-y quatre onces d'huile au jasmin ; quatre onces d'huile à la fleur d'orange, quatre gros d'huile essentielle de girofle ; agitez ces objets ensemble et clarifiez ; cela vous donnera une huile agréable qui ressemble à celle d'œillet et peut la remplacer.

*Huile au bouquet ou de millefleurs, et pot-pourri.*

L'on peut faire cette huile en lui donnant successivement des couches de fleurs, à fur et mesure que la saison les procure, comme il est pratiqué au chapitre premier pour la pommade aux fleurs d'Italie ; mais à défaut et pour plus de facilité, on peut la composer de la manière suivante : pour en faire deux livres environ, prenez huit onces d'huile au jasmin, huit onces *idem* à la rose, quatre *idem* à la cassie, quatre onces à la fleur d'orange, quatre onces à la tubéreuse, deux onces à la jonquille, deux onces à la jacinthe et deux onces à la vanille. Vous ajouterez à ce total deux gros d'huile essentielle de girofle; vous mélangerez bien le tout et clarifierez. Si vous desirez la rendre plus forte et plus agréable, vous y mettrez deux onces d'huile à l'ambre et au musc.

Pour le pot-pourri, vous joindrez à cette composition deux gros d'essence de bergamote, et deux ou trois gouttes d'essence de thym : vous n'excéderez pas cette dose.

### *Huile à la vanille.*

Prenez une livre de bonne huile ; ayez ensuite deux onces de bonne vanille, que vous couperez par morceaux bien minces ; vous les mettrez infuser dans cette huile au moins quinze jours, en ayant soin d'agiter votre bocal de temps en temps, et lorsque vous vous apercevrez qu'elle a assez de parfum, vous la tirerez au clair.

Vous pourrez remettre encore sur votre marc une demi-livre d'huile qui passera pour vanille ou pour huile de composition, comme celle à l'héliotrope, au bouquet, à millefleurs, etc.

### Huile à l'héliotrope.

Cette fleur si jolie a en outre une odeur très-agréable, mais qu'elle perd en partie quand on la travaille ; elle s'épluche avec beaucoup de précaution ; on n'emploie que ce qui est bien fleuri, et on se gouverne comme aux autres fleurs.

On peut suppléer à l'huile de cette fleur par la composition suivante.

Faites infuser dans une livre de bonne huile, une once de baume du Pérou liquide ; laissez cette infusion pendant au moins quinze jours, en agitant votre vase de temps à autre, après vous la tirerez au clair, vous y ajouterez deux onces d'huile au jasmin, une once d'huile à la rose, une once d'huile d'amandes amères de la meilleure. Vous aurez par ce moyen une huile qui imitera parfaitement l'odeur d'héliotrope et qui se soutiendra long-temps.

Pour la rendre plus forte et agréable, vous y ajouterez deux onces d'huile à la vanille, et deux onces *idem* à l'ambre et au musc.

## Huile à l'ambre et au musc.

L'ambre et le musc, sympathisant ensemble par leur odeur, s'emploient dans la parfumerie l'un avec l'autre, comme je l'ai exposé ci-devant dans diverses recettes. Je vais commencer par l'huile à l'ambre.

Prenez une livre de la meilleure huile, broyez dans un petit mortier deux gros d'ambre gris et demi-gros de musc, ajoutez-y quelques gouttes d'huile, en continuant de broyer pour bien l'incorporer; mettez-y ensuite le reste de votre huile peu à peu; laissez le tout infuser de cette manière l'espace de dix ou douze jours en remuant souvent votre bouteille. Lorsque vous vous apercevrez que cette huile est assez parfumée, vous la clarifierez, ou la tirerez au clair si vous apercevez qu'elle ait bien déposé.

Vous pourrez remettre sur votre marc une demi-livre d'huile pour tirer le reste de l'odeur. Si l'ambre et le musc sont de bonne qualité, on peut retirer un assez bon parfum de cette seconde infusion.

*Huile au musc.*

Vous emploierez pour celle-ci les mêmes moyens que pour l'huile à l'ambre, excepté que vous mettrez dans votre livre d'huile deux gros de musc et un demi-gros d'ambre: vous opérerez de même que pour la précédente.

## CHAPITRE III.

*Autre manière d'extraire l'Huile parfumée aux fleurs, ainsi que la pâte d'amande parfumée par la même opération.*

Vos amandes doivent être de ben, de noisette, d'amandes douces, des quatre semences froides, ou d'olives; il faut que les unes et les autres soient bien saines; épluchez vos amandes ou vos graines lorsque vous voudrez les employer comme je l'ai indiqué ci-devant; pilez-les au mortier ou passez-les au moulin à amandes. Je vais commencer par l'huile au jasmin. Ayez des fleurs de jasmin fraîchement cueillies et épluchées; sur huit livres de pâte mettez deux livres de fleurs; vous aurez une boîte de fer-blanc ou en bois doublé; vous pourrez vous servir d'un vase ou seau de terre vernissé ou de faïence, en ayant soin qu'il ne soit pas trop évasé pour que l'odeur se concentre davantage; vous disposerez au fond de vos boîtes ou vases un lit de vos amandes moulues, ensuite un lit de fleurs sur lesquelles vous mettrez un lit d'amandes et un lit de fleurs, continuant toujours également jusqu'à ce que vos amandes et vos fleurs soient employées : cela fait, tenez votre boîte close pendant deux jours, au bout duquel temps vous passerez votre pâte dans un crible ou tamis clair, pour en ôter les fleurs, et en remettre de nouvelles dans le même ordre que vous avez commencé. Vous répéterez cette opération jusqu'à cinq à six fois; lorsque vous aurez donné la dernière couche de fleurs, et qu'elles seront séparées de vos amandes, vous les mettrez sous presse dans vos toiles, comme il est dit ci-devant à l'article des huiles; vous laisserez quelque temps reposer l'huile qui en provient; enfin vous la tirerez au clair, et vous aurez une huile d'un excellent parfum.

La pâte qui proviendra de cette opération

sera du même parfum : quand elle sera sèche, vous la mettrez en poudre comme les autres pâtes, en ayant soin de la tenir dans des vases de terre, ou de faïence bien clos pour lui conserver sa fraîcheur et son odeur, et de la remuer quelquefois.

Vous observerez le même travail pour les autres fleurs dont nous avons parlé aux chapitres précédens : la fleur d'orange rendant plus d'huile essentielle, vous pourrez augmenter le volume de pâte.

*Autre procédé pour parfumer l'huile aux fleurs, principalement celles que nous possédons le plus dans ce climat : telles que les roses, les fleurs d'orange, la jacinthe, la jonquille, la tubéreuse, etc.*

Ayez de bonne huile, comme il est dit ci-devant.

Pour la rose, sur douze livres d'huile vous mettrez au moins six livres de fleurs épluchées. Faites infuser ces fleurs au bain-marie l'espace d'une demi-heure ; ôtez-les de dessus le feu et laissez-les en infusion vingt-quatre heures ; vous agiterez une ou deux fois dans l'intervalle ; vous retirerez ensuite vos fleurs

en les passant dans un canevas ou tamis fort;
vous les remettrez sous presse pour en exprimer toute l'huile; vous ajouterez de nouvelles fleurs de la même manière cinq à six fois, et plus si vous la desirez plus forte. Cette façon m'a paru beaucoup plus simple et même meilleure pour cette fleur, qui a besoin de fermenter pour qu'on puisse en extraire toute l'huile essentielle qui est son parfum par excellence. Comme je l'ai déjà dit, il faut employer de bonne huile, sans aucune odeur, et avoir soin de la laisser déposer et clarifier; c'est une chose nécessaire pour la faire parfaite et pour qu'elle se conserve.

Cette manière de parfumer l'huile peut s'appliquer aux autres fleurs dont j'ai parlé dans ce chapitre.

## CHAPITRE IV.

### *Des Huiles essentielles, essences ou quintessences.*

J'AI cru devoir faire un article particulier de cette opération, quoiqu'elle tienne au chapitre de la distillation dont j'ai parlé ci-devant, et la placer à la suite des huiles parfumées, dont cependant le travail est différent.

Il se fabrique fort peu d'huiles essentielles à Paris, surtout de celles des fruits à écorces qui exigent de la fraîcheur et qui coûteroient beaucoup plus que celles que l'on tire du dehors. Cependant il est bon de connoître les procédés pour extraire ces huiles, si l'on vouloit en faire à Paris. Il y a de ces fruits qui sont encore remplis de quintessence, même après leur transport; on les reconnoît à leur fraîcheur, à leur parfum et à leur couleur transparente qui provient du suc huileux qu'ils contiennent. Il faut avoir soin, dans les pays où viennent ces fruits, de les cueillir lorsqu'ils ne sont ni trop verts ni trop mûrs, et lorsque les arbres sont hors de sève.

Je vais donner la façon d'employer ces fruits pour en tirer l'huile essentielle, soit en les distillant, en les exprimant, en les râpant, ou en exprimant le zeste. Je commencerai par le citron, qui est le fruit qui nous vient plus facilement. Vous choisirez vos citrons, comme je l'ai indiqué ci-devant, bien frais et sans tache (pour la distillation, les meilleurs sont ceux dont l'écorce est épaisse et tendre). Vous aurez de l'eau un peu tiède dans laquelle vous en couperez une portion par morceaux, que vous laisserez tremper pendant quelques heures; ensuite vous mettrez le tout en distillation : lorsqu'elle sera faite, vous la laisserez reposer dans une bouteille ou un vase étroit : l'essence ne manquera pas de monter sur l'eau comme étant la plus légère; vous la séparerez facilement en renversant la bouteille, en tenant le pouce sur son orifice et en laissant sortir l'eau doucement; l'essence restera seule : vous pourrez aussi employer un essençoir.

Vous ajouterez un gros d'alun par livre d'essence pour la clarifier et la conserver; vous la laisserez reposer quatre jours, et ensuite vous la tirerez au clair dans une bouteille. Vous prendrez bien garde de la troubler, afin qu'il n'y ait point de dépôt; vous aurez, par ce moyen, une essence parfaite.

Ce procédé, pour tirer les huiles essentielles, peut servir pour tous les autres fruits à écorces.

*Huile essentielle de cédrat, tirée par expression.*

Après avoir fait choix d'un bon nombre de cédrats bien sains, ayez un plat de terre neuf vernissé, ou qui n'ait servi que pour le même usage; prenez une râpe à sucre avec laquelle vous en râperez l'épaisseur du zeste jusqu'au blanc, qu'il faut éviter de toucher, parce qu'il seroit nuisible en ce qu'il s'imbiberoit d'huile. Ayez auprès de vous une bouteille, et lorsque vous en aurez environ une cuillerée à bouche de râpé, il faudra le mettre dans la bouteille, la boucher, et continuer de râper en observant toujours la même règle.

Comme les cédrats ne sont point unis, qu'il y en a de creux que la râpe ne pourroit atteindre, on coupera ces creux afin de les râper séparément et de ne rien perdre.

Le tout étant râpé et mis dans votre bouteille, vous la boucherez hermétiquement, et la laisserez reposer jusqu'au lendemain; alors vous exprimerez vos zestes râpés dans une étamine très-fine, faite en forme de sac, que vous mettrez sous une presse bien unie, afin qu'elle comprime également; vous ne la serrerez que par degrés, et vous tâcherez de la poser de manière que ce qui en sortira tombe dans un entonnoir de verre adapté à la bouteille disposée à recevoir votre quintessence. Le tout étant pressé, vous ajouterez la même quantité d'alun indiquée ci-devant. Vous boucherez bien la bouteille et la laisserez reposer jusqu'à ce que la liqueur soit parfaitement claire ; alors vous la séparerez du dépôt avec attention.

L'odeur, après cette opération, vous paroîtra plus fine et plus agréable que le jour que vous l'aurez pressée, parce qu'elle aura eu le temps de se faire et de déposer le peu d'âcreté qu'elle avoit. La quintessence faite par distillation produit le même effet au sortir de l'alambic ; elle ne reprend sa suavité que lorsqu'elle a reposé quelque temps : cela peut provenir aussi de ce que, dans le travail, les organes de l'odorat sont remplis de l'odeur du fruit, et qu'on discerne mieux l'odeur et la qualité des fruits ou des fleurs lorsqu'on s'est reposé un jour ou deux.

Il en est de même lorsque vous faites choix de plusieurs essences ; vous distinguez parfaitement leurs qualités ; mais lorsque vos organes sont remplis des esprits recteurs, tout se confond dans l'odorat et vous n'êtes plus en état de rien distinguer : de là vient que vous vous trompez souvent dans le choix que vous faites ; il vaut mieux quelquefois différer, s'il se peut, jusqu'au lendemain afin de juger plus sainement des choses. Cette observation est utile et peut s'étendre à tout ce que l'on fabrique et que l'on est dans l'usage d'acheter.

### *Huile essentielle au zeste.*

Lorsque vos cédrats ou autres fruits auront été choisis avec l'attention prescrite, coupez-en légérement avec un couteau bien tranchant la superficie, c'est-à-dire l'écorce jaune, sans y laisser de blanc; quand les zestes auront été délicatement levés, vous les mettrez à fur et mesure dans un entonnoir de verre ou d'argent adapté au col d'une bouteille; ensuite vous couvrirez promptement votre entonnoir pour que rien ne transpire: au bout de quelque temps vous verrez la quintessence tomber goutte à goutte dans la bouteille; vous laisserez l'entonnoir jusqu'à ce qu'il ne tombe plus rien; cela fait, vous tirerez votre entonnoir et boucherez la bouteille: vos écorces seront bien sèches lorsque la quintessence sera tombée.

C'est de cette manière que se tire la quintessence au zeste, qui est la meilleure et la plus estimée; ceux qui aiment mieux la qualité que la quantité doivent s'en tenir à celle-ci, car à la distillation et par expression on en retire bien plus, mais d'une qualité inférieure. Il est reconnu que toutes les huiles essentielles tirées par expression sont meilleures que celles tirées sur le feu.

On obtient encore les huiles essentielles avec un entonnoir entouré de pointes auquel on adapte une grille ; on tourne légérement les fruits sur les pointes qui servent de râpe, et qui enlèvent la superficie de l'écorce ; les huiles coulent d'elles-mêmes au travers de la grille, passent de l'entonnoir dans la bouteille ; de cette façon on en tire plus qu'en râpant seulement le zeste, mais la qualité est inférieure.

Voilà les différentes manières de tirer les huiles essentielles des fruits à écorces : l'on peut choisir la plus avantageuse en suivant les règles indiquées.

Les huiles essentielles d'orange de Portugal, bergamote, limon, bigarade, se tirent de même que les précédentes. Je suis obligé de faire quelques observations sur chacun de ces fruits en particulier. L'orange de Portugal, est une de celles qui abondent le plus en substance oléagineuse. L'on ne doit pas être surpris si au fond des huiles de ce fruit on trouve quelques flegmes ; il ne s'agit que de les séparer ;

l'essence n'en sera pas moins bonne : son parfum est des plus agréables.

### Huile essentielle de bergamote.

Le grand mérite de ce fruit est dans son écorce; son huile essentielle se tire de même que celle de l'orange; il ne faut pas que, comme les autres, il ait atteint sa maturité, il faut qu'il soit un peu vert. Voici comme on connoît lorsqu'il est à son point, c'est-à-dire prêt à mûrir : la partie qui est exposée au soleil doit être d'une couleur jaune tendre, et le reste du fruit d'un vert clair prêt à jaunir. La quintessence de ce fruit se tire de même qu'aux précédentes; il en rend beaucoup; son odeur est très-pénétrante et fort suave; c'est une des huiles essentielles les plus exquises des fruits à écorces, elle se conserve plus long-temps que les autres; il s'agit de faire un bon choix de vos fruits, comme je l'ai dit précédemment.

Le limon exige le même procédé : celui-ci se remplace communément par le citron, surtout à Paris où le limon est fort rare.

La bigarade, quoique moins en usage, est cependant très-bonne pour l'intensité du parfum; il la faut choisir dans sa grosseur ordinaire et avant sa maturité; quand elle est avancée il est impossible d'en prendre l'épiderme. Son huile essentielle exprimée du zeste conserve mieux son odeur que celle obtenue par la distillation. La raison de cette différence est que le mérite de ce fruit consiste dans un certain point de maturité, et que, quoiqu'on le dépouille de son zeste quand il est encore vert, il mûrit en bouillant et perd son parfum : aussi ne trouve-t-on guère de cette quintessence, parce que le zeste vert ne rendant pas beaucoup d'huile, il y auroit trop de perte à l'exprimer, ce qui fait que l'on en néglige la fabrication.

## CHAPITRE V.

### Des Huiles essentielles des fleurs.

#### De la fleur d'orange.

Nous avons déja parlé au chapitre IV des eaux odorantes sans nous étendre sur la fleur d'orange et les produits qu'on obtient soit de son eau superfine, soit de son huile essentielle que l'on nomme néroli.

Cette essence ne se fait qu'avec une quantité suffisante de fleurs fraîchement cueillies par un beau temps; il faut, s'il se peut, qu'elles soient blanches et épaisses et n'employer que la feuille de la fleur qui compose la couronne. Vous en mettrez dans l'alambic jusqu'à son orifice en y versant un peu d'eau et un peu de sel de distance en distance; vous mettrez votre alambic dans votre bain-marie, à une chaleur d'abord douce pour amortir la fleur et la fondre, et ensuite vous pousserez votre feu un peu plus, vos fleurs ne courant point de risque d'être brûlées; vous rafraîchirez souvent, et votre néroli viendra avec l'eau de fleur d'orange double. Comme cette quintessence est huileuse, elle surnagera : le néroli est de couleur verte, mais après quelques jours il devient rougeâtre : pour le séparer d'avec l'eau, il faut renverser la bouteille : l'eau coulera la première, et le néroli viendra ensuite. Vous aurez de l'eau de fleur d'orange superfine, et du néroli parfait. Pour tirer votre huile essentielle ou néroli, il vaudroit mieux vous servir d'essençoir comme je l'ai déjà indiqué ; cet ustensile s'adapte au bec de l'alambic, et a, par sa construction, la facilité de transmettre le produit de la distillation dans le récipient, à l'exception de l'huile essentielle qui surnage toujours dessus l'eau, et que vous retirez par le moyen d'une pompe lorsque votre distillation est faite.

On compose un néroli inférieur que l'on nomme petit grain et qui se fait de la même manière, c'est-à-dire par distillation, mais avec moins de soin ; l'on y met la fleur sans beaucoup de choix, et sans l'éplucher. Il s'en fait encore un autre plus commun : on ne met que les épluchures ou les petits orangeons. Ces sortes d'essences, quoiqu'ayant plus d'âcreté, ne sont pas sans mérite ; on trouve toujours à les employer dans la parfumerie ; fort souvent aussi elles servent à la falsification des premières, c'est à quoi il faut prendre garde quand on en achète ; le plus sûr c'est de les faire soi-même, à moins qu'on ne les achète de gens honnêtes.

## *Essence de rose.*

Vous prendrez des roses fraîchement cueillies, et de la qualité désignée aux différentes compositions ci-dessus décrites ; vous les éplucherez et les pilerez légérement, seulement pour les amortir un peu ; vous les mettrez dans votre alambic en formant un lit de roses, un lit de sel, et continuerez la même opération jusqu'au couronnement de votre alambic, c'est-à-dire jusqu'à six ou huit pouces de l'ouverture, s'il contient environ soixante pintes; vous le couvrirez de son chapiteau, vous le luterez bien, vous boucherez le tuyau de votre récipient, et laisserez dans cet état l'infusion reposer au moins deux jours, ce qui donnera le temps à la fermentation de se faire: le sel agissant sur la fleur, en fera sortir la partie huileuse qui est l'essence.

Après le temps prescrit, vos roses étant ainsi digérées, vous distillerez et vous retirerez les premières gouttes qui en proviendront, attendu que ce ne seront que des flegmes. Vous mettrez au bec de votre alambic le récipient que vous luterez bien; ce qui viendra pour lors sera votre eau de rose double; et l'essence que vous reconnoîtrez par une espèce de graisse figée qui surnagera sur l'eau contenue dans le récipient devra être séparée d'avec l'eau, comme vous l'avez fait pour le néroli, à l'exception néanmoins qu'il faudra pour l'huile essentielle de rose, maintenir votre bouteille ou essençoir qui la contient à un bon degré de chaleur pour la séparer, parce qu'elle se fige facilement. Cette chaleur aussi facilite le dépôt des féces qui pourroient s'y trouver, et rend votre essence plus nette.

On ne peut déterminer la quantité d'huile essentielle que l'on retire; elle ne peut être qu'au prorata de votre distillation; elle dépend aussi de la qualité de vos fleurs, qui rendent plus ou moins selon qu'elles sont grandes. C'est autant pour la satisfaction propre des parfumeurs que par intérêt s'ils tirent cette essence dans ce pays-ci, attendu qu'il leur en vient assez fréquemment du dehors, et qu'elle est moins chère.

En fait de fleurs odorantes suaves et fines, voilà les seules jusqu'à présent dont on ait tiré de l'huile essentielle.

## CHAPITRE VI.

### *Des Huiles essentielles des plantes aromatiques et odorantes.*

Les plantes odorantes ont toujours été d'un grand usage ; les plus communes sont la lavande, le thym, le romarin, le serpolet, la marjolaine, etc. Leurs huiles essentielles sont d'une grande ressource pour les parfumeurs.

Ce que nous dirons de quelques-unes de ces quintessences, nous servira pour celles des autres aromates, parce que la fabrication est à peu de chose près la même.

Pour tirer la quintessence de chacune de ces plantes, il faut qu'elles soient fraîchement cueillies.

### Essence de lavande.

Prenez la lavande dans un temps chaud et sec au lever du soleil; faites-en cueillir une certaine quantité, séparez les branches de ces plantes de leurs fleurs ou feuilles; ayez soin que ces dernières soient tendres et fraîches sans être tachées. Vous donnerez ensuite quelques coups de pilon à vos fleurs pour les froisser seulement, vous les péserez, et sur chaque livre de fleurs, vous mettrez deux pintes d'eau; vous verserez le tout dans votre cucurbite que vous couvrirez bien, et mettrez ensuite ces fleurs en digestion sur un feu doux et couvert pendant vingt-quatre heures, afin de donner le temps à l'huile de se séparer de la fleur. Après ce temps de digestion et de préparation, vous adapterez le chapiteau, dont vous boucherez les jointures avec attention, et vous distillerez de suite au bain-marie. On peut cependant, et c'est la manière la plus ordinaire, distiller à feu nu, en ayant soin de rafraîchir souvent; mais ce n'est pas le meilleur moyen. Les flegmes commenceront à couler seuls, peu de temps après ils seront accompagnés d'huile. Quand les flegmes ne seront plus accompagnés d'huile, la distillation sera faite; vous retirerez alors votre récipient et vous verrez surnager la quintessence sur l'eau; vous la séparerez de la manière indiquée, et quand vous l'aurez retirée, l'eau qui vous restera vous la remettrez dans la cucurbite avec de nouvelles fleurs et feuilles, préparées et à la même quantité, proportion gardée; vous suivrez la même opération tant que vous aurez des fleurs; vous renfermerez ensuite votre quintessence et la boucherez bien.

Conservez les flegmes qui vous restent comme eaux odorantes simples; elles seront bonnes pour la toilette, pour purger le savon ou pour mettre votre eau-de-vie de lavande au degré requis. Cette eau ne sera bonne qu'après que l'hiver aura passé dessus : vous pouvez en attendant la mettre à la cave, en ayant soin de ne la boucher qu'avec un parchemin ou papier piqué de petits trous.

### *Essence de thym.*

Le thym, à quelque chose près, se fait comme la lavande; néanmoins je vais donner la recette par laquelle on en retire l'essence. Faites cueillir le thym lorsqu'il sera bien fleuri, en temps chaud et sec ; faites-en séparer les fleurs et sommités ; sur chaque livre de fleurs et sommités, mettez deux pintes d'eau ; aussitôt que vous aurez ainsi garni votre alambic à proportion de ce qu'il peut contenir, vous le couvrirez exactement, et vous le mettrez sur un petit feu pendant six heures entières. Il faut que cette infusion soit chaude à pouvoir tenir la main sur la cucurbite sans en être incommodé ; vous la tirerez ensuite du feu pour la laisser refroidir, et ne la déboucherez que lorsqu'elle sera refroidie ; vous passerez cette décoction, et vous mettrez vos fleurs à la presse pour en faire sortir l'eau imbibée d'huile ; vous mesurerez alors ce qu'a rendu la décoction : s'il y en a vingt pintes, vous mettrez de nouveau six livres de fleurs que vous remettrez en digestion de même pendant six heures, après quoi vous placerez votre alambic sur le feu au bain-marie, et le couvrirez de son chapiteau, comme ci-devant ; vous ferez un feu ordinaire, pour que votre distillation s'opère rapidement. Quand vous vous apercevrez que les huiles ne suivront plus les flegmes, votre distillation sera faite; vous séparerez les huiles d'avec les flegmes selon la méthode indiquée.

### *Essence de serpolet.*

Cette essence se fait comme celle de thym; on n'a qu'à suivre de point en point ce qui est dit dans l'article du thym pour faire cette huile essentielle : vous séparerez l'huile d'avec les flegmes et procéderez selon la méthode.

## CHAPITRE VII.

### *De l'Huile essentielle des épices.*

Il est fait mention de ces épices dans la deuxième partie, chapitre III, à l'article des esprits ou teintures, que beaucoup de personnes nomment mal à propos essences ou quintessences. Il y a beaucoup de différence entr'elles, tant à cause de leurs qualités que de la manière de les fabriquer. L'huile essentielle est supérieure à toutes les autres ; il s'en fabrique fort peu à Paris, parce qu'elles coûtent plus que celles qui viennent du dehors; mais souvent ces dernières sont falsifiées et ne peuvent servir aux vues que l'on se propose. Comme il est facile d'avoir des épices, et que la fabrication peut s'en faire en tout temps, il se pourroit que l'on y gagnât en les fabriquant soi-même et qu'elles fussent plus pures et de meilleure qualité.

Les huiles essentielles ont été traitées par beaucoup de parfumeurs et de différentes manières; le meilleur moyen de les obtenir est par la distillation *per descensum*: ce procédé est surtout utile pour les huiles et cloux de girofle; on ne pourroit pas en faire autant de la cannelle, qui est plus sèche, son écorce ayant plus d'esprit ou de parties volatiles que de substances huileuses. Quant au macis, on l'obtient par une distillation particulière: on dispose la muscade par un bain de vapeur, et on en exprime l'huile par le moyen de deux plaques de fer chaudes. On pourroit tirer de l'huile de tous ces épices par la distillation ordinaire; mais cette opération seroit ingrate. A raison de l'épaisseur et de la pesanteur de ces huiles essentielles, lesquelles ne peuvent toutes monter dans l'alambic, on perdroit une grande partie du produit que l'on doit avoir.

Il est plus sage de suivre les différentes manipulations convenables à chaque épice.

la cannelle se tire par distillation ordinaire ; le macis peut se tirer de même que la cannelle ; on le tire aussi par *descensum* comme le clou de girofle, et on en obtient un plus grand produit de cette façon que de l'autre.

Il faut avoir soin de ne faire de cette marchandise qu'en petite quantité : il est indifférent de continuer, de cesser ou reprendre ce travail. On sait que la cannelle est ingrate, qu'il faut en employer environ quatre livres pour en avoir une once ; on doit donc se contenter de ce produit et opérer de nouveau si on veut en avoir davantage. Cette matière est assez précieuse pour ne pas s'exposer à la mal employer, ce qui arriveroit si vous vouliez en faire trop à la fois ; l'opération seroit longue, les flegmes pourroient prendre une odeur d'empyreume, et cette odeur se communiqueroit à votre huile essentielle.

Observez, lorsque vous voudrez faire votre cannelle, de la faire piler par des gens propres et soigneux, et dans un mortier de marbre entouré d'une poche, afin de tout conserver. Lorsqu'elle sera pilée, vous la mettrez dans une cucurbite avec de l'eau, en sorte que la cannelle soit recouverte de deux pouces; vous la mettrez en digestion sur de la cendre chaude pendant vingt-quatre heures; au bout de ce temps vous y mettrez quatre ou cinq pintes d'eau et vous ferez la distillation au bain-marie; on reconnoîtra le moment où les huiles viendront, parce qu'elles se précipiteront au fond du récipient. Lorsque l'on aura tiré trois ou quatre pintes, les huiles seront sorties; vous les séparerez des flegmes et les mettrez dans une bouteille bien bouchée.

Quand vous ferez l'opération *per descensum*, surtout pour le clou de girofle et le macis, vous aurez soin de tout préparer pendant qu'on pilera les épices; vous attacherez le suspensoir sur le vaisseau qui doit les recevoir, de manière que les épices pilées y tiennent facilement, et que la cuvette de métal qu'on doit mettre dessus avec le feu ne touche pas aux épices. Lorsque les huiles ne descendront plus, quoique le feu soit suffisamment animé, votre opération sera finie; vous ôterez le feu et le suspensoir, et mettrez à part votre huile essentielle. A l'égard de l'huile essentielle de muscade, vous aurez attention de la faire bien piler, de la laisser bien imbiber par la vapeur du bain sur lequel vous l'aurez mise, ce qui disposera votre épice à rendre son huile lorsque vous l'exprimerez par le même moyen que la muscade. Votre opération faite, vous séparerez le peu de flegmes qui s'y trouvera, et verserez votre huile essentielle dans un flacon.

Ayez soin de ramasser tous ces marcs et poudres d'épices qui ont servi à vos distillations ou infusions, et faites sécher celles qui ont été imbibées d'eau par le travail; elles peuvent par ce moyen se conserver et être employées dans des compositions de poudre.

## CHAPITRE VIII.

*De l'Huile essentielle des graines.*

Les plus odorantes de ces huiles sont celles d'anis, de fenouil, de genièvre, de baies de laurier, de chervi, de céleri, de cumin, de la graine de percil et de daucus. Pour les autres, elles ont plus d'esprit volatil que d'huile essentielle, telles que la coriandre, l'angélique, l'aneth : la carotte n'en a point du tout.

Il faut, pour employer ces graines, qu'elles soient de l'année, qu'elles n'aient point souffert sur pied; qu'elles soient bien nourries et pesantes selon leur espèce, et qu'elles aient bonne odeur et bon goût.

## De l'anis.

C'est l'anis de Verdun qui est préféré, parce qu'il rend plus d'huile essentielle. L'anis vert néanmoins est fort bon; le goût en est un peu moins sucré que ne l'est celui de Verdun, mais, en se servant de celui de l'année, il peut s'employer de même.

Faites-en piler environ six livres; mettez-les dans une cucurbite avec une quantité d'eau suffisante pour couvrir votre anis, que vous remuerez pour voir s'il trempe bien; ensuite vous en remettrez deux doigts de plus. Ayez toujours soin de mesurer l'eau que vous mettrez pour vous régler sur ce que vous en pouvez tirer. Votre cucurbite étant garnie, vous mettrez votre graine en digestion sur de la cendre chaude, pendant vingt-quatre heures, au bout duquel temps vous la placerez dans un bain-marie, et distillerez à feu tempéré. Lorsque votre opération sera en train, il faudra épier le moment où votre huile montera: vous le reconnoîtrez à une substance huileuse qui surnagera les flegmes. Aussitôt que vos flegmes n'entraîneront plus l'huile, vous cesserez l'opération. Vous séparerez l'huile de ce flegme selon la méthode, et vous la mettrez dans une bouteille bien bouchée. Vous aurez alors une bonne huile essentielle d'anis dont vous pourrez vous servir au besoin.

### Baies de laurier.

Il faut également, pour employer les baies de laurier, qu'elles soient de l'année, les éplucher, ôter celles qui ont souffert, en piler, sans ôter l'écorce, environ six livres ; les mettre dans une cucurbite avec de l'eau en assez grande quantité pour qu'elles trempent. Il faut que votre eau s'élève à deux doigts au-dessus de vos baies pilées. Vous les mettrez en digestion comme ci-dessus ; vous ferez de même la distillation, et ensuite vous séparerez l'huile des flegmes selon la méthode indiquée.

### Le daucus.

C'est la meilleure des graines, la plus rare et par conséquent la plus chère. Son odeur est délicieuse. Vous devez faire cette huile avec attention. On emploie le même procédé que pour les autres. Il faut en prendre six livres, les mettre dans votre cucurbite avec de l'eau à deux pouces au-dessus des graines, les faire digérer sur de la cendre chaude pendant vingt-quatre heures, en faire ensuite la distillation au bain-marie, épier le moment où l'huile commencera à venir et celui où elle ne viendra plus. Vous cesserez alors l'opération et séparerez l'huile des flegmes selon la méthode.

Ceux qui voudront avoir de l'huile de fenouil, ou de cumin et d'aneth, n'ont qu'à opérer comme ci-dessus.

La graine de persil, et celle de céleri surtout, rendent beaucoup d'huile que l'on fait de la même manière.

## *De la falsification des huiles essentielles.*

Plus les huiles sont rares et chères, plus on cherche à les falsifier. Elles peuvent être altérées par quelque mélange d'huile grasse sans aucune odeur, par l'esprit-de-vin, ou par quelques autres huiles essentielles bien inférieures.

On reconnoît les falsifications en mettant sur du papier une goutte de l'huile essentielle que l'on veut essayer; elle s'évaporera en peu de temps à une chaleur douce, et ne laissera aucune tache grasse ni transparente s'il n'y a point de mélange d'huile grasse.

La même expérience se fait aussi avec l'esprit-de-vin, en mettant dans de l'esprit d'un bon degré une goutte d'huile essentielle pure : elle se dissoudra entièrement. Si, au contraire, elle est mélangée d'huile grasse, il en restera une partie sans être dissoute, parce que cette dernière est indissoluble dans l'esprit.

On peut encore reconnoître le mélange de l'esprit-de-vin avec l'huile essentielle par l'addition de l'eau ; l'eau devient laiteuse, parce que l'esprit quitte l'huile essentielle pour s'unir à l'eau, et laisse l'huile divisée sur cette même eau non dissoute : ce qui n'arrive point lorsque l'huile essentielle ne contient pas d'esprit.

Il y a d'autres huiles essentielles qui se précipitent au fond au lieu de venir sur l'eau, telles que celles de girofle, cannelle, etc.

Je citerai encore ici d'autres falsifications telles que celles qui ont lieu par le mélange d'une huile essentielle inférieure, comme celle de la térébenthine avec l'huile essentielle de lavande, de thym, de serpolet et autres huiles très-fortes et très-aromatiques ; mais on peut reconnoître ce mélange en imbibant un papier de l'huile que l'on veut éprouver et en le faisant évaporer à l'air ou à la chaleur : l'odeur de térébenthine restera seule attachée au papier.

Voici un autre moyen bien facile pour reconnoître la falsification des huiles. Mettez dans un petit pot de faïence, ou un verre, un peu de l'essence que vous voulez éprouver; agitez-la dans ce vase et retirez-la. Lorsque ce vase sera sec, vous jugerez par l'odeur dont il est imprégné de la qualité de votre huile essentielle. Si l'odeur en est bonne et franche, c'est que l'huile est naturelle; dans le cas contraire il y aura falsification.

# CINQUIÈME PARTIE.

*De la fabrication des savonnettes de toutes qualités, pains de savon blanc et autres savons liquides, façon dite de Naples; poudre de savon à odeur et sans odeur; essence de savon.*

## CHAPITRE PREMIER.

Différens auteurs modernes ont écrit sur cette matière; mais ils n'ont fait que répéter ce qui avoit été dit avant eux, et raisonner d'après la théorie : je vais parler en praticien sur cette matière.

Il est de toute nécessité, pour faire de bonnes savonnettes, d'avoir du meilleur savon possible, de le purger ensuite, et de tâcher de faire cette opération dans la belle saison, pour mieux réussir et pour employer moins de temps.

Si c'est douze livres de savon que vous avez à purger, vous le couperez par morceaux et le ferez fondre au bain-marie ou à feu doux avec deux pintes d'eau de roses, autant de celle de fleurs d'orange, et une poignée de sel fin; lorsque votre savon sera fondu, vous le passerez dans un tamis fort, ou dans un linge pour qu'il n'y reste point d'ordures; quand il sera coulé de cette manière, vous le retirez le lendemain de la caisse, vous le couperez par morceaux très-minces et le ferez sécher à l'air, à l'abri du soleil; lorsqu'il sera sec, vous le ferez refondre de nouveau et de la même manière avec de l'eau de rose et de la fleur d'orange; vous n'aurez pas besoin de le passer si vous avez eu l'attention de le tenir proprement. Vous le coulerez et ferez sécher comme la première fois. Après cette deuxième opération il doit être purgé et exempt de mauvaise odeur; c'est alors que vous le faites piler et mettre en poudre; vous l'étendrez encore à l'air deux ou trois jours en ayant grand soin qu'il soit à l'abri de la poussière : c'est un soin essentiel qu'il faut avoir pour tout ce qui doit toucher le visage. Après ces préparations, votre savon se trouvera disposé à recevoir les différentes odeurs que vous voudrez lui donner, soit que vous vouliez le mettre en pains ou en savonnettes fines à la bergamote, néroli, frangipane, ambre, etc.

Ayez attention que votre savon, ainsi préparé, soit déposé dans un endroit à l'abri de l'humidité.

Vous pouvez purger votre savon pour les savonnettes aux fines herbes, avec des eaux simples distillées, comme lavande, thym, marjolaine, romarin, sauge, camomille, etc.: cette préparation le disposera parfaitement à recevoir le parfum des fines herbes.

## CHAPITRE II.

*Moyen de faire les savonnettes lourdes communes blanches et brunes.*

Ayez huit livres de savon blanc de Marseille ou autre, pourvu qu'il soit de bonne qualité; coupez-le par morceaux, et mettez-le fondre sur le feu avec environ une pinte d'eau ordinaire ; lorsqu'il sera bien fondu, vous le passerez dans un linge, et y ajouterez ensuite quatre livres de poudre d'amidon, que vous pétrirez bien avec votre savon, ou que vous pilerez même au mortier, cela n'en vaudra que mieux; le tout étant bien lié et en consistance de pâte, vous le parfumerez soit à la lavande, au thym, ou autres odeurs aromatiques qui conviennent pour ces sortes de savonnettes communes. Si c'est à la lavande que vous les parfumez, vous pourrez en mettre environ une demi-once par livre de votre pâte de savon, vous l'y incorporerez en pilant le tout ensemble, et vous péserez votre savon pour la grosseur que vous voulez donner à vos savonnettes, dont le poids est ordinairement de quatre à cinq onces; vous les porterez à une once de plus à cause de la diminution qu'elles éprouvent en séchant.

Votre pâte de savon ainsi pesée, vous la roulerez dans vos mains pour lui donner la forme ronde de savonnettes; si vous les voulez parfaitement rondes, vous les raclerez avec un moule fait exprès. Si c'est au thym, ou au serpolet, ou autres essences aussi fortes que vous les parfumez, vous mettrez moitié moins d'odeurs.

Ces savonnettes, que vous pouvez brunir avec un peu de terre d'ombre ou un peu de poudre d'orangeons, se vendent quelquefois pour des savonnettes aux herbes communes ; vous les parfumerez alors avec ces différentes essences aromatiques, telles que le thym, la lavande forte, la marjolaine, le serpolet, etc. ; ou avec de vieilles essences sujettes à devenir rances, comme le Portugal, le citron et autres.

*Savonnettes marbrées communes.*

Prenez une bassine de cuivre ou un chaudron, dans lequel vous mettrez six livres de savon coupé par morceaux avec trois chopines d'eau, et une poignée de sel que vous ferez fondre dans votre eau ; lorsque votre savon sera fondu à une bonne chaleur, sans cependant être trop vive, vous prendrez une spatule taillée carrément avec laquelle vous le remuerez et le fouetterez bien pour le faire monter le plus qu'il sera possible, parce que plus il sera léger, plus il vous profitera ; lorsqu'il sera au point que vous le desirez, vous le coulerez dans une boîte suffisamment grande pour le contenir, et dans laquelle vous aurez étendu du papier dans tous les sens, c'est-à-dire au fond et autour ; vous le laisserez dedans jusqu'à ce qu'il soit pris : c'est ordinairement d'un jour à l'autre, et même plutôt, qu'il se détache, selon la saison. Vous renverserez votre boîte sur une table où vous aurez étendu du papier, ce qui formera un pain de savon que vous couperez par brique de l'épaisseur de trois ou quatre pouces carrés. Vous rangerez ces morceaux l'un sur l'autre dans un endroit sec et aéré; vous le couperez ensuite par morceaux un peu gros, vu que la marbrure de cette espèce ne demande pas tant de précaution. Lorsque votre savon est disposé, vous partagez votre quantité en deux portions à peu près égales pour donner à chacune une couleur différente. Si, par exemple, c'est en rouge, brun ou noir, vous ferez dissoudre dans de l'eau un peu de gomme arabique, et vous délaierez dans cette eau de la mine orange pour le rouge, pour le noir un peu de noir de fumée, et pour le brun de la terre d'ombre : cette dernière est préférable au noir. Vous arroserez votre savon, dont une partie sera rouge et l'autre brune, chacune en particulier; vous le retournerez bien dans cette couleur en y mettant quelques gouttes d'essence commune forte. Lorsque vos morceaux de savon seront bien colorés par-tout, vous réunirez vos deux parties dans une grande terrine ou bassine ; vous les mêlerez bien ; si votre savon étoit sec, vous l'arroseriez d'un peu d'eau pour qu'il puisse se trouver en bonne consistance de pâte, et vous réunirez le tout en masse dans votre terrine : il deviendra dur du jour au lendemain. Vous le lèverez ensuite par tranches que vous couperez de la grosseur dont vous voulez vos savonnettes.

Comme en séchant elles diminuent, et qu'en les arrondissant avec le moule pour les finir on les réduit encore, il est bon de les faire un peu grosses. Je vous observe qu'en les levant par tranches comme je viens de le dire, il faut pelotonner cette portion de savon destinée pour vos savonnettes, le plus fortement et le plus rondement que vous pourrez, et bien boucher toutes les cavités ; ensuite les ranger sur une claie à fur et mesure pour les faire sécher. Lorsqu'elles seront sèches à demi, vous les couperez légérement en les arrondissant avec votre moule : ne coupez pas trop vivement, car vous fendriez la savonnette au lieu de l'arrondir. Lorsque vous les aurez ébauchées toutes de cette manière, vous les laisserez sécher encore quelques jours avant de les finir, et remplirez ensuite leurs cavités avec les rognures que le moule en aura ôtées. Pour cette dernière opération, on a des moules en bois, ou l'on prend un pot de faïence parfaitement rond du bord et bien uni, dans lequel on les tourne bien également pour les polir.

*Savonnettes légères moins communes.*

Pour celles-ci vous faites le même travail qu'aux précédentes, excepté qu'il faut couper les morceaux un peu plus petits, pour que la marbrure soit plus petite, et vous leur donnez un peu plus d'odeur par une plus grande quantité d'essence.

*Savonnettes demi-lourdes.*

Ces savonnettes demandent un peu plus de soin, quoique le travail soit le même. Il faut rendre votre savon moitié moins léger que pour les précédentes, et faire que la marbrure en soit encore plus petite. A cet effet votre savon doit être coupé par morceaux de toute espèce de formes, comme losanges, ovales, carrés, losanges oblongs ; vous aurez soin surtout que le plus gros n'excède pas la grosseur du bout du petit doigt. Votre savon étant coupé de cette manière, vous le partagerez en trois

## IMPÉRIAL.

parties, vous colorerez l'une en rouge, comme nous l'avons marqué ci-devant, avec la mine orange; si vous voulez lui donner une couleur plus vive et plus fine, employez du vermillon. Vous teindrez en brun la seconde partie avec de la terre d'ombre, et la troisième en bleu avec de l'indigo. Faites en sorte que votre partie brune soit la moins considérable pour que vos savonettes soient moins sombres. Si même vous aviez un peu de savon vert vous pourriez en mettre une petite partie, cela leur donneroit une couleur plus agréable. Je vous indiquerai la manière de teindre le savon en cette couleur. Tout votre savon étant teint, vous mélangez le tout comme vous avez fait précédemment, en y ajoutant une demi-once d'essence au moins par livre; vous l'incorporez bien en le pelotonnant et en le retournant sur tous les sens; ensuite vous faites sécher ces savonnettes pour leur donner la dernière façon comme aux autres.

*Savon demi-lourd, qui sert à faire les pains de savon pour les mains ou pour la barbe.*

Ce savon exige le même travail que le précédent, excepté que vous le faites plus compacte. Prenez six livres de savon du meilleur; vous le ferez fondre avec trois chopines d'eau; lorsqu'il sera bien fondu, vous le passerez dans un linge épais, et vous le remettrez dans votre chaudière sur le feu pour le faire monter en y ajoutant une chopine d'eau et une cuillerée de sel; vous le tournerez et fouetterez jusqu'à ce qu'il gonfle; alors vous le retirerez un peu du feu en le fouettant toujours jusqu'à ce qu'il soit assez enflé; vous le remettrez sur le feu en tournant toujours. Lorsqu'il sera monté suffisamment, ce dont vous vous apercevrez en le voyant lisse et sans eau, vous le retirerez de dessus le feu, et le coulerez dans votre caisse disposée pour cela. Ayez soin de le couler à une certaine épaisseur pour qu'il puisse s'accorder avec le volume des pains ordinaires de savon, qui doivent être tous taillés et finis de l'épaisseur de quinze lignes de hauteur, vingt-une de large, sur deux pouces et demi de longueur. Ainsi vous coulerez votre savon à l'épaisseur de deux, ou trois, ou quatre pains, en y ajoutant quelque chose de plus pour la taille; vous le retirerez de la caisse lorsqu'il sera pris, comme je vous l'ai observé ci-devant; vous le couperez ensuite par brique, en vous réglant sur la forme et le volume que vous devez donner à vos pains; vous le ferez ensuite sécher, et lorsqu'il sera à demi-sec, vous le partagerez par pains brutes, en prenant vos dimensions pour qu'ils puissent être coupés par un moule ou emporte-pièces en fer, qui doit avoir précisément deux pouces et demi de longueur, vingt à vingt-deux lignes de large, et quinze lignes d'épaisseur, que vous pourrez porter à quelques lignes de plus, tant pour la taille que pour un peu de diminution qu'il éprouve en séchant; vous vous réglerez toujours sur le volume dont ils doivent être étant finis, comme il est indiqué ci-dessus. Etant taillés de cette manière carrément, vous abattrez proprement la vive arête de votre pain sur tous les sens pour lui donner plus de graces.

Le savon demi-lourd peut vous servir à faire des savonnettes blanches demi-lourdes, en donnant à votre savon l'épaisseur qu'il convient pour la grosseur de vos savonnettes. Vos pains et savonnettes seront sans odeur. Il s'en fait de parfumées en blanc, en brun, et autres couleurs. Je vais indiquer la manière de les faire et de donner au savon la couleur qui convient.

Pour vos pains de savon bruns, jaunâtres, couleur de bois clair ou feuille morte,

Vous ajouterez dans votre fonte six livres de savon; lorsque vous la remettrez pour la deuxième fois sur le feu et qu'elle aura été fondue et passée, vous ajouterez quatre onces de poudre d'orangeons, que vous délaierez bien auparavant avec un peu d'eau, de sortes qu'il n'y ait point de grumeaux; vous mêlerez cette poudre avec votre savon, que vous batterez pour le faire monter à demi, comme le précédent; cela vous donnera des pains de savon d'une couleur assez jolie. Vous augmenterez votre dose de poudre d'orangeons si vous le voulez plus foncé; mais je vous préviens qu'il convient mieux qu'il soit un peu clair, par la raison qu'il fonce toujours à la longue. A défaut de poudre d'orangeons, vous mettrez de celle d'écorce de bergamote ou de citron. Vous pouvez parfumer ce savon, tant le blanc que celui de couleur : si c'est à la bergamote, vous y mettrez deux onces d'essence de bergamote par livre de savon ; vous mettrez cette essence lorsqu'il sera presque fini d'être battu : si c'est à d'autres odeurs plus fortes, comme Portugal, néroli, etc., ou autres essences aromatiques, comme thym, lavande, serpolet, marjolaine, etc., vous en userez avec plus d'économie.

L'odeur la plus usitée pour ces pains de savon est celle ci-après. Pour six livres de savon, vous mettrez quatre onces d'essence de bergamote, une once d'essence de citron, une demi-once *idem* de Portugal, et une demi-once d'huile essentielle d'anis, de cumin ou de fenouil ; cela vous donnera une odeur assez agréable, et qui approche de celle du savon de Windsor, ou savon anglais.

Vous pouvez faire des pains de savon aux fines herbes, en faisant votre savon un peu verdâtre, ce qui vous sera facile, en y ajoutant sur quatre livres de savon que vous destinez à faire monter, deux livres de savon vert, désigné ci-après, et que vous parfumerez avec une once d'essence de bergamote, une once *idem* de citron, quatre gros *idem* de lavande, quatre gros *idem* de marjolaine, quatre gros *idem* de thym, quatre gros *idem* de myrte, quatre gros *idem* de fenouil, deux gros *idem* de serpolet, deux gros *idem* de petit grain; votre savon sera d'une bonne odeur aux herbes, et d'un joli vert.

### *Pains de savon à la rose.*

Prenez du savon purgé et préparé comme il est dit ci-devant, faites-le fondre au bain-marie avec de l'eau de rose double : vous mettrez, pour six livres de savon, environ trois demi-setiers d'eau de rose, suivant le degré de sécheresse qu'il aura; lorsqu'il sera fondu, vous le coulerez dans une boîte, pour le retirer le lendemain s'il est pris en le coupant par briques; vous le laisserez quelque temps s'essorer, ensuite vous le couperez de nouveau par morceaux bien minces, et le ferez sécher à l'air pour lui ôter son odeur de savon, car il est essentiel que cette odeur disparoisse pour qu'il prenne bien celle de rose. Lorsqu'il sera sec, vous le refondrez de même avec de l'eau de rose, dans laquelle vous délaierez peu à peu une once de vermillon fin pour joindre à votre savon, afin de lui donner une couleur de chair tendre, et vous le ferez monter à demi. Lorsqu'il sera monté, vous y ajouterez, avant de le couler, un gros d'huile de rhodia, et un demi-gros d'huile essentielle de rose. Ces pains de savon se vendent plus cher que les autres proportionnément à la dépense qu'ils occasionnent. Vous pouvez avec ce savon faire des savonnettes comme je l'ai dit précédemment : on les maintient plus petites que les autres.

*Manière de préparer le savon en vert pour les savonnettes aux fines herbes.*

On prend, pour cette préparation, de toutes les herbes et fleurs aromatiques, comme thym, lavande, marjolaine, romarin, sauge, etc. ; on les épluche en ne prenant que les fleurs de ces aromates et les feuilles les plus vertes et les plus tendres ; on les fait sécher de façon à pouvoir les mettre en poudre bien fine, et on incorpore cette poudre dans le savon pour lui donner le ton et la couleur qui lui conviennent : on le parfume ensuite avec les essences.

Beaucoup de parfumeurs donnent la couleur verte au savon avec le vert de vessie, le vert de montagne, ou d'autres ingrédiens, comme le bleu et le stil de grain mêlés ensemble, un gros de bleu d'indigot avec deux gros de *terra merita*, la gomme gutte et le bois d'Inde. On en fait un très-beau vert d'herbes qui sert présentement au lieu du vert de vessie. Mais il y a d'autres moyens pour teindre le savon en vert avec les végétaux, comme le jus d'herbes d'avoine : vous coupez celle-ci avant que l'épi ne paroisse ; vous la pilez bien, et l'humectez ensuite avec un peu d'eau pour l'amollir et en tirer le jus ; vous faites fondre votre savon préparé avec ce jus, ce qui lui donne une belle couleur verte, et vous le faites le plus foncé que vous pouvez.

Vous pouvez vous servir aussi de la feuille de morelle ; elle procure de même une belle couleur verte. On donne encore la couleur verte avec d'autres végétaux ; mais je désigne ceux-ci comme retenant plus la couleur.

Votre savon ayant été bien disposé au ton de couleur que vous voulez lui donner, il ne s'agit plus que de le parfumer pour faire vos savonnettes aux herbes.

### *Savonnettes aux fines herbes.*

Pour douze livres de savon, vous disposerez le mélange d'essences suivant ; savoir : quatre onces d'essence de bergamote, quatre onces d'essence de citron, une *idem* de thym, une *idem* de lavande fine, une *idem* de serpolet, une *idem* de marjolaine, une *idem* de myrte, deux *idem* de fenouil, une demi-once de romarin, une demi-once de sauge, une demi-once de menthe, une demi-once d'absinthe.

Si votre savon est fraîchement fait, et d'une consistance à pouvoir se pétrir, vous le pilerez et écraserez bien dans votre mortier : tâchez qu'il ne s'y trouve aucuns grumeaux. Lorsqu'il sera pilé, vous le retirerez du mortier et le pétrirez sur une table propre et bien unie ; vous le couperez alors par morceaux du poids de quatre à cinq onces. Votre savon ainsi coupé, vous prenez vos morceaux, vous les pétrissez bien de nouveau dans vos mains pour qu'il ne s'y trouve plus de cavités. Dans le cas où vos mains seroient humides, vous prendriez un peu de poudre d'amidon et vous les en frotteriez. Vous pouvez encore, pour leur donner la forme ronde, avoir un petit poêlon de faïence bien rond et bien uni, et tourner dedans vos savonnettes. Vous les rangerez ensuite à fur et mesure pour les laisser sécher. Lorsqu'elles seront à demi-sèches, vous les arrondirez légèrement avec le moule ; c'est ce qui s'appelle *dégrossir;* vous les laisserez sécher de nouveau pour les mettre en définitif au poids que vous desirez. Au bout de deux ou trois jours, vous les polirez avec des moules faits pour cela, ou bien vous prendrez un pot de quatre onces en faïence, bien uni du bord et parfaitement rond ; elles se polissent très-bien comme cela; vous les étiqueterez des mots *fines herbes*, pour les mettre en paquet : tâchez de les déposer à l'abri de l'humidité.

*Savonnettes aux fines herbes, dites à filets.*

Ces savonnettes ne diffèrent des dernières que parce qu'elles sont plus agréables à la vue. Lorsque votre savon est disposé à former vos savonnettes, vous le pesez comme ci-devant, vous le pétrissez bien dans votre main, et au lieu de lui donner la forme ronde, vous lui donnez celle carrée, c'est-à-dire, celle à-peu-près des pains de savon. Quand vous aurez disposé quelques morceaux de cette manière, vous les fendrez sur leur longueur en quatre ou cinq parties ; vous aurez soin de ne pas les mêler pour pouvoir rapprocher ces mêmes parties comme elles l'étoient, après qu'elles seront teintes des couleurs indiquées ci-après.

Pour détremper vos couleurs, vous ferez dissoudre deux gros de gomme arabique ou adragant dans un demi-setier d'eau de rose ou de fleur d'orange. Lorsque votre gomme sera bien fondue, vous délaierez dans un petit pot, avec cette eau, un peu de vermillon, en ayant soin que votre couleur ne soit pas trop claire ni trop épaisse. Celle-ci sera pour le rouge. Vous prendrez pour le bleu de l'indigo que vous broierez bien et que vous délaierez de même dans un petit pot avec votre eau de gomme. Vous pouvez en faire pareillement de la brune avec de la terre d'ombre, et de la jaune avec de la poudre d'orangeon ; une autre verte plus foncée ou plus claire en broyant bien votre savon avec votre eau de gomme. Toutes vos couleurs ainsi préparées, vous avez un petit pinceau pour chacune d'elles ; vous peignez une des parties fendues de votre savon ; vous écartez une de ces parties, et y mettez votre couleur rouge des deux côtés que vous rapprochez ensemble proprement l'un sur l'autre. Vous peignez de même la partie suivante avec une autre couleur, et la rapprochez des précédentes, en continuant toujours de même, et en entremêlant vos couleurs pour que cela fasse différentes veines ; on les porte ordinairement à deux ou trois couleurs au plus, quoique je vous en aie indiqué un plus grand nombre pour différencier le savon à votre gré. Lorsque votre savon est coloré, vous le laissez jusqu'au lendemain dans cet état, en le couvrant d'un linge de crainte qu'il ne sèche trop, et même dans l'été vous serez peut-être obligé de le mouiller un peu pour l'entretenir frais et bon à manier.

Vous prenez ensuite un des morceaux de savon coloré destiné pour en former vos savonnettes; vous le pétrissez dans vos mains en les allongeant et les arrondissant un peu, vous le posez sur une table bien unie après l'avoir roulé, et vous lui donnez la forme ronde, sans toutefois négliger de prendre garde qu'il n'y ait des cavités ou des fentes à votre savonnette ; alors vous la roulez, comme les précédentes, dans vos mains ou dans le poëlon de faïence, et vous la faites sécher en observant les mêmes règles que pour les autres.

Ces savonnettes étant bien soignées, ne peuvent être que très-jolies et très-apparentes.

## Savonnettes à la bergamote.

Prenez douze livres de savon préparé et purgé comme il est dit au commencement de ce chapitre, une livre de poudre d'iris, dans laquelle vous mélangerez deux onces de poudre de bergamote ou d'orangeons, pour lui donner une petite couleur jaune claire ; vous incorporez cette poudre en pilant par portions égales et par parties selon la grandeur de votre mortier qui doit être de marbre. Si votre savon est sec, vous l'humecterez avec un peu d'eau de fleur d'orange et d'essence de bergamote, quatre onces par livre de savon. Lorsque votre savon sera bien pilé et en bonne consistance de pâte, vous en rassemblerez la totalité ; vous la pétrirez bien pour que le tout se mélange comme il faut ; ensuite vous la péserez à la grosseur de vos savonnettes, comme je l'ai expliqué pour les savonnettes aux herbes ; vous la fendrez de même pour appliquer avec le pinceau les couleurs que vous jugerez convenables, vous rapprocherez vos parties colorées ensemble, et suivrez le même procédé pour les finir que pour celles aux herbes. On en fait aussi de toute unies sans filets.

### Savonnettes au néroli.

Vous prendrez douze livres de savon purgé et préparé selon les règles de l'art; vous le pilerez et l'humecterez de même que le précédent, avec un peu d'eau de fleur d'orange, et y ajouterez en le pilant la même quantité de poudre d'iris avec un peu plus de poudre d'orangeons, que vous porterez à trois onces pour donner aux savonnettes un ton plus foncé que celui de celles à la bergamote; vous ajouterez de même, en pilant, la quantité de deux gros d'essence de néroli fin par livre de savon; lorsqu'il sera bien pilé, pétrissez-en bien la totalité pour la disposer à être mise en savonnettes comme les précédentes, et ajoutez-y quatre gros d'essence d'ambre et de musc.

Ces savonnettes se nomment aussi savonnettes à la fleur d'orange, à raison de ce que l'essence de néroli dérive de cette fleur. Si le néroli est parfait, ces savonnettes ne peuvent être que bonnes par excellence et de première qualité. On porte leur grosseur ordinaire à trois onces.

### Savonnettes à la frangipane.

Prenez douze livres de savon préparé que vous pilerez comme le précédent en l'humectant avec un peu d'eau de rose et de fleur d'orange; vous y joindrez de même en pilant une demi-livre d'iris en poudre, deux onces de poudre d'orangeons, quatre onces de poudre à la vanille brune; vous mêlerez ces poudres avant de les incorporer; vous y joindrez ensuite trois onces d'essence de bergamote, quatre gros d'essence d'orange de Portugal, quatre gros d'essence de néroli, une once d'huile essentielle de girofle, deux onces d'essence de vanille, deux onces d'essence d'ambre, deux onces d'essence de musc. Le tout étant pilé et incorporé, vous pétrissez votre savon comme le précédent pour faire vos savonnettes, soit unies ou à filets; en les pétrissant on se sert volontiers d'un peu de poudre ambrée et musquée pour sécher les mains auxquelles le savon s'attache.

### *Savonnettes à l'ambre.*

Vous prendrez douze livres de savon préparé selon la méthode usitée; vous concasserez dans votre mortier une demi-livre de graine d'ambrette; vous y joindrez votre savon que vous pilerez, et vous le ferez fondre ensuite au bain-marie, en ajoutant au mélange environ une chopine d'eau de fleur d'orange, et plus s'il est nécessaire, suivant que votre savon est plus ou moins sec; vous laisserez le tout en infusion pendant quelques jours, et ensuite vous le ferez fondre de nouveau; après cette nouvelle fusion, vous le passerez dans un linge épais pour en retirer le marc d'ambrette; vous le laisserez refroidir; et alors, s'il n'est pas trop liquide et qu'il soit de consistance à pouvoir être pilé et travaillé, vous y mettrez en le pilant les objets suivans, savoir : pour lui donner une teinte brune un peu grisâtre, deux onces de poudre à la vanille brune, quatre onces de poudre de Chypre, deux onces de poudre d'orangeons, et un gros de poudre noire. Vous mêlerez toutes ces poudres et les incorporerez dans votre savon en le pilant et l'humectant avec l'eau de rose et de fleur d'orange, douze onces d'essence d'ambre, quatre onces d'essence de musc, quatre onces d'essence de vanille; vous incorporerez bien tous ces objets en les pilant, et vous pétrirez ensuite le tout en masse pour en faire vos savonnettes.

Je vous fais observer que le savon étant trop mou auroit l'inconvénient d'être long à sécher; vos savonnettes en deviendroient toutes difformes en ce qu'elles seroient altérées par une grande diminution; il vaudroit mieux, avant de former les savonnettes, attendre un jour ou deux qu'elles aient pris de la sécheresse ; vous aurez soin, dans cet intervalle de temps, de couvrir votre savon. Vous finirez alors vos savonnettes comme les précédentes, soit unies, soit à filets ; et, pour les manier et les pétrir, vous vous servirez de la poudre ambrée et musquée.

### *Savonnettes au musc.*

Ces savonnettes ne diffèrent pas beaucoup de celles à l'ambre ; votre préparation de savon est la même ; vous pouvez différencier la couleur de celle-ci de celle des autres en la faisant un peu plus brune, en mettant au lieu de poudre d'orangeons une demi-once de terre d'ombre, et au lieu de douze onces d'essence d'ambre, vous mettrez douze onces d'essence de musc, quatre onces d'essence de vanille, et quatre onces d'essence d'ambre, avec eau de rose, et de fleur d'orange.

### *Savonnettes à la vanille.*

Prenez douze livres de savon préparé selon les règles de l'art, huit onces de vanille, que vous couperez par morceaux bien minces ; vous y joindrez quatre onces de storax en pain, quatre onces de benjoin; vous concasserez ces matières bien fines, et ensuite vous les mettrez avec votre savon, et pilerez le tout ensemble le plus qu'il vous sera possible; après cela vous le ferez fondre au bain-marie avec de l'eau de rose; quand il sera fondu vous le laisserez en infusion pendant quelques jours; vous le ferez refondre de même et le passerez dans un linge épais, en le pressant le plus que vous pourrez pour en exprimer toute la qualité; vous ferez infuser le marc dans une chopine d'eau de rose, au bain-marie, et le passerez dans le même linge; cette eau savonneuse et odorante vous servira à pétrir vos savonnettes, en y ajoutant quatre onces d'essence de vanille, quatre onces de teinture de baume de tolu, deux onces de baume du Pérou, une once d'esprit ou teinture de cannelle, deux gros d'huile essentielle de girofle, une once d'essence d'ambre et de musc. Toutes ces matières une fois mêlées, vous les joindrez à votre savon à fur et mesure que vous les pilerez, et vous y mettrez une demi-once de poudre à la vanille brune pour lui donner un peu de couleur.

Vous en formerez vos savonnettes comme ci-devant.

## Savonnettes à l'œillet.

Prenez douze livres de savon préparé ; pilez ensemble douze onces de girofle, deux onces de cannelle fine, que vous joindrez à votre savon, en y mettant environ une chopine d'eau de rose, quatre onces d'huile essentielle de girofle, une once de teinture de cannelle, une once *idem* de vanille, une once d'essence d'ambre, et une once d'essence de musc. Ces objets étant réunis ensemble, vous les battrez bien avant de les incorporer avec le savon. Le tout étant bien pilé à une bonne consistance, vous en formerez vos savonnettes.

## Poudre de savon.

Cette poudre se fait de différentes manières, soit avec le savon lourd ou avec le léger. Si c'est avec le premier que vous voulez la faire, vous prenez de votre savon purifié le plus blanc possible et le plus sec ; vous le pilez et le passez au tamis fin.

Lorsque vous purifiez le savon pour la poudre, vous le faites fondre au bain-marie ou à feu doux, et l'humectez très-peu, pour qu'il soit plutôt sec et moins sujet à se tacher en séchant. Cette poudre exige plus d'attention que celle dont j'ai parlé précédemment à l'article des savonnettes, en ce qu'elle n'a pas besoin d'une grande blancheur. Lorsqu'il est fondu, comme je l'indique, vous le coulez dans une caisse, et lorsqu'il est refroidi et pris vous le coupez par petites tranches, et le faites sécher pour le piler et le tamiser. Choisissez toujours pour cette opération la belle saison, qui est ordinairement juin, juillet et août, où le savon sèche plus promptement, car plus il reste à l'air, plus il est sujet à se tacher.

*Autre manière de faire la poudre de savon.*

Vous prendrez du bon savon blanc, vous le couperez par morceaux bien minces après avoir eu soin de le nettoyer; vous le mettrez dans un chaudron au bain-marie, au feu le plus doux possible pour que le savon ne se fonde pas; mais afin qu'il se sèche, vous le tournerez de cette manière jusqu'à ce qu'il soit bien sec, et ensuite le mettrez en poudre et le tamiserez.

*Autre manière de faire la poudre de savon avec le savon léger.*

Après avoir fait monter votre savon comme je l'ai indiqué ci-devant pour le savon demi-lourd, et après qu'il est pris, vous le coupez par tranches minces pour le faire sécher; lorsqu'il est sec, vous le pilez et tamisez: celui-ci est plus léger que l'autre et mousse plus promptement. Quand vous faites vos pains de savon blanc, les raclures de ces pains peuvent servir à faire de la poudre.

### Autre manière de faire la poudre parfumée.

Cette poudre se parfume en mettant, lorsque le savon est fondu et presque monté, la même quantité d'essence que pour les pains de savon, c'est-à-dire que, pour six livres de savon, vous employez quatre onces d'essence de bergamote, une once d'essence de citron, une demi-once d'orange de Portugal, et une demi-once d'huile essentielle d'anis ou de fenouil. Vous la parfumez à toutes autres odeurs que vous desirez. La poudre faite avec le savon lourd peut se parfumer de même.

Beaucoup de fabricans parfument leur poudre de savon lorsqu'elle est faite; il en résulte qu'elle perd de sa blancheur et de sa légéreté; elle devient matte, et elle n'est jamais si agréablement parfumée.

### Savon liquide, façon de Naples.

Vous couperez par morceaux douze livres de bon savon, que vous ferez fondre dans deux ou trois pintes d'eau de rose et de fleurs d'orange; vous y ajouterez, pour le maintenir dans son état liquide, deux livres d'huile aux fleurs; vous ferez bien fondre et bouillir un peu ce mélange et le passerez dans un linge épais pas trop serré. Lorsqu'il sera passé, vous le parfumerez comme vos pains de savon dans les mêmes proportions; vous y ajouterez en le faisant fondre quatre onces de poudre d'orangeons ou d'écorce de bergamote, pour lui donner la couleur convenable.

A défaut d'huile, lorsque votre savon sera fondu, vous pouvez ajouter deux pintes de bonne essence de savon; vous la laisserez incorporer alors avec le savon environ un quart d'heure; vous passerez ensuite le tout et vous finirez par parfumer votre savon; si en vieillissant il se séchoit, vous l'humecteriez avec un peu d'eau de rose ou de fleur d'orange.

Vous pouvez, pour le savon liquide, vous servir aussi des rognures et ratissures de savon et savonnettes : en suivant le même procédé que ci-devant il sera tout aussi bon ; la couleur n'en sera peut-être pas aussi agréable, à raison de ces différens mélanges de rognures. Mais si votre savon n'avoit pas assez de couleur, vous lui en donneriez avec un peu de poudre d'orangeons. Je vous fais observer d'user de cette poudre ou des autres couleurs avec modération, parce que le savon brunit toujours beaucoup en vieillissant, et que pour qu'il ait la couleur de savon de Naples il le faut teindre légérement.

## *Essence de savon.*

Prenez douze pintes d'esprit, ou d'eau-de-vie à 26 degrés au moins, surtout en hiver, vu que l'essence est sujette à être saisie par le froid lorsque l'esprit est foible de degré; prenez ensuite huit livres de savon de Marseille, que vous couperez par morceaux ; joignez-y deux livres de potasse, faites dissoudre le tout à la chaleur soit au soleil, ou au bain-marie à feu doux, et ayez soin de l'agiter de temps en temps. Lorsque la dissolution sera faite et qu'il n'y aura aucune parcelle de savon sans être dissoute, vous laisserez reposer le mélange pour le tirer au clair ; ayez soin qu'il ne passe pas de fond, parce que vous seriez obligé de le filtrer. Vous le parfumerez en y mettant par pinte une demi-once d'essence, comme de thym, de lavande, de serpolet, de marjolaine, ou d'autres aromates. Si vous employez des essences plus douces, comme celle de bergamote, de citron, etc., vous en mettrez une once par pinte.

Comme il y a des personnes qui la desirent colorée, vous y ajouterez un peu de teinture jaune et rouge, suivant le degré que vous la voulez. Attendu que cette teinture rend beaucoup, il faut en user avec prudence.

### *Essence fine de savon aux fleurs, nommée essence de savon de Naples.*

Prenez une pinte d'esprit de jasmin, une pinte *idem* de violette ou cassie, une pinte *idem* de rose, une pinte *idem* de fleur d'orange, une chopine *idem* de vanille, une chopine *idem* de tubéreuse, une pinte d'esprit d'ambrette: vous mettrez ces esprits au degré de 28 à 30 avec l'eau de rose et de fleur d'orange.

Vous ferez dissoudre dans ce mélange quatre livres et demie de savon préparé ou purgé, et une livre de potasse; et vous conduirez cette dissolution comme la précédente, en la terminant de même, et en y ajoutant, pour la rendre plus agréable, deux gros d'essence d'ambre, deux gros d'essence de musc, deux gros d'essence de néroli, deux gros d'essence de girofle, une once d'essence de vanille, et trois ou quatre gouttes d'huile essentielle de fenouil ou d'anis; vous la colorerez légérement si elle en a besoin, pour tâcher de la faire distinguer par la couleur de l'essence ordinaire.

Pour rendre cette essence parfaite, il faudroit employer du savon de Naples, au lieu de l'ordinaire, pour les amateurs qui voudroient y mettre le prix.

# SIXIÈME PARTIE.

*De la fabrication des Vinaigres à l'usage de la toilette, et autres objets relatifs aux chapitres II, III, IV et V de cet ouvrage.*

## CHAPITRE PREMIER.

Depuis long-temps on admet à la toilette l'usage des vinaigres. C'est un moyen de salubrité qui contribue à la propreté et à la santé, un préservatif contre la contagion et le mauvais air. Il s'agit d'en faire un choix convenable et de prendre le meilleur ; celui d'Orléans est désigné pour être tel, surtout le blanc, auquel on doit donner la préférence ; je m'en suis bien trouvé en employant de ce dernier.

Les vinaigres se parfument et se font de deux manières, soit par la distillation, soit par l'infusion, deux moyens également bons ;

mais la distillation est préférable, parce qu'elle donne de la force et de la blancheur au vinaigre.

Je vais commencer par le vinaigre distillé.

### *Vinaigre à la lavande.*

Vous prendrez douze pintes de bon vinaigre blanc d'Orléans, trois livres de fleurs de lavande fraîchement cueillies ; vous les éplucherez et les étalerez pour les faire un peu sécher en ayant soin de les remuer de temps en temps, de crainte qu'elles ne s'échauffent ; vous les mettrez infuser dans le vinaigre pendant une quinzaine de jours ; vous le distillerez ensuite au bain-marie, à feu modéré au commencement, de crainte que la fleur ne monte et ne retombe dans le récipient, ce qui retarderoit votre opération ; vous tirerez huit pintes de cette distillation.

S'il arrivoit que votre vinaigre prît un peu de goût d'empyreume, vous plongeriez vos bouteilles dans de l'eau fraîche, ou dans un mélange de glace et de sel pilé l'espace d'une demi-journée.

L'on fait usage, pour la distillation des vinaigres, de cucurbite de grès ou de verre, pour ménager les alambics de cuivre, et aussi pour le danger qui en résulteroit si ce vinaigre s'employoit intérieurement : il est indifférent de se servir de cucurbite de métal pour les vinaigres de toilette, dont l'usage n'est que pour l'extérieur. Vous aurez soin de nettoyer votre alambic aussitôt votre distillation faite, et de lui laisser prendre l'air pour lui faire perdre le goût d'aigre qu'il aura contracté. Vous le ferez aussi étamer s'il en a besoin : il ne faut point économiser là-dessus.

### Autre manière de travailler le même vinaigre.

A défaut de fleur de lavande, vous employez la quintessence de cette fleur. Pour douze pintes de vinaigre, vous mettez six onces de cette quintessence. Vous versez ces objets dans l'alambic et distillez au bain-marie pour en tirer dix pintes. Cette opération est plus prompte et peut se faire en tout temps.

### Autre manière à l'infusion.

Cette manière est encore plus expéditive. Si vous n'aviez point de vinaigre distillé, vous en prendriez du blanc et du plus fort : vous mettrez donc pour douze pintes de vinaigre, six onces de quintessence de lavande que vous ferez dissoudre dans un demi-setier d'esprit fin ; lorsqu'elle sera dissoute vous la verserez dans votre vinaigre et l'agiterez ; vous la laisserez en infusion du jour au lendemain ; vous l'agiterez de nouveau et la filtrerez au papier gris : il faudra le faire à plusieurs fois. Si l'on composoit une grande quantité de ce vinaigre, il seroit plus convenable de prendre une chausse qui ne serve que pour les vinaigres. Je fais observer que, quoique votre dissolution d'essence ait été faite par votre esprit-de-vin, lorsque vous l'incorporerez dans le vinaigre, la décomposition s'effectuera et l'essence reviendra toujours dessus. Cette dissolution sert uniquement à donner le goût de lavande au vinaigre, et c'est tout ce qui lui convient. Vous aurez grand soin après votre filtrage d'enlever légérement l'essence qui surnagera, avec une petite éponge ou du coton ; vous mettrez de côté cette essence, qui est encore bonne, pour vous en servir, soit pour le même objet, soit pour tout autre emploi qui exige l'odeur de lavande.

## Vinaigre à la bergamote.

Prenez deux douzaines de belles bergamotes mûres, levez-en les zestes bien minces jusqu'au blanc; mettez ces zestes dans huit pintes de vinaigre en digestion l'espace de deux ou trois jours; distillez-les ensuite au bain-marie à feu modéré pour en tirer cinq pintes: ce vinaigre est d'un bon parfum.

Il peut se faire à l'essence comme celui à la lavande, et même plus facilement à Paris, où nous n'avons pas les fruits convenables comme dans les pays méridionaux.

Si vous le faites à l'essence, vous mettrez dans votre alambic huit pintes de bon vinaigre, avec quatre onces d'essence de bergamote; vous distillerez au bain-marie comme ci-devant, en rafraîchissant souvent, et tirerez cinq pintes de votre distillation; vous aurez alors un vinaigre qui ne différera guère du précédent.

Si c'est à l'infusion, vous opérerez de la même manière que pour l'esprit à la lavande; c'est-à-dire que, pour huit pintes de vinaigre blanc, vous ferez dissoudre dans un demi-setier d'esprit-de-vin, quatre onces de quintessence de bergamote; lorsqu'elle sera dissoute, vous la mettrez dans le vinaigre; vous y ajouterez le tout et le laisserez infuser jusqu'au lendemain si vous n'en n'êtes pas pressé; vous le filtrerez ensuite comme ci-devant, en suivant le même principe pour tirer votre essence qui surnage sur le vinaigre.

Il en est de même pour les autres vinaigres que vous voudrez parfumer aux fleurs aromatiques, comme thym, serpolet, sauge, romarin, myrte, etc., et aux essences ou huiles essentielles des fruits ou fleurs.

### *Vinaigre à la rose.*

Prenez six livres de roses pâles de la qualité désignée précédemment pour les compositions à la rose; faites-les infuser dans dix pintes de vinaigre; exposez votre infusion au soleil, et laissez-la en digestion une quinzaine de jours, et distillez ensuite au bain-marie avec les mêmes procédés pour en tirer six pintes.

### Autre à l'infusion.

Prenez la même quantité de roses que vous mettrez infuser dans le vinaigre pendant un mois au soleil ; au bout de ce temps passez-les dans un linge fort, pour exprimer tout le vinaigre que vous filtrerez : ce vinaigre aura l'inconvénient d'être coloré, mais la qualité en sera toujours bonne.

### Autre à la rose-muscade, qui sera plus agréable et moins haut en couleur.

Prenez quatre livres de roses-muscades, que vous mettrez en infusion dans six pintes de vinaigre ; exposez-les au soleil comme ci-devant ; passez-le tout et filtrez de même. Ce vinaigre plaît à bien des personnes par son agréable odeur.

### Autre à l'huile essentielle.

Prenez six pintes de vinaigre blanc ( si vous en avez de distillé, il faudroit l'employer de préférence ) ; faites dissoudre dans un demi-poisson d'esprit-de-vin cinq à six gouttes d'huile essentielle de rose ; agitez ces objets, et laissez les infuser deux ou trois jours à une chaleur douce, en agitant plusieurs fois le mélange dans le jour ; ensuite vous verserez cette dissolution dans six pintes de vinaigre ; vous agiterez bien le tout, le laisserez encore trois ou quatre jours en infusion, en l'agitant de même, et vous le filtrerez.

A défaut d'essence de rose, prenez de l'huile de rhodia à la même quantité, et suivez le même procédé que ci-devant : il n'aura pas la finesse de l'odeur de rose, mais il en approchera.

### Vinaigre à la fleur d'orange.

Prenez trois livres de fleurs d'orange belles et fraîchement cueillies ; mettez-les, sans être épluchées, dans huit pintes de vinaigre ; vous les laisserez en infusion l'espace d'un mois, au bout duquel temps vous distillerez au bain-marie pour en tirer cinq pintes.

A défaut de fleur, vous pouvez employer l'essence : alors ce vinaigre prend le nom de vinaigre de néroli.

Faites dissoudre dans un demi-poisson d'esprit deux gros d'essence de néroli, agitez bien ce mélange ; la dissolution étant faite, versez-le dans six pintes de vinaigre. Agitez le tout, laissez-le infuser deux ou trois jours, et distillez au bain-marie. Vous le filtrerez comme ci-devant.

Ce dernier vinaigre ne sera pas si agréable que celui à la fleur d'orange, mais il aura néanmoins son mérite.

### Vinaigre à l'ambre.

Prenez une once d'ambre gris, un demi-gros de musc; pilez ces matières ensemble dans un petit mortier de fonte, en ayant soin de faire chauffer auparavant votre mortier, dans lequel vous mettrez à cet effet deux ou trois petits charbons allumés. Lorsque vos matières seront bien pilées, vous les humecterez avec un peu de vinaigre; vous verserez le tout dans huit pintes de vinaigre; vous nettoierez bien le mortier et le pilon avec une portion de vinaigre prise sur vos huit pintes, pour enlever toute l'odeur qui peut s'attacher à vos ustensiles.

Vous laisserez cette composition infuser pendant un mois au soleil, ou à une chaleur douce, en ayant soin que votre vase ou bouteille soit bien bouchée; au bout de ce temps vous distillerez pour en tirer six pintes.

Vous suivrez le même procédé pour celui au musc, en mettant sur la quantité de huit pintes de vinaigre, quatre gros de musc et un demi-gros d'ambre. Vous opérerez de même, tant pour l'infusion que pour la distillation.

### Autre à la quintessence.

Mettez dans huit pintes de vinaigre blanc quatre onces de quintessence d'ambre et un gros *idem* de musc : distillez au bain-marie, pour en tirer six pintes.

Même procédé pour le vinaigre au musc : dans huit pintes de vinaigre mettez quatre onces de quintessence de musc, un gros *idem* d'ambre : distillez de même.

Ces derniers vinaigres ne peuvent convenir qu'aux amateurs qui veulent y mettre le prix, attendu qu'ils reviennent fort chers ; il est nécessaire cependant d'en avoir pour les personnes qui aiment ces odeurs dans tout ce qui compose leur toilette.

### Vinaigre des quatre-voleurs.

Ce vinaigre jouit d'une grande réputation depuis la peste de Marseille, où, dit-on, l'on dut sa découverte à quatre individus qui profitèrent de ce désastre pour s'enrichir en volant impunément. Ils furent convaincus de larcins. On jugea qu'ils n'avoient pu se garantir des effets de ce fléau qu'à la faveur d'un secret, et on leur promit leur grace s'ils vouloient le communiquer. Voilà ce que l'on rapporte sur le vinaigre des quatre-voleurs, ainsi nommé à cause de ceux qui, dit-on, en donnèrent la recette. Enfin, ce vinaigre est très-bon pour préserver des effets du mauvais air et est un véritable anti-pestilentiel.

Voici la manière de le faire.

Mettez dans six pintes du plus fort vinaigre, deux poignées de sel, deux onces de clous de girofle concassés, quatre têtes d'ail coupées par morceaux, quatre onces de racine de gentiane, deux poignées de rue, deux *idem* d'angélique, feuilles et côtes, deux onces de baies de genièvre, deux poignées de petite absinthe, deux *idem* de romarin, deux *idem* de lavande, deux *idem* de sauge, deux *idem* de menthe, deux oignons coupés par tranches, une once de mithridate, une once d'assa fœtida; faites infuser le tout, l'espace de six semaines, dans une cruche placée au soleil; après ce temps vous passerez votre vinaigre dans un linge fort en en exprimant bien le marc. Lorsqu'il sera passé, vous y ajouterez deux onces de camphre que vous ferez dissoudre auparavant dans un poisson d'esprit-de-vin et une chopine de vinaigre radical. Agitez bien le tout et filtrez.

### *Vinaigre de beauté.*

Prenez six oignons de narcisse, une once de graine d'ortie nouvelle; pilez-les ensemble et mettez le tout infuser dans une pinte de vinaigre à la rose pendant vingt-quatre heures; vous passerez le tout dans un linge, et filtrerez ensuite pour qu'il soit plus clair.

## CHAPITRE II.

### *Poudre d'alun parfumée.*

Prenez une livre d'alun calciné; réduisez-le en poudre et joignez-y, en le tamisant, une demi-livre d'iris de Florence en poudre : c'est ce que l'on nomme de l'alun parfumé à l'iris. On peut le parfumer avec toute autre odeur plus forte, sans cependant supprimer l'iris.

### Poudre d'alun parfumée à l'œillet.

Avec la même quantité d'alun indiquée ci-dessus, vous mettrez six onces d'iris, une once de clous de girofle, et vous tamiserez de même.

### Poudre d'alun parfumée à l'ambre.

Même quantité d'alun que précédemment, avec six onces d'iris, et deux onces de poudre ambrée et musquée que vous mettrez dedans en tamisant.

Vous pouvez vous servir du même procédé pour toutes les odeurs dont vous aurez besoin.

L'usage de cette poudre est pour les personnes sujettes à des transpirations d'une odeur forte et désagréable. Elle corrompt cette odeur sans nuire à la transpiration : c'est ordinairement sous les aisselles où la sueur se porte le plus, et sous les jarrets, etc. Les personnes qui s'en serviront auront l'attention de se laver auparavant avec un linge ou éponge fine imbibée d'eau spiritueuse, comme eau de Cologne, eau vulnéraire d'arquebusade et de la reine de Hongrie, eau-de-vie de lavande, ou de toutes autres odeurs qu'elles desireront, en les coupant avec moitié d'eau; ensuite elles prendront de cette poudre d'alun et s'en frotteront les endroits convenables.

L'on peut en mettre en petits sachets minces pour placer sous les bras.

## CHAPITRE III.

### *Cire épilatoire.*

Prenez une livre de la meilleure poix de Bourgogne; faites-la fondre dans un poëlon de terre vernissé; ajoutez-y, pour lui donner un peu de couleur, une demi-once de vert de vessie ou vert de montagne, que vous pulvériserez auparavant; le tout étant bien mêlé et fondu, vous le passerez dans un torchon sur un marbre, ou dans une terrine vernissée. Quand votre composition sera à moitié refroidie, vous la roulerez sur le marbre ou sur une table bien unie, afin qu'elle ne s'y attache point; vous la réduirez à la grosseur du petit doigt : vous la couperez alors en morceaux d'une demi-once.

L'on se sert de cette pommade en la faisant chauffer à une lumière, et en l'appliquant légérement sur la partie velue : en la retirant on arrache les poils qui s'y étoient attachés.

### Poudre épilatoire.

Prenez de la chaux vive que vous pulvériserez avec un peu d'iris ; vous passerez ensuite ces matières au tamis fin, et, pour vous en servir, vous en délaierez avec un peu d'eau. Vous en étendrez sur la partie velue, et au bout d'un instant vous râclerez légèrement cette partie avec un couteau, et les poils s'en iront avec cette espèce d'emplâtre.

### Onguent pour le même usage.

Ayez trois onces de chaux vive, deux onces de racine d'iris, deux gros de sel de nitre, une once d'orpiment, deux gros de soufre. Pulvérisez ces substances et passez-les au tamis; ajoutez-y ensuite une livre de bonne lessive. Faites bouillir cette composition : elle sera cuite à son point lorsqu'en y trempant une plume le duvet en tombera. Vous formerez un onguent du tout, et vous le parfumerez avec un peu d'essence; vous l'étendrez et en frotterez les cheveux et les parties velues que vous voulez enlever, et vous le râclerez légèrement avec un couteau : les poils tomberont aussitôt. Vous oindrez la partie épilée avec un peu d'huile ou de pommade aux limaçons.

## CHAPITRE IV.

### *Pommade collante pour les faux toupets.*

Prenez une livre et demie de poix de Bourgogne de bonne qualité, huit onces de cire vierge; vous ferez fondre ces matières ensemble dans un poêlon de terre vernissé; vous y ajouterez une once de pommade liquide. Le tout étant fondu, vous y mettrez un demi-setier d'esprit-de-vin : vous aurez attention de retirer votre poêlon de dessus le feu lorsque vous mettrez l'esprit, parce que la grande chaleur feroit monter votre composition, et vous exposeroit à mettre le feu. Lorsque le mélange sera fait, vous le remettrez de nouveau sur le feu pour le chauffer à petits bouillons; vous le passerez dans un linge et le mettrez dans des moules.

Vous pouvez parfumer cette colle, lorsqu'elle est passée, avec deux onces d'essence de bergamote ou autres essences. Pour faire sortir votre pommade des moules, vous la présenterez au feu en la tournant : elle se détachera facilement. Tâchez de la faire tomber debout sur un papier légérement saupoudré. Lorsqu'elle est refroidie, vous l'appropriez un peu par le bout, et comme cette pommade est visqueuse et très-collante, pour avoir la facilité de la manier, vous vous frottez les mains avec un peu de poudre pour la toucher et même pour l'envelopper.

Ces bâtons se font ordinairement du poids de deux à trois onces, et au prix de quinze à vingt sous l'once. J'en désigne le prix parce que, quoique cette pommade ne coûte pas beaucoup à établir, étant très-désagréable à faire, il faut se dédommager de ses peines en la vendant un prix raisonnable.

### *Pommade collante d'une autre composition.*

Vous faites fondre au bain de sable huit onces de baume d'arcæus, quatre onces de cire vierge. Vous battez cette composition jusqu'à ce qu'elle soit très-blanche, et vous la parfumez avec une demi-once d'essence de bergamote.

*Eau collante pour le même usage.*

Faites infuser dans une pinte d'eau de rivière, ou eau de rose pour la rendre plus agréable, une demi-livre de gomme arabique; laissez cette infusion en digestion pendant quelques jours, en ayant soin de l'agiter de temps en temps. Lorsque vous vous apercevrez que votre gomme sera bien fondue, vous filtrerez votre eau dans un papier gris.

## CHAPITRE V.

*Poudre dite de corail pour les dents.*

Il y a différentes compositions de ces poudres; elles réunissent toutes à peu près les mêmes avantages. Je vais me restreindre à nommer celles auxquelles j'ai cru devoir donner la préférence.

Prenez quatre douzaines d'os de sèche, deux briques bien rouges et les plus friables que vous trouverez, deux livres de laque plate, une livre *idem* carminée, quatre onces de girofle, deux onces de cannelle, deux onces de coriandre, deux onces de bois de Rhodes,

Vous pilerez ces objets, et vous les passerez au tamis de soie ; avant d'employer les os de sèche vous les ratisserez pour n'en prendre que la moëlle, l'os lui-même ne se pilant pas facilement et pouvant couper la soie de votre tamis ; il y a néanmoins des personnes qui mettent l'un et l'autre. Si vous desirez cette poudre plus rouge, vous ajouterez à votre recette une livre de laque carminée.

### Autre poudre supérieure pour les dents.

Prenez une demi-livre de pierre ponce calcinée, de corail blanc, d'os de sèches, de crême de tartre, de racine d'iris de Florence, deux onces de sel ammoniac, un gros d'ambre gris, de cannelle, de coriandre, de girofle, de bois de Rhodes ; faites réduire ces matières dans un mortier, et passez-les au tamis de soie très-fin.

Cette poudre, quoique très-bonne, n'aura pas la couleur rouge de l'autre ; vous pourrez la lui donner, si vous le jugez à propos, avec une livre de laque carminée.

*Autre poudre pour les dents.*

Huit onces de sang-dragon, une once de crême de tartre, une once d'iris de Florence, quatre gros de cannelle, deux gros de girofle.

*Autre pour le même usage.*

Prenez une demi-livre de corail rouge, une demi-livre d'os de sèche, autant de sang-dragon, quatre onces de sandal rouge, quatre onces d'alun calciné, huit onces de racine d'Iris, une demi-once de girofle, une demi-once de cannelle, deux gros de vanille, une demi-once de bois de Rhodes, une demi-livre de laque carminée, deux gros de carmin; réduisez le tout au mortier, et passez au tamis le plus fin; car c'est de la finesse de toutes ces poudres qu'en dépendent la bonté et la beauté. Il est même essentiel de la retamiser deux ou trois fois. Ayez soin aussi de ne mettre que la moëlle de vos os de sèche.

*Poudre vermeille dite à la rose, pour le même usage.*

Prenez une livre et demie de crême de tartre, quatre onces d'alun calciné, deux onces de cochenille, quatre gros de girofle, autant de cannelle, une once de bois de Rhodes, deux ou trois gouttes d'essence de rose; pilez le tout ensemble, et passez au tamis de soie fin à plusieurs reprises.

Cette poudre se vend sans avoir de couleur apparente, mais elle rougit par l'usage, surtout lorsque la cochenille est d'une bonne qualité : vous vous en apercevrez en humectant légèrement le dessus de votre main, que vous frottez avec un peu de cette poudre, qui doit vous rendre une couleur vermeille de rose.

Il faut avoir attention, avant de se servir de toutes ces poudres, de se nettoyer la bouche avec de l'eau-de-vie, ou quelques autres eaux spiritueuses, comme vulnéraire, mélisse, gaïac, etc., dans lesquelles vous mettrez toujours moitié eau.

## CHAPITRE VI.

### *Opiates pour les dents.*

Ces opiates servent au même usage que les poudres, et ont les mêmes propriétés; ils ne diffèrent que par les sirops que l'on y incorpore. Ainsi les poudres ci-devant designées servent de bases à ces opiates.

*Manière de les faire.*

Prenez une livre de bon miel blanc que vous ferez fondre, et que vous aurez soin d'écumer ; vous y joindrez une demi-livre de sirop à votre choix, et une demi-livre de votre opiat en poudre, que vous broierez dans un mortier de marbre, de manière qu'il n'y ait aucuns grumeaux ; vous joindrez en broyant une demi-once de teinture de cannelle, une demi-once de celle de girofle, et autant de celle de vanille : l'on peut y mettre un gros d'huile essentielle de girofle, si on en possède de la meilleure qualité. Pour terminer, vous broierez bien cette composition. Vous pouvez, par le même procédé, faire des opiates en poudre et des liquides.

## CHAPITRE VII.

*Racines et éponges pour les dents.*

Anciennement l'on se servoit d'éponges et de racines pour se nettoyer les dents ; ce sont les brosses qui sont présentement en usage: est-ce mieux ? je n'en crois rien. Les racines étant bien préparées, doivent obtenir la préférence, en ce qu'elles ne sont pas susceptibles d'attaquer l'émail des dents et de les déchausser comme les brosses, telles douces qu'elles soient. Il peut se trouver des personnes dont la bouche soit tellement disposée, que l'émail de leurs dents puisse résister au frottement de la brosse; mais elles sont rares.

Cette observation est pour ceux qui tiennent à la conservation de leur bouche.

## *Préparation et teinture des racines et éponges.*

Procurez-vous, au commencement de l'automne, des racines de guimauve; vous choisirez les plus saines et les plus droites; vous les couperez de la longueur d'environ cinq pouces, et les ferez sécher à l'air ou à une chaleur douce, de crainte qu'elles ne se racornissent; lorsqu'elles seront sèches, vous ôterez la première peau avec une râpe pour les rendre unies et en état de recevoir la teinture désignée ci-après, savoir : quatre onces de bois de Brésil, cochenille concassée, quatre gros, alun de roche concassé quatre gros ; vous ferez bouillir toutes ces choses ensemble dans quatre pintes d'eau, que vous réduirez à moitié; vous passerez ensuite cette teinture au travers d'un linge, vous la verserez toute chaude sur vos racines ou éponges, et laisserez infuser le tout pendant douze heures ; vous retirerez ce mélange et le ferez sécher lentement; ensuite vous enduirez vos racines de gomme adragant que vous laisserez sécher chaque fois. Pour donner à vos racines un enduit plus solide, vous mettrez par-dessus quelques couches de baume du commandeur; à défaut de celui-ci vous pouvez y mettre de la teinture de baume de tolu, du Pérou ou de benjoin.

On apprête de même les racines de luzerne, de lierre et de réglisse: on emploie beaucoup aussi le roseau que l'on nomme collin; quand elles sont sèches, vous les polissez avec le bout d'une spatule ou d'un petit bâton bien uni.

Quand les racines sont bien préparées et bien unies, comme il s'en trouve quelquefois, on les vend sans être teintes.

Pour donner une teinte à vos racines, prenez quatre onces de sang-dragon en larmes deux onces de gomme laque choisie; réduisez le tout en poudre; mettez ces objets dans un matras d'une capacité plus grande du double que la contenance nécessaire pour renfermer le tout avec une livre d'esprit-de-vin rectifié; bouchez exactement votre matras, que vous placez sur un feu doux et couvert pendant vingt-quatre heures, et remuez de temps en temps; cette mixtion étant faite, tirez-la du feu, et frottez-en vos racines avec les doigts : cette préparation les rendra d'un beau rouge vernissé.

Vous pouvez encore vous servir de vos marcs de vinaigre rouge pour donner une belle teinture à différens objets, principalement aux éponges pour les dents; vous remettez sur vos marcs la même quantité d'eau qu'il y en avoit eu, en les faisant bouillir; quand ils sont presque froids, vous trempez vos éponges et les laissez infuser quelques heures; vous les retirez ensuite d'un beau rouge.

### Préparation des éponges fines pour la toilette.

Il faut d'abord les faire tremper un jour entier dans de l'eau de rivière : l'eau de puits tache. Vous ôtez ensuite les pierres et graviers qui s'y trouvent. Tâchez de faire cette opération avec soin, car plus elles sont fines plus elles demandent à être ménagées : c'est en fouillant légérement avec la pointe des ciseaux ou d'un poinçon fin, dans les trous et cavités, et en les tapant sur le bord de votre terrine ou baquet, que vous faites sortir ces graviers. Quand elles sont bien nettoyées et que vous avez coupé les racines et quelques parties excédentes qui nuisent à leurs formes et à leur beauté, vous les savonnez et les décrassez dans l'eau une ou deux fois en les pressant. Pour les blanchir, vous aurez trois ou quatre pintes d'eau bien chaude sans être bouillante, dans laquelle vous ferez dissoudre une once de sel d'oseille en poudre bien fine pour une livre d'éponges fines que vous aurez à blanchir. Agitez-les bien dans cette dissolution, et pressez-les bien fort en les en retirant.

*Autre préparation.*

Ayez des citrons bien juteux (ce sont ceux dont la peau est fine qu'il faut employer de préférence); après les avoir exprimés, vous vous servirez du jus pour y tremper vos éponges.

### Autre procédé pour blanchir les éponges.

Prenez une pinte d'eau dans laquelle vous mettrez quatre gros d'acide nitrique (eau forte); faites tremper vos éponges dans cette eau l'espace de vingt-quatre heures, et passez-les ensuite au sel d'oseille pour les finir.

Comme cette opération peut altérer la qualité des éponges, il faut donner la préférence aux précédentes.

Pour leur ôter le goût de marécage, vous les parfumerez, après les avoir blanchies, avec de l'eau de rose, ou de l'eau de fleur d'orange, ou de l'eau de rivière dans laquelle vous verserez un peu d'eau-de-vie de lavande, ou eau de Cologne, ou toute autre à votre choix.

## CHAPITRE VIII.

### Pastilles à brûler.

Prenez une livre de benjoin, deux onces de storax calamite, huit onces de storax en pain, deux onces de labdanum, une once de baume du Pérou liquide, deux gros d'ambre, deux gros de musc, une livre de charbon doux, c'est-à-dire de bois blanc ou de braise de boulanger ; vous pulvériserez toutes ces choses et les passerez au tamis fin.

Faites un mucilage avec une once de gomme adragant que vous ferez fondre dans une chopine d'eau ; elle se dissoudra d'elle-même pourvu que vous la remuiez de temps en temps : si elle se trouvoit trop épaisse, vous y ajouteriez un peu d'eau. Vous vous servirez de cette eau pour en former une pâte avec la poudre ci-dessus ; vous la pétrirez bien sur le marbre, ou la broierez dans un mortier, et ensuite vous la diviserez pour en faire vos pastilles en forme conique. Pour cela on prend une petite portion de cette pâte que l'on réduit en un long rouleau de la grosseur d'un gros tuyau de plume ; on forme une petite pointe à l'un des bouts en le roulant sur une table et en appuyant avec le bout du doigt. Vous coupez ensuite du côté de cette pointe une portion de la longueur d'un pouce au plus, laquelle se trouvera de la forme ci-dessus désignée ou de pain de sucre ; vous continuerez de la même manière jusqu'à la fin. Vous pouvez donner à vos pastilles toute autre forme que vous jugerez à propos : j'indique celle-ci comme la plus ordinaire et la plus commode. Vous faites sécher ces pastilles sur un papier, et les mettez ensuite dans une boîte où dans un bocal bien bouché.

Vous pouvez employer dans les pastilles tous les marcs d'infusion, comme ceux de lait virginal, de teinture de girofle, de cannelle, de benjoin, de vanille, de storax, de sassafras, et autres bois odorans ; tous ces marcs sont fort bons : étant bien secs et mis en poudre, ils peuvent être incorporés avec avantage dans les pastilles.

On emploie ceux d'ambre et de musc, mais seulement dans les pastilles fines à l'ambre désignées ci-après.

*Autres pastilles.*

Prenez huit onces de benjoin, quatre onces de storax calamite, quatre onces de baume sec du Pérou, quatre onces de cascarille, deux onces de girofle, quatre gros d'ambre gris, une demi-once d'huile essentielle de fleur d'orange ou de néroli fin, deux onces de sel de nitre, une livre de charbon doux ; pilez le tout et tamisez. Faites votre mucilage comme ci-devant, et formez votre pâte et vos pastilles de même. Le nitre que l'on fait entrer dans cette composition, sert à faciliter la combustion de ces pastilles lorsqu'on veut s'en servir.

### Autres pastilles.

Prenez huit onces de benjoin, quatre onces de storax calamite, une demi-once de labdanum, deux onces de sandal citrin, deux onces de mirrhe, quatre onces d'encens, une livre et demie de charbon de tilleul ou autre. Faites de même que ci-devant pour former vos pastilles.

### Pastilles à la rose.

Ayez huit onces de roses pâles bien sèches, quatre onces de roses de Provins, huit onces de bois de Rhodes, deux onces de sel de nitre, un demi-gros d'huile essentielle de rose; mêlez tous ces objets et pulvérisez pour être passés au tamis fin. Faites ensuite un mucilage avec un gros de gomme adragant, que vous dissoudrez dans un demi-setier de la meilleure eau de rose, à laquelle vous ajouterez quelques gouttes d'esprit de rhodia et deux ou trois gouttes au plus d'essence d'ambre et de musc; composez-en votre pâte pour vos pastilles comme ci-devant.

### Pastilles à l'ambre.

Celles-ci sont estimées supérieures par la finesse de leur parfum. Prenez huit onces de benjoin en larmes de la meilleure qualité, quatre onces de storax en pain, deux onces de labdanum, quatre onces de bois d'aloès, quatre onces de bois de Rhodes, quatre onces de storax calamite, quatre gros d'ambre gris, quatre gros de musc, deux gros de civette, huit onces de charbon doux, une once de sel de nitre ; pilez tous ces objets ensemble, réduisez-les bien, et passez-les au tamis le plus fin possible. Vous ferez votre mucilage avec quatre gros de gomme adragant que vous dissoudrez dans une chopine d'eau de rose et de fleur d'orange. Faites en sorte que votre mucilage ne soit pas trop épais. Ajoutez deux onces d'essence de musc, deux onces d'essence d'ambre, une once d'essence de vanille ; agitez tous ces liquides ensemble, et faites-en votre pâte pour vos pastilles de la forme que vous jugerez à propos.

### Pastilles des Indes, dites pastilles blondes.

Ayez huit onces de bois de sandal-citrin, quatre onces *idem* d'aloès, quatre onces de cannelle fine, quatre onces de bois de Rhodes, quatre onces de bois de cèdre, deux onces de bois de girofle, deux onces de sassafras, deux onces de mirrhe, quatre onces de benjoin en larmes, quatre onces de storax en pain, deux onces de vanille, deux gros de musc, deux gros d'ambre gris, un gros de civette, deux onces de sel de nitre; pilez et tamisez ces objets le plus fin possible comme ci-dessus, et employez le même mucilage, en y ajoutant un demi-gros d'huile essentielle de girofle, et autant d'huile essentielle de rhodia; ayez soin que cette dernière soit nouvelle, et formez vos pastilles selon la méthode.

On peut varier ces parfums à l'infini; j'en ai seulement désigné quelques-uns.

Toutes ces compositions de pastilles s'emploient en poudre ou en pastilles, dans des cassolettes, et sur la cendre rouge : elles se vendent dans des boîtes.

*Procédé pour parfumer les fleurs artificielles, et donner à chacune d'elles le parfum qui lui convient.*

Il est facile de parfumer la rose. Si vous avez de bonne huile essentielle, vous prendrez un cure-dent, ou plutôt une plume dont vous aurez ôté les barbes. Vous en laisserez une foible portion qui vous servira de pinceau. Vous tremperez légérement votre plume dans l'essence de rose, et vous l'introduirez avec beaucoup de précaution dans l'intérieur de vos roses. Vous éviterez d'en mettre aux extrémités, parce qu'elles pourroient en être tachées.

A défaut d'huile essentielle on peut les parfumer avec de l'extrait de rose ou de l'eau de rose double : elles n'auront pas l'inconvénient d'être tachées; mais l'odeur n'en sera pas si agréable, et ne durera pas aussi long-temps.

### *Fleur de jasmin.*

Vous prendrez l'extrait de jasmin du plus fin, ou de l'huile au jasmin fraîche et nouvelle; vous l'introduirez par le même procédé que la rose : c'est le seul moyen de parfumer la fleur de jasmin dont on ne peut tirer d'huile essentielle.

### *Fleur d'orange.*

Servez vous d'extrait de jasmin ou d'eau de fleur d'orange double à l'eau ; vous pouvez faire usage aussi de son huile essentielle, qui est le néroli, en n'employant que le plus fin et avec une grande économie.

### Fleur de tubéreuse.

Même procédé que pour celle au jasmin.

### Œillet.

Vous parfumerez cette fleur en y mêlant de l'esprit ou teinture de girofle, ou bien de son huile essentielle : et vous userez de cette dernière avec beaucoup d'économie comme les précédentes.

Vous pourriez, pour lui donner encore un parfum plus agréable, la déposer pendant un jour entier dans une boîte contenant de la poudre d'œillet double, et avoir le soin de mettre un papier sur la poudre pour ne point salir les fleurs, et tenir votre boîte bien close pendant cet intervalle de temps.

### Violette.

Vous vous servirez de l'extrait de violette, et à son défaut, vous emploierez la composition suivante d'huile à la cassie, que vous mélangerez avec autant de celle au jasmin, ce qui vous fera une odeur agréable de violette ; et vous déposerez ensuite vos fleurs dans une boîte contenant de la poudre d'iris, comme vous avez fait pour l'œillet.

Il en est de même pour toutes les autres fleurs, desquelles on peut tirer des huiles et des extraits, tels que la jonquille, la jacinthe, etc.

### Fleur de seringat.

L'odeur de cette fleur peut encore s'imiter en mêlant un quart d'extrait de jasmin avec autant de cassie, et deux autres quarts de fleurs d'orange. Vous vous servirez du même procédé pour mélanger cette odeur.

### Fleur d'héliotrope.

On peut facilement imiter cette odeur par le moyen de l'essence ou teinture de vanille, ou celle de baume du Pérou, et même avec le baume du Pérou pur, en employant ces substances avec soin et économie, et en y joignant un peu d'extrait ou d'huile de jasmin ou de tubéreuse pour adoucir l'odeur de baume.

### Fleur de lilas.

Vous composerez un extrait double des différentes odeurs dont est faite l'eau de lilas au chapitre IV de la deuxième partie, en vous servant des extraits les meilleurs et les plus fins, et d'un peu d'huile à la vanille, si elle est nouvelle.

Ainsi toutes ces fleurs imitant parfaitement leurs odeurs naturelles, on peut en faire des bouquets agréables.

*Parfums liquides d'évaporation, avec lesquels on peut parfumer comme avec les pastilles.*

Toutes les eaux simples, comme celles de fleur d'orange, de roses, et autres eaux de fleurs, ainsi que celles des plantes aromatiques, peuvent parfumer agréablement une chambre : on en met dans un petit matras ou bouteille de verre mince, d'étroite embouchure, ou dans une cassolette de cuivre étamé ou de porcelaine, qu'on place sur un réchaud à feu doux et couvert d'un peu de cendre afin que la vapeur se répande doucement.

Lorsque vous parfumez avec les eaux spiritueuses, il faut qu'elles soient préparées, afin qu'il s'en exhale une odeur plus suave, et qui se soutienne.

Vous joindrez donc par pinte d'eau spiritueuse, deux onces de teinture de benjoin, de baume de tolu, ou de storax calamite. Ayez soin de prende des eaux d'odeurs agréables, comme eau suave, de jasmin, de bouquet, eau des sultanes, eau romaine, etc.; et pour que l'évaporation dure davantage, vous couperez ce parfum avec un peu d'eau de rose ou de fleur d'orange, dans laquelle vous aurez mis en dissolution un peu de sucre au moment de vous en servir.

Ce parfum est d'autant plus agréable, qu'il n'est pas sujet à porter à la tête comme celui de fumigation, que certaines personnes ne peuvent supporter.

Vous pouvez verser ces parfums sur une pèle chaude, ou autres ustensiles de fer ou de tôle : l'odeur s'en répendra plus vivement.

## CHAPITRE IX.

### *Cachou.*

Rien de plus agréable que l'usage du cachou; on peut le placer au-dessus de toutes les pastilles de bouche; son suc est doux et pectoral : les Indiens en mâchent continuellement, se le présentent dans les visites, ainsi que le bétel, et aussi fréquemment qu'on offre le tabac en France.

### Cachou à la violette.

Prenez quatre onces de cachou en poudre, trois gros d'extrait de réglisse, trois gros d'iris de Florence en poudre, une livre et demie de sucre en poudre; faites du tout un mucilage en mettant fondre quatre gros de gomme adragant dans de l'eau; vous verserez dedans quelques gouttes d'extrait de cassie ou de violette; mais auparavant vous aurez soin de faire chauffer légérement un mortier de marbre, et vous battrez l'extrait de réglisse par le moyen d'un pilon de bois; vous le délaierez avec un peu de mucilage; vous ajouterez alors le sucre et le cachou, et pilerez cette pâte jusqu'à ce que le mélange soit bien fait; alors vous diviserez la masse en petits morceaux gros comme des grains d'avoine ou crottes de souris, de telle forme que vous voudrez; vous les ferez sécher, et vous les mettrez dans un bocal bien bouché pour les conserver.

### Cachou à la fleur d'orange.

Prenez quatre onces de cachou en poudre, une livre et demie de sucre en poudre; mêlez ces deux sortes de poudre, et mettez-les dans une boîte avec de la fleur d'orange, en faisant un lit de fleurs et un lit de poudre jusqu'à l'emploi du tout; vous laisserez ainsi cette composition pendant vingt-quatre heures, en ayant soin de la remuer deux fois dans cet espace de temps; ensuite vous la passerez dans un tamis clair pour remettre de nouvelles fleurs, et vous opérerez de même jusqu'à trois ou quatre fois. Votre cachou ayant acquis par ce moyen assez de parfum, vous en ferez votre pâte avec votre mucilage de gomme adragant détrempée à l'eau de fleur d'orange double, une goutte ou deux d'essence d'ambre, et autant d'essence de musc; vous en formerez vos petits grains comme il est dit ci-dessus, et les conserverez de même.

Si vous n'étiez pas dans la saison de la fleur d'orange, vous y suppléeriez par quelques gouttes d'huile essentielle de néroli ou de fleur d'orange sèche en poudre, à la quantité d'une once, que vous mêlerez avec votre pâte de cachou.

### Cachou à la rose.

Vous prendrez la même quantité de cachou et de sucre que pour le cachou à la fleur d'orange, et vous opérerez de même avec la fleur de rose pâle ou muscade; vous ferez votre mucilage avec de l'eau de rose double, et une ou deux gouttes d'ambre et de musc; vous en formerez votre pâte et vos petits grains comme il est dit ci-devant.

Vous pouvez suppléer à la rose à défaut de fleur, par quelques gouttes d'huile essentielle de rose ou de rhodia, que vous mêlerez en formant votre pâte avec le mucilage d'eau de rose: employez toujours de préférence l'huile essentielle de rose, et usez-en avec économie, à cause de l'âcreté qu'elle pourroit donner à votre cachou. Vous n'emploierez votre rhodia qu'au défaut d'essence de rose, et encore avec plus d'économie, à cause de son goût aromatique et piquant.

### Cachou à l'ambre.

Prenez quatre onces de cachou, une livre et demie de sucre, douze grains de musc; vous pilerez ces matières ensemble et les passerez au tamis; le tout étant tamisé, vous ferez chauffer votre mortier et le bout du pilon, assez pour fondre, par leur chaleur, un demi-gros d'ambre gris, en le remuant doucement avec le pilon. Pour délayer l'ambre facilement, vous y verserez quelques gouttes de mucilage ; le tout étant bien fondu, vous y joindrez peu à peu votre poudre de cachou, que vous mêlerez avec votre mucilage, et vous en formerez votre pâte.

Vous composerez le mucilage de gomme adragant d'eau de rose et d'un tiers d'eau de fleur d'orange, dans laquelle vous verserez quelques gouttes d'essence d'ambre et de musc.

### *Cachou à la vanille.*

Employez la même quantité de cachou et de sucre en poudre ; vous prendrez alors une once et demie de bonne vanille que vous couperez le plus mince possible ; vous la pilerez dans un mortier de marbre avec une petite portion de sucre en poudre et de cachou, de manière que l'on n'aperçoive aucun vestige de vanille ; vous continuerez de mettre le reste de votre poudre de cachou, en pilant toujours ; vous formerez la pâte avec le mucilage en pilant jusqu'à ce que votre réduction soit parfaite et que vous ne sentiez plus rien de rude sous les doigts; vous ferez votre cachou comme ci-devant; vous composerez votre mucilage de gomme, et d'eau de rose dans laquelle vous verserez quelques gouttes d'essence de vanille et d'ambre. L'on peut varier ces cachous suivant le goût des personnes et l'intelligence du fabriquant, et en se réglant, pour la manipulation, d'après les recettes précédentes.

## CHAPITRE X.

### Peau d'Espagne, autrement dite peau parfumée.

CETTE peau, très-forte en odeur, se porte comme sachet, et se place dans les armoires, corbeilles, etc., pour parfumer le linge, les hardes, et autres objets dépendans de la toilette.

Vous aurez une peau d'agneau en blanc de mégie, douce et un peu épaisse; vous la purgerez dans de l'eau de rose et de fleur d'orange, dans laquelle vous aurez délayé quelques jaunes d'œuf; vous la pétrirez bien dedans, et vous la laisserez tremper pendant cinq à six heures; ensuite vous la retirerez, la presserez bien, et l'étendrez jusqu'au lendemain, en ayant soin de la détirer dans cet intervalle pour qu'elle ne se sèche pas trop; alors vous la ferez tremper de nouveau dans l'eau de rose et de fleur d'orange, à laquelle vous ajouterez quelques gouttes d'essence d'ambre et de musc; vous la purgerez bien encore dans cette eau et la laisserez tremper de même quelques heures; vous la retirerez ensuite et la presserez bien; vous ferez un mucilage léger avec de la gomme adragant dans l'eau de rose et de fleur d'orange, l'extrait de baume de tolu et de vanille, quelques gouttes d'essence d'ambre et de musc; cela fait, vous ferez chauffer légérement un petit mortier, ainsi que le bout de son pilon; vous mettrez dans ce mortier quatre gros d'ambre, quatre de musc; vous broierez bien ces deux objets avec un peu de votre mucilage le plus qu'il vous sera possible, jusqu'à ce que vous n'aperceviez plus aucune parcelle de musc et d'ambre; vous continuerez de mettre de votre mucilage peu à peu jusqu'à ce qu'il y en ait suffisamment pour y tremper votre peau, et la laisserez dans cet état pendant cinq à six jours, en ayant soin tous les jours de la pétrir avec une spatule, et de bien la couvrir; au bout de ce temps vous la retirez du mucilage en la pressant, vous l'étendez en ayant soin de la manier et de l'étendre de temps en temps pour la maintenir plus douce; lorsqu'elle sera sèche, vous prendrez une demi-once d'essence d'ambre, une demi-once d'essence de musc et autant d'essence à la vanille; vous mêlerez ces objets avec un peu de votre mucilage : lorsqu'ils seront bien mélangés, vous étendrez votre peau et passerez ce mucilage dessus avec un petit pinceau ou plumeau; et quand le dessus sera à peu près sec, vous en passerez autant de l'autre côté; vous laisserez votre peau dans cette position entre deux papiers, pour qu'elle sèche à son aise; quand elle le sera, vous la tiendrez hermétiquement enfermée dans une boîte, avec les mêmes papiers sur lesquels elle a été étendue : plus cette peau vieillira, meilleure elle sera.

S'il vous reste de votre mucilage, vous le mettrez en reserve pour l'employer au besoin pour vos eaux d'odeurs fines, comme ambre, musc, Chypre, maréchale, etc.

## CHAPITRE XI.

### Des Gants.

L'article des gants est un des premiers et des plus anciens que les parfumeurs possèdent; il tient essentiellement à la toilette. Autrefois les parfumeurs les fabriquoient; depuis quelque temps ils semblent négliger cette partie, qui devient plus indispensable que jamais ; cependant elle mérite assez d'attention pour les engager à en prendre connoissance, d'autant plus que beaucoup en ignorent la fabrication. L'observation que je fais est pour que cette branche de commerce ne puisse être divisée, ce qui seroit une perte pour le corps des parfumeurs.

N'ayant point en vue de m'étendre sur la fabrication des gants en général, soit pour la coupe ou la couture, je ne parlerai point de cette main-d'œuvre ; la théorie d'ailleurs seroit insuffisante; il faut absolument la pratique. Je vais donc parler des gants que j'ai annoncés ci-devant, tels que ceux de peau de chien gras, et autres parfumés. Les avantages que présentent ces deux espèces de gants, soit pour l'utile, soit pour l'agréable, peuvent se réunir : c'est au fabricant à s'appliquer à leur perfection, et à suivre la manière que je vais indiquer.

*Manière de préparer les peaux de chiens pour les gants gras, et autres pour les gants gras ordinaires.*

Ces sortes de peaux se passent ordinairement en mégie; ce sont les mégissiers qui se chargent de cette première préparation, et les gantiers parfumeurs les finissent; c'est à ces derniers de recommander aux mégissiers de fournir de vraies peaux de chiens de bonne qualité; on les reconnoît facilement au grain qui est toujours plus rude et plus fin.

Vos peaux étant ainsi passées, vous prendrez, pour une douzaine, deux douzaines de jaunes d'œuf que vous délaierez avec environ une pinte d'eau, et dans laquelle vous mettrez vos peaux; vous les presserez et foulerez bien dans cette eau, et les laisserez tremper deux ou trois heures; vous les retirerez ensuite, et les torderez un peu pour les faire sécher; avec l'attention de les détirer et manier pendant qu'elles sécheront, pour les adoucir; sans cela elles durciroient étant sèches, et dans cet état de douceur vous les passerez sur le pesson (outil qui sert communément aux peaussiers et fabricans de gants) pour les ouvrir, afin qu'elles prennent mieux l'apprêt suivant.

Faites fondre au bain-marie quatre onces de cire vierge, deux onces de blanc de baleine; ces objets fondus, ajoutez-y peu à peu dix onces d'huile d'amande douce; cette composition étant tiède, vous y passerez vos peaux les unes après les autres; à mesure que vous les retirerez, vous les raclerez bien avec une large spatule, et les passerez entre deux règles de bois de noyer ou de chêne bien unies, de la largeur de deux doigts, que vous ferez tenir à deux mains par quelqu'un; vous tirerez la peau entre les deux règles, lesquelles étant serrées retiendront ce qu'il y aura de trop de composition, et que vous remettrez avec l'autre pour en charger d'autres peaux. Ayant ainsi passé toutes vos peaux, vous aurez un feu clair et modéré; vous les y ferez chauffer; lorsqu'elles seront échauffées, vous les manierez et frotterez vivement dans les mains afin de faire pénétrer la composition dans le corps de la peau, en réitérant plusieurs fois de les chauffer et frotter; cela fait, et lorsque vous vous apercevrez que les peaux sont bien nourries et pénétrées également de cette composition, vous les étendrez sur des cordes environ une heure ou deux, après quoi vous les raclerez des deux côtés.

Vous aurez soin de faire couper et coudre vos gants avec beaucoup de propreté, attendu que la peau étant grasse est susceptible de se salir.

Ces gants se portent la nuit et dans la chambre, en les couvrant d'une paire de gants de couleur bien fins; ils sont recommandés pour la conservation de la peau; ils la rendent douce, et même ont la vertu de calmer les douleurs.

On fait, avec ces mêmes peaux, des bas dont on se sert avec succès pour les douleurs de rhumatisme aux jambes.

### Gants gras.

Cette qualité de gants, quoiqu'elle n'ait pas les mêmes vertus que l'autre, n'est pas sans mérite; c'est celle dont on use communément; elle est faite avec des peaux de chevreaux ou d'agneaux bien choisies: les peaux s'apprêtent de même que celles de chien. Ces sortes de gants adoucissent aussi la peau.

### Bandeaux gras.

On se sert pour les bandeaux des mêmes peaux, soit de chiens ou autres désignées ci-dessus, et apprêtées de même.

On fait de ces bandeaux pour le front, afin de maintenir la peau douce et dans sa fraîcheur et empêcher qu'elle ne se ride; on les taille en conséquence de différentes formes et dimensions. Ces peaux s'appliquent de même sur le sein en forme de pièce d'estomac.

L'on parfume aussi ces peaux, et l'on est dans cet usage à présent pour leur ôter l'odeur de graisse.

C'est avec les essences de bergamote, cédra, néroli, etc., qu'on les parfume le plus ordinairement et le plus facilement. Vous mettrez une demi-once de l'une ou de l'autre des deux premières, sur votre composition; si c'est du néroli, vous n'en mettrez qu'un demi-gros; il en sera de même du girofle, et ainsi des autres essences fortes et pénétrantes. Ceci est pour la quantité d'une douzaine de peaux.

Si c'étoit aux fleurs, comme à la rose, orange, jasmin, etc., en place d'huile d'amande douce, vous emploieriez des huiles de ces fleurs, et au défaut d'huile de fleurs, vous emploieriez de la pommade, à laquelle je conseille de donner la préférence, surtout dans l'été. Pour lors, en place de quatre onces de cire vierge, vous n'en mettrez que deux onces, en vous conformant toutefois au plus ou moins de fermeté de votre pommade, afin que la consistance soit la même dans l'emploi que vous en voulez faire.

## Autre.

Il y a encore une manière de faire les gants gras lorsqu'on en est pressé. On choisit des paux de chevreaux ou d'agneaux : ces dernières sont préférables étant plus épaisses. Vous tâcherez que le lisse de la peau soit en dedans s'il est possible ; vous retournerez et ouvrirez bien ces gants ; vous les étendrez sur un marbre ou papier fort, bien uni ; vous les enduirez de votre composition avec une spatule ou couteau bien poli, en en mettant par-tout comme il faut, et ensuite vous les retournerez proprement pour les remettre dans leur état.

### *Gants parfumés.*

Ces gants ne sont point gras ; ce sont des gants fins et d'autres qualités soit blancs ou de couleur. Il faut, pour ceux-ci, que les peaux soient passées en mégie ou en huile : ils peuvent se purger et se parfumer de même.

Avant tout, il faut choisir les peaux de la meilleure qualité, avoir soin qu'elles soient douces et qu'elles ne portent pas une odeur désagréable, comme il s'en trouve souvent ; car il faut une qualité requise pour cela, sans quoi les parfums ne prendroient pas facilement et seroient employés en pure perte.

Ayant fait un choix, vous foulerez vos peaux dans un baquet ou autre vaisseau contenant une suffisante quantité d'eau, que vous changerez jusqu'à ce qu'elle sorte claire ; vous les tordrez ensuite également pour en exprimer l'eau ; vous les ouvrirez et déborderez, et vous les pendrez par les deux pattes de derrière lorsqu'elles seront à demi-sèches. Vous préparerez pour une douzaine de vos peaux environ une pinte d'eau de rose et de fleur d'orange, dans laquelle vous mettrez douze jaunes d'œuf que vous délaierez bien ; vous y plongerez vos peaux et les laisserez tremper du matin au soir. Après les avoir retirées et exprimées légérement, vous les mettrez en pompe l'une sur l'autre pendant vingt-quatre heures au plus; après quoi vous les ferez sécher en un lieu plus aéré à l'abri du soleil, et à mesure qu'elles sécheront, vous les frotterez, les ouvrirez bien, et les déborderez sur le pesson: c'est le meilleur moyen de les adoucir et d'en tirer bon parti.

Cette préparation étant faite, vous teindrez vos peaux de la couleur que vous desirerez, ou vous vous entendrez pour cela avec ceux qui ont l'habitude de teindre les peaux et qui ne font que cette partie : ils s'entendront de même avec vous quand ils voudront en parfumer.

Vos peaux étant teintes, vous leur ferez supporter la dernière préparation de parfums; si c'est aux essences, vous les étendrez à l'envers; étant bien étendues, vous prendrez une éponge un peu fine, que vous tremperez dans l'essence dont vous aurez fait choix pour cela; vous presserez votre éponge pour qu'il n'y reste que très-peu d'essence, et vous la passerez de même dessus vos peaux, afin que l'essence ne pénètre ni ne tache. Lorsque vous en aurez mis avec attention par-tout, vous détirerez vos peaux à fur et à mesure, et vous les mettrez en pompe dos à dos du jour au lendemain, c'est-à-dire envers contre envers : c'est alors qu'elles s'imprégneront bien de l'odeur, et que vous pourrez en fabriquer les gants.

Comme les essences sont différentes quant à l'odeur et à la force, vous vous conformerez pour leur emploi à la méthode expliquée ci-devant pour les gants gras.

Il s'en prépare aussi à l'ambre et au musc : à cet effet, lorsque vous purgerez vos peaux dans la dernière eau où vous les plongez, vous y ajouterez deux gros d'essence d'ambre et autant d'essence de musc, et passerez l'éponge imbibée d'essence d'ambre et de musc sur vos peaux étendues ; vous les mettrez ensuite en pompe de même que les précédentes pour être fabriquées.

*Peaux et gants parfumés aux fleurs.*

Il faut, autant qu'il est possible, que vos gants soient fabriqués de peaux purgées et préparées comme les précédentes pour qu'ils prennent l'odeur facilement.

Vous aurez pour cela une boîte suivant la grandeur de vos peaux ; vous ferez d'abord un lit de fleurs ; vous étendrez une peau dessus ; vous remettrez un autre lit de fleurs, et vous continuerez le même procédé jusqu'à l'emploi total de vos fleurs et de vos peaux ; vous les laisserez vingt-quatre heures au plus ; vous le retirerez des fleurs ; vous les étendrez sur une corde environ une demi-heure pour leur ôter l'humidité des fleurs, puis vous les frotterez et ouvrirez bien, et vous les remettrez de nouveau en fleurs fraîches. Vous continuerez ainsi cette opération six à huit fois, en détirant et ouvrant toujours vos peaux jusqu'à ce qu'elles soient sèches, surtout lorsque vous les mettrez en paquet, ainsi que vos gants, pour éviter qu'ils ne se piquent. Si par la diligence que vous mettrez à la fabrique de vos peaux et gants, vous pouvez donner une couche ou deux de fleurs à ces derniers, cela n'en feroit que mieux.

Si vous desirez que vos peaux ou gants aient une odeur plus forte et plus agréable, vous leur donnerez une couche avec la composition suivante avant de les mettre aux fleurs.

*Composition pour une douzaine de peaux ou de gants.*

Vous broierez un demi-gros d'ambre et un demi-gros de musc ensemble, sur le marbre ou dans un mortier, avec un peu d'huile parfumée de l'odeur de la fleur que vous destinez à vos peaux ou gants; vous y ajouterez peu à peu, en broyant, du mucilage de gomme adragant fait à l'eau de rose et de fleur d'orange jusqu'à la quantité convenable pour en passer sur vos peaux avec une éponge fine; après cela vous les étendrez et ouvrirez, et lorsqu'elles seront sèches vous les mettrez en fleurs comme les précédentes : vous les aurez d'une odeur forte et agréable.

## CHAPITRE XII.

### *Blanc de perle.*

Prenez une livre d'étain de glace ou de bismuth, le plus fin possible, que vous rendrez bien menu, et mettez-le dans un matras de verre; vous verserez par-dessus deux livres et demie d'esprit de nitre pour le dissoudre, et vous vous servirez à cet effet d'un vase plein d'eau chaude dans lequel vous placerez votre matras. Ayez soin qu'il soit couvert dans toute sa circonférence, et exposé à un bon degré de chaleur; vous pourrez de même faire votre dissolution au bain de sable, en mettant dans une poêle ou dans une terrine une quantité de sable fin pour y contenir votre matras; vous poserez alors votre poêle ou terrine sur un réchaud; vous laisserez votre substance en dissolution l'espace de temps nécessaire pour qu'elle soit parfaite; alors vous la verserez dans un vase bien propre, et vous mettrez dedans un quarteron de sel blanc et une pinte d'eau de rivière bien claire; de l'eau distillée vaudroit mieux; vous remuerez le tout et le laisserez reposer l'espace de vingt-quatre heures en le couvrant de manière qu'il ne soit point exposé à recevoir aucune ordure; ensuite vous ôterez l'eau qui se trouvera dessus, et lorsque la dissolution sera sèche, vous en formerez vos trochisques ou pains, en la faisant passer à travers un entonnoir de verre sur un papier blanc, à l'aide d'un petit bâton ou plume.

## Autre blanc préférable.

Faites une pâte avec du talc en poudre, et de l'eau bleu de ciel très-claire dans laquelle vous aurez fait dissoudre un peu de gomme adragant; ayez soin que votre eau soit très-légérement gommée, pour donner un peu de consistance à vos pains, qui quelquefois tombent en poudre quand on les prend. Vous faites passer de même cette pâte au travers de l'entonnoir, comme ci-devant, pour en former vos pains; lorsqu'ils seront secs, vous les lèverez légérement avec un couteau, et vous les mettrez séparément dans des petits carrés de papiers de soie.

### *Le même en pots.*

Prenez de l'eau bleu de ciel; vous verserez ensuite de cette eau sur du talc en poudre pour en faire le mélange à pâte ferme; lorsque votre blanc sera bien broyé, vous y ajouterez un peu de jus de citron pour lui donner du corps; empotez-le de la même manière que le rouge, et faites-le sécher de même.

### *Talc en poudre.*

Beaucoup de personnes se servent de talc en poudre; il y en a de deux sortes, le naturel et le calciné: ce dernier est plus blanc; mais il n'est pas si onctueux et si gras, et par cette raison ne tient pas si bien. Il faut donc s'en tenir au premier, le choisir de la qualité convenable, et le mettre en poudre à la prêle (plante sèche qui se trouve chez les épiciers marchands de couleurs). On râpe le talc avec cette plante, et l'on parvient par ce moyen à le rendre très-fin; on le tamise ensuite pour en extraire la poussière et les ordures; on le retamise quelquefois à plusieurs reprises, surtout quand on veut faire le beau rouge.

*Rouge de différentes qualités.*

*Manière d'opérer et de s'en servir.* Il est d'usage de ne poser le rouge qu'après le blanc: c'est la dernière opération qu'exige la toilette. Pour que tout réponde aux soins que l'on prend, il faut avoir de beau rouge et savoir le bien poser. Les uns se servent à cet effet de petites brosses bien douces et bien fines: d'autres de tampons faits exprès ou de coton : tous ces moyens sont également bons, pourvu que l'on pose légèrement le rouge, et de manière à imiter le naturel. Il est bon aussi, pour que le rouge s'applique mieux et qu'il tienne, de se nettoyer auparavant le visage avec de la pommade aux limaçons ou sans odeurs; cela donne de l'onction à la peau et l'effet du rouge en sera meilleur.

Les rouges autrefois les plus en usage étoient ceux qui se faisoient au carmin avec le talc, soit en poudre ou en pots; on suivoit le même procédé, si ce n'est que l'on employoit de l'huile et de la gomme pour ces derniers, afin de leur donner la consistance de pâte pour les mettre en pots.

Je vais établir ci-après la manière de faire ces rouges, et même le rouge ordinaire que l'on emploie depuis long-temps et principalement pour le théâtre, parce qu'il est foncé, et qu'il revient aussi à meilleur marché que le rouge végétal; ce dernier sans contredit est au-dessus des autres pour la qualité, mais il revient plus cher, surtout dans les nuances foncées : il est toujours préféré par les amateurs du bon. J'en ferai mention après avoir parlé de la fabrication du carmin.

## De la fabrication du carmin.

Ayez une chaudière suffisamment grande et bien propre; mettez-y deux seaux d'eau de rivière bien claire, placez-la sur le feu;

lorsque l'eau sera en ébullition, versez-y peu à peu une livre de cochenille moulue dans un moulin à café qui n'ait jamais servi; remuez le mélange avec un pinceau propre ; si la chaleur est trop forte, vous verserez dans la chaudière un verre d'eau froide pour que l'ébullition ne fasse point sortir la cochenille; laissez-la bouillir une demi-heure, et ajoutez ensuite une légère lessive alcaline préparée de la manière suivante : faites bouillir, dans une pinte d'eau claire, cinq gros de cendre de soude pulvérisée; après huit ou dix minutes d'ébullition, filtrez cette liqueur et versez-la ensuite sur la cochenille encore bouillante; laissez-la sur le feu prendre cinq à six bouillons; retirez la chaudière et mettez-la de côté sur un traiteau, en observant de placer sous son fond quelque chose pour qu'elle incline un peu sur le devant; versez-y alors six gros de sulfate d'alun bien pulvérisé et passé au tamis; remuez la liqueur avec le pinceau pour faciliter la dissolution du sel, et laissez le tout en repos pendant vingt-cinq minutes. En observant ce qui se passe pendant cet intervalle, vous verrez la liqueur prendre insensiblement une belle couleur, et passer au ton de l'écarlate ; décantez alors cette liqueur qui surnage le marc dans une seconde chaudière qui soit bien nette ; observez de ne point trop l'agiter afin de ne pas vider de son dépôt ; battez bien deux blancs d'œuf avec une chopine d'eau que vous verserez dans la liqueur écarlate, en remuant bien le tout avec un second pinceau propre. Placez la chaudière sur le feu et faites-la chauffer jusqu'à ce que le mélange commence à bouillir : le blanc d'œuf se coagulera et se précipitera avec toute la partie colorante qui doit faire le carmin. Retirez la chaudière et mettez-la à l'écart comme la précédente ; laissez déposer le carmin l'espace de vingt-cinq à trente minutes ; décantez alors la liqueur jusqu'à ce que vous aperceviez au fond du vaisseau le carmin, qui aura la consistance d'une bouillie claire. Versez le marc coloré dans un vase de faïence propre ; jetez-le sur une toile fixée sur un carrelet pour le recevoir et faire égoutter le carmin qui en provient, en observant de repasser la liqueur plusieurs fois sur le filtre jusqu'à ce qu'elle soit claire. Lorsque le carmin sera égoutté en consistance de fromage à la crême, enlevez-le de dessus le filtre avec une cuiller d'argent ou d'ivoire, et étendez-le sur deux ou trois assiettes de faïence que vous récouvrirez d'un papier pour le mettre à l'abri de la poussière. Après l'avoir fait sécher à la chaleur douce d'une étuve, vous le broierez sur le marbre, et le tamiserez pour qu'il soit plus fin.

### *Rouge ordinaire.*

Choisissez le plus beau carmin en poudre, faites-en dissoudre deux gros dans un peu d'eau chaude; aussitôt qu'il sera dissous, mettez dans un vase de faïence bien uni quatre onces de talc de Venise; pulvérisez-le bien fin, formez une petite cavité au milieu, et versez-y peu à peu votre dissolution de carmin, en maniant cette pâte avec vos doigts, ou avec une cuiller de buis ou d'ivoire (ayez soin que vos mains et vos ustensiles soient bien lavés, savonnés et rincés à l'eau claire). Continuez de la sorte jusqu'à l'emploi total de votre dissolution de carmin; ajoutez-y cinq à six gouttes d'huile vierge et une douzaine de gouttes de dissolution de gomme adragant, en continuant de bien manier votre pâte jusqu'à ce que le tout soit bien incorporé et d'une bonne consistance sans être mou; mettez-le ensuite dans des pots destinés pour cela, que vous rangerez dans une petite étuve à feu doux, ou dans une cassolette. Vous ferez le rouge en petite quantité, afin qu'une chaleur douce aide à le faire sécher : un feu trop vif le bruniroit. Tenez la même chaleur jusqu'à ce qu'il soit parfaitement sec; vous le couvrirez à l'ordinaire : ce rouge est le plus vif.

Vous pouvez par la même opération avoir huit à dix nuances en observant les proportions suivantes.

Savoir : sur deux gros de carmin, quatre onces et demie de poudre de talc, même huile et même gomme à peu de chose près : cette opération fera votre deuxième nuance.

Pour la troisième, même quantité de carmin, cinq onces de poudre de talc, sept gouttes d'huile et quinze gouttes de gomme.

Ainsi de suite pour les autres nuances, en augmentant les proportions de gomme et d'huile, de demi-once en demi-once, pour chaque nuance que vous voudrez faire plus claire.

Voilà la manière de faire le rouge ordinaire qui est encore usité pour le théâtre, par la raison qu'il est plus vif que le végétal, et moins cher : néanmoins, quoique ordinaire, ce rouge n'a rien de nuisible pour la peau, la partie la plus fine de ce mélange servant à plusieurs préparations cosmétiques.

On peut faire également le rouge en poudre, en mêlant le carmin avec la poudre de talc, et obtenir les mêmes nuances que pour le rouge en pots, en suivant les mêmes proportions, c'est-à-dire en mettant deux gros de carmin et quatre onces de talc fin pour la première nuance qui est la plus vive, en suivant l'ordre ci-dessus indiqué pour chacune d'elles, et en supprimant l'huile et la gomme.

### Rouge végétal.

Vous prenez une certaine quantité de carthame, ou safran bâtard, connu plus ordinairement sous le nom de safranum; vous l'enveloppez dans un petit sac de toile et vous le mettez tremper dans de l'eau froide ; en le pressant et le foulant à plusieurs reprises, on en fait sortir l'eau chargée de jaune; on le remet dans une nouvelle eau que l'on change de même, et l'on réitère jusqu'à ce qu'elle n'en sorte que légèrement teinte. On retire le safranum, que l'on fait tremper pendant quelques heures dans une dissolution de sel de tartre avec suffisante quantité d'eau; on en exprime la liqueur, qui est alors d'un jaune sale ; on la filtre au travers d'un linge étendu sur une terrine, en y versant peu à peu suffisante quantité de jus de citron ; la liqueur se trouble, prend une belle couleur rouge cerise, et laisse déposer une fécule qu'on sépare en décantant la liqueur ; on y verse une seconde eau claire qu'on décante de nouveau ; alors c'est cette fécule que vous incorporez avec le talc de Venise en poudre, qui vous fait votre rouge selon la nuance que vous desirez en suivant les proportions convenables.

Il est bon d'observer que plus le talc sera fin, plus votre rouge sera beau ; il s'étendra plus facilement et tiendra mieux sur la peau.

### *Autre procédé avec la liqueur.*

Vous commencez par faire un bain composé de douze grains de sel d'oseil dans un demi-setier d'eau de rivière bien claire ; après la dissolution vous le filtrez au papier joseph avec un entonnoir de verre.

Vous prenez les trois quarts de cette même eau, dans laquelle vous mettez un quart de suc de citron et une cuillerée à café d'esprit-de-vin, mêlé avec deux cuillerées d'eau pure ; vous avez soin que le tout ne fasse qu'un seul bain ; ensuite vous mettez le talc dans un vase propre et bien uni, vous versez de la liqueur rose dessus, en faisant le mélange avec une spatule d'ivoire, et vous l'arrosez à fur et à mesure de votre liqueur et de votre bain, jusqu'à ce que vous aperceviez que votre pâte soit demi-molle et bien broyée ; vous mettez ensuite le rouge dans les pots avec une petite cuiller d'argent ou d'ivoire, et vous couvrez chaque pot d'un petit carré de papier joseph, et par-dessus d'un petit linge ou du coin d'une serviette, pour le presser et lui faire prendre la forme convenable. Lorsque vous en avez exprimé l'humidité, vous retirez votre linge de dessus en y laissant le papier ; vous le faites sécher à une chaleur douce, sur un bain de sable, ou dans une petite étuve disposée pour cela, jusqu'à parfaite cuisson ; après cela vous enlevez la croûte qui se trouve dessus, et vous parez votre rouge selon la méthode.

*Notes des proportions pour faire les différentes nuances du rouge.*

Pour le n°. 6, quatre onces de blanc et six gros de liqueur rose. Pour le n°. 8, quatre onces de blanc et une once de liqueur. Pour le n°. 12, trois onces et demie de blanc et une once de liqueur. Pour le n°. 18, trois onces de blanc et une once de liqueur.

Ces proportions ne sont bonnes qu'autant que la liqueur est foncée et d'une belle couleur rose.

L'on fait servir les regrattures des pots en les remouillant avec un peu de liqueur et un peu de votre bain. Vous mêlerez et pétrirez bien la pâte, et la mettrez en pots comme la précédente.

*Autre rouge en tasses.*

Ayez quatre livres de safranum; lavez-le bien jusqu'à ce que l'eau en sorte claire, et pressez-le jusqu'à ce qu'il ne reste plus d'eau; vous y amalgamez une livre de cendre de graveline bien blanche, en y joignant huit pintes d'eau bien claire, et mêlant le tout ensemble; vous le mettrez ensuite sur une toile bien tendue sur un vase pour laisser couler la teinture, que vous reprendrez tout les quarts d'heures, en la rejetant toujours sur le marc pendant deux ou trois heures; vous verserez ensuite cette teinture dans un baquet; vous y joindrez quatre pintes de jus de citron, et vous verserez ce jus à grand filet tant que vous verrez à la surface une crème bien rose; alors vous jetterez dans le baquet huit aunes de toile de coton bien blanche en huit parties, que vous ferez tremper et laisserez reposer vingt - quatre heures; vous retirerez ensuite votre toile, et la laverez dans de l'eau bien claire pour en tirer la liqueur; cela fait, vous remettrez vos linges de nouveau dans le baquet; vous ferez fondre huit onces de cendre de graveline dans trois pintes d'eau claire; alors vous prendrez la décoction de cette cendre que vous verserez sur vos linges; vous les foulerez bien avec les mains, et les tordrez pour en exprimer la liqueur; vous laverez encore une fois vos linges avec de l'eau claire; la teinture qui en sortira devra être ajoutée à la première; ensuite vous prendrez deux pintes et demie de jus de citron que vous verserez dans votre liqueur tant qu'il viendra à la surface une écume bien rose; vous la laisserez reposer douze heures; ensuite vous en ôterez l'eau, et le fond qui restera sera votre couleur que vous appliquerez avec un pinceau sur vos tasses pour la conserver. Pour bien tirer la couleur à sec, vous la couvrirez légérement d'un papier gris, et vous pomperez avec une éponge pour en tirer toute la partie humide.

*Eau de la Chine pour noircir les cheveux.*

Mettez dans un matras deux gros d'argent vierge; versez dessus peu à peu une once d'acide nitrique pour le faire dissoudre; disposez à cet effet une terrine de terre, ou une poële de fonte avec du sablon dedans que vous mettrez sur le feu pour recevoir votre matras. Lorsque l'argent sera dissous, mettez-y une once de vif argent, et versez le reste de l'eau forte, qui sera de trois onces, pour le faire dissoudre; lorsque la dissolution en sera faite, versez peu à peu par-dessus un demi-setier d'eau de fontaine bien claire, ou eau distillée; vous remettrez votre matras sur le sable à une douce chaleur, et vous laisserez reposer votre dissolution jusqu'à ce qu'elle devienne bien claire; ensuite vous la mettrez dans une bouteille bien bouchée.

*Autre procédé pour faire cette eau.*

Ayez deux onces d'argent vierge, dit argent de coupole; mettez cet argent dans un matras de verre avec un peu de précaution, de crainte que sa pesanteur ne le casse; versez sur votre argent deux onces d'acide nitrique de bonne qualité; placez le tout sur le bain de sable à une bonne chaleur pour parvenir à la dissolution de l'argent; lorsqu'il sera dissous, et que vous le verrez sous forme de cristaux, vous décanterez l'acide nitrique, et vous ajouterez à la dissolution une pinte d'eau distillée.

## CHAPITRE XIII.

### *Des Bains.*

LES bains sont d'un usage fort ancien; ils sont utiles à la propreté et à la santé. Je vais parler de ceux de propreté, et donner la manière de les rendre agréables en les aromatisant et les parfumant comme il est indiqué ci-après.

## Bain aromatique.

Faites un sachet de toile dans lequel vous mettrez quatre onces de plantes aromatiques, telles que la lavande, le thym, la marjolaine, la sauge, l'absinthe, le baume, la menthe, les roses de Provins, le fenouil, le basilic, la mélisse, et autres herbes odoriférantes. Si vous employez des aromates frais, vous en mettrez une demi-livre, ceux-ci n'étant pas sujets à gonfler comme ceux qui sont secs.

Vous ferez bouillir ces aromates dans environ huit pintes d'eau de rivière, ensuite vous retirerez le sachet de l'eau en le pressant un peu, et verserez cette eau dans votre bain pour lui donner l'odeur convenable. Vous pouvez encore vous servir du même sachet une seconde fois, en le faisant bouillir de nouveau et en l'exprimant bien.

### Bain de beauté.

Prenez deux livres d'orge mondé, une livre de riz, trois livres de lupin pulvérisé, huit livres de son, dix poignées de bourache et de violier; faites bouillir le tout dans une suffisante quantité d'eau de rivière, et passez-le dans un linge ou tamis.

Ce bain est parfait pour nettoyer et adoucir la peau.

### Bain de pieds adoucissant.

Faites bouillir dans de l'eau de fontaine une livre de son et quelques racines de guimauve, deux ou trois poignées de feuilles de mauve, une poignée de pariétaire et autant de branche-ursine.

### Autre bain de pieds aromatique.

Prenez quatre poignées de pouillot, de sauge et de romarin, trois poignées d'angélique, quatre onces de baies de genièvre; faites bouillir le tout dans une suffisante quantité d'eau.

## Bains d'odeurs.

Prenez quatre onces de teinture de baume de tolu, autant de baume du Pérou, une once de teinture de girofle, une once *idem* de cannelle, deux onces de teinture de storax calamite, deux onces *idem* de benjoin, deux gros d'essence d'ambre, un gros d'essence de musc, une once de teinture de vanille, et mettez trois ou quatre onces de cette composition dans le bain ; cela lui donnera le parfum le plus agréable qui se communiquera à la peau, en même temps qu'il l'adoucira.

On peut parfumer les bains avec les eaux spiritueuses, telles que l'eau-de-vie de lavande, celle parfumée à la bergamotte, à l'ambre, à la rose, etc. ainsi qu'à l'eau de Cologne. L'eau d'arquebusade vulnéraire, les eaux fines, comme l'eau romaine, des sultanes, impériale et autres odeurs suaves ne peuvent qu'être très-agréables et bienfaisantes.

## CHAPITRE XIV.

*Recettes et procédés simples et faciles à l'usage de la toilette, que toutes personnes peuvent faire elles-mêmes, surtout lorsqu'elles sont en voyage ou qu'elles résident à la campagne.*

---

*Procédé pour éclaircir le teint.*

LES femmes brunes, et principalement celles qui ont le teint d'une couleur morne et un peu basanée, doivent se baigner souvent et se laver le visage avec les eaux distillées de lis, d'argentine, de mouron, ou de fleurs de fèves, dans lesquelles elles verseront quelques gouttes de lait virginal.

Ces remèdes détersifs enlèvent l'espèce de vernis qui couvre la peau, rendent par ce moyen la transpiration plus libre, et donnent au teint une fraîcheur qui est le vrai fard de la peau.

### Eau pour déhâler le teint.

On peut écraser des fraises et s'en frotter le visage le soir en se couchant sans s'essuyer, afin qu'elles sèchent pendant la nuit sur la peau ; il faut le lendemain matin se laver avec de l'eau de cerfeuil ou de mouron ; alors la peau devient très-fraîche et très-belle. Lorsque la saison des fraises sera passée, vous les remplacerez en vous servant de l'eau de fraises distillée, ainsi que de celles de cerfeuil et de mouron.

### Eau contre les effets du hâle.

Faites un mucilage avec de la graine de lin et de la farine d'orge en mettant de chacune une cuillerée à café dans une chopine d'eau. Lorsque ce mucilage aura jeté quelques bouillons, passez-le dans un linge ; vous y joindrez une pincée de gomme adragant en poudre, vous l'agiterez pour le faire fondre, et vous vous en frotterez la peau avec un linge.

### Lait végétal contre les rougeurs.

Pilez de la joubarbe dans un mortier de marbre, exprimez-en le jus et clarifiez-le ;

lorsque vous voudrez vous en servir, mettez-en dans un verre, et jetez par-dessus quelques gouttes d'esprit-de-vin le plus fin; à l'instant il se formera un lait caillé propre à rendre la peau unie et à en effacer les rougeurs.

*Eau pour le même usage.*

Faites bouillir ensemble une poignée de patience et de mouron dans une pinte d'eau, et lavez-vous-en le soir et le matin.

*Autre contre les feux volages au visage.*

Prenez des oignons de narcisse avec moitié autant de graines d'orties nouvelles; pilez-les ensemble avec un demi-setier de vinaigre, et frottez-vous-en le soir.

On se bassine aussi avec le jus de cresson alénois.

*Moyen de faire disparoître les lentilles du visage.*

Prenez du jus d'oignons et appliquez-en à l'endroit où il y a des lentilles.

*Autre procédé pour obtenir le même effet.*

Faites bouillir des feuilles de lierre dans du vin, et étuvez les taches rouges ou lentilles de votre visage avec cette décoction.

*Eau de charmes.*

Lavez-vous le visage avec les larmes qui coulent de la vigne aux mois de mai et de juin. Cette eau donne de la fraîcheur à la peau et l'éclaircit : elle est bonne aussi pour les yeux

*Huile cosmétique pour nettoyer et adoucir la peau du visage.*

Prenez quatre onces d'huile d'amandes douces et deux onces d'huile de tartre par défaillance, deux gouttes d'huile de rhodia et une once d'huile de jasmin nouvelle ou à la rose, selon l'odeur qui vous plaira le plus; mêlez bien le tout ensemble, et servez-vous-en pour l'usage indiqué.

*Eau de beauté très-utile après la petite vérole.*

Mettez deux onces de sel commun dans une pinte d'eau de menthe; faites-la bouillir et écumez-la. On s'en sert pour se laver le visage après la petite vérole afin d'en faire tomber les squammations ou écailles, empêcher les démangeaisons et ôter les rougeurs.

### Autre eau de beauté.

Prenez égale quantité d'eau d'argentine et de rhubarbe, et sur chaque demi-setier ajoutez deux gros de sel ammoniac. On en met avec une plume ou un pinceau sur les rougeurs et sur les dartres trois ou quatre fois par jour.

### Eau pour conserver le teint.

Prenez six onces de pain de seigle sortant du four, quatre blancs d'œufs frais et une chopine du meilleur vinaigre blanc; battez bien le tout ensemble, et passez-le ensuite par un linge. L'usage de cette préparation nettoie parfaitement la peau, la blanchit et l'empêche de se rider.

### Lotion admirable pour le visage.

Après vous être nettoié le visage avec un peu d'eau de savon, humectez-le ensuite avec la lessive suivante :

Prenez de la lessive de sarment bien claire, et ajoutez à chaque livre une once de tartre calciné, deux gros de sandaraque et autant de gomme de genièvre; laissez sécher cette lotion sur le visage sans l'essuyer, et lavez-le ensuite avec l'eau impériale cosmétique mêlée d'eau de rose.

### *Lustre pour la peau.*

— Prenez parties égales de suc de limon et de blancs d'œufs; battez bien le tout ensemble dans un vase de terre vernissé ou de faïence que vous ferez chauffer au bain-marie ou sur un feu doux; remuez toujours le mélange avec une spatule de bois jusqu'à ce qu'il prenne une consistance de pommade; avant de vous en servir, vous vous laverez le visage avec une eau de riz ou de l'eau impériale comme ci-devant.

### *Pommade contre les rides du visage.*

Prenez suc d'oignons de lis blancs, et miel de Narbonne, de chacun deux onces, et une once de cire blanche, que vous ferez fondre d'abord à un feu doux. Incorporez le tout ensemble pour en faire une pommade. Il faut en mettre tous les soirs et ne s'essuyer que le matin avec un linge.

### *Moyen de remédier à la mauvaise odeur de la bouche.*

Faites une petite boule de gomme adragant que vous humecterez d'eau de rose, ou de fleur d'orange, ou d'essence et extrait d'autres odeurs qui vous flatteront le plus. Vous la tiendrez dans votre bouche de temps à autre.

On peut aussi, en mâchant du persil, ôter la mauvaise odeur qui reste dans la bouche lorsqu'on a mangé de l'ail.

### *Autre moyen de remédier à l'haleine forte.*

On se sert avec succès du cachou. Ce suc gommo-résineux rend l'haleine agréable et fortifie l'estomac ; on peut le rendre plus agréable en l'aromatisant, comme il est dit au chapitre IX de la VIe partie de cet ouvrage.

### *Remède contre les dents agacées.*

Mettez une pincée de sel fin dans votre bouche ; faites-le circuler un instant dans son intérieur, et vous serez promptement délivré de cette incommodité ; vous vous laverez ensuite la bouche.

### Remède contre l'odeur fétide du nez.

Prenez suc de menthe une once, suc de rue deux onces; mêlez-les ensemble, et respirez-en deux ou trois fois dans le jour par le nez.

### Taffetas d'Angleterre pour les coupures.

Prenez deux onces de colle de poisson, deux livres d'eau; coupez la colle de poisson en morceaux bien menus, mettez-les dans un poëlon d'argent avec les deux livres d'eau bouillante; laissez ce mélange en digestion pendant dix ou douze heures pour lui donner le temps de se bien ramollir; faites chauffer alors le mélange jusqu'à ce que la colle soit parfaitement dissoute, et passez le tout à travers un linge par expression.

Faites coudre ensuite un ruban de fil autour d'une aune de taffetas serré et mince; étendez-le sur un châssis carré et assujétissez-le avec des clous d'épingles pour que le taffetas soit bien tendu. Alors avec un pinceau, ou plutôt avec une grosse brosse de poils de bléreau, vous appliquez une couche de colle de poisson que vous avez bien fait chauffer auparavant; faites-la ensuite sécher devant un feu clair; lorsqu'elle sera suffisamment sèche, appliquez une nouvelle couche de colle pareillement chauffée, et faites-la sécher de même. Continuez ainsi de suite jusqu'à ce que la quantité de votre colle soit appliquée sur le taffetas. Étendez ensuite deux couches de teinture de baume du Pérou en coques faite avec de l'esprit-de-vin; lorsque le taffetas sera sec, coupez-le par petits morceaux de trois pouces et demi environ de large et de cinq pouces et demi de long, et ployez-le en deux ou disposez-le en rouleaux.

Ce taffetas s'applique sur les plaies et coupures fraîchement faites, à l'effet d'en rapprocher les chairs et de faciliter leur réunion: pour s'en servir on le mouille légèrement.

On doit faire choix d'un taffetas mince et qui ne soit pas trop clair. La quantité de colle de poisson que je viens de prescrire suffit pour un morceau de taffetas de deux pieds trois pouces de large et de quarante-quatre pouces de long, ce qui peut produire soixante et seize petits morceaux.

# SUPPLÉMENT.

*Eau impériale aromatique.*

Dans six pintes de bon esprit-de-vin et une pinte d'eau de fleur d'orange, mettez en infusion, pendant huit jours au moins, six onces de feuilles de laurier écrasées dans le mortier, une once de marjolaine, une once de fleur de romarin, une once de fleur de sauge, une once de fleur d'orange, une once de cannelle fine, une once de sandal-citrin, deux gros de noix muscade, deux onces de baies de laurier. Vous concasserez ces quatre derniers objets avant de les comprendre dans le mélange, et vous y ajouterez deux citrons coupés par quartiers, ou une demi-once d'essence de citron.

Vous procéderez ensuite à la distillation au bain-marie, à feu doux, au commencement de l'opération, et lorsque vous aurez tiré quatre pintes d'eau impériale, vous les mettrez à part ; vous continuerez toujours votre distillation pour tirer le reste de votre composition, qui vous servira au besoin pour vos eaux d'odeurs ou pour parfumer la pâte liquide.

*Eau impériale cosmétique et odontalgique.*

Faites dissoudre dans trois pintes de bon esprit-de-vin et une chopine d'eau de rose, une once et demie de benjoin, une once d'encens, une once de mastic, une demi-once de gomme arabique, une demi-once de girofle, une demi-once de cannelle, quatre grains de musc, un gros de graines de fenugrec, deux onces de pignons et d'amandes douces. Commencez par bien piler tous ces objets, et distillez au bain-marie pour en tirer deux pintes ; vous disposerez du reste de votre distillation comme ci-devant.

Cette eau est parfaite pour le teint ; elle en ôte les rides et rend la peau très-belle ; elle a aussi la vertu de blanchir les dents et d'en ôter la douleur ; elle corrige la mauvaise odeur de la bouche et raffermit les gencives. Cette eau peut aussi être employée avec succès, comme celle de Ninon-de-l'Enclos.

# INDEX ALPHABÉTIQUE

*Des principales substances désignées dans ce Traité, spécifiant leur origine, leurs qualités et la saison où les fleurs, graines, feuilles, baies et fruits, servant à la parfumerie, doivent être récoltés.*

---

Acacia (faux), ou cassie des jardiniers. L'un et l'autre sont d'une agréable odeur, et se sont naturalisés dans nos climats; le premier est originaire du Canada et de Virginie; son parfum approche de celui de la fleur d'orange. L'autre est originaire du Levant; il croît dans nos orangeries; ses fleurs sont fort odorantes; il est cultivé aussi avec avantage dans les pays méridionaux, comme l'Italie et la Provence: son odeur étant mitigée approche de la violette.

Ambre. Il n'y a que deux sortes d'ambre qui puissent convenir aux parfumeurs; l'un gris et l'autre noir. L'ambre gris doit être préféré à cause de son odeur douce et suave; les marques auxquelles on peut le reconnoître, sont de petites taches ou yeux de perdrix veinées de jaune et noir, et couleur de moisi: c'est aussi celui qui est le plus estimé pour la parfumerie.

Plusieurs savans et naturalistes ont parlé diversement de l'origine et de la nature de cette précieuse substance. D'après plusieurs opinions combattues les unes par les autres, il en est résulté que la meilleure et la plus probable est celle que l'ambre gris n'est autre chose qu'un composé de cire et de miel que les mouches font sur les arbres dont sont remplies les côtes de Moscovie et de Russie, et principalement dans le creux des rochers situés sur le bord de la mer des Indes, près des îles Moluques. Cette matière se cuit et s'ébauche au soleil; détachée ensuite par l'effort des vents et par l'élévation des eaux, ou par son propre poids, elle tombe dans la mer et achève de s'y élaborer.

Ce qui vient à l'appui de cette opinion, c'est que l'on a pêché quelquefois de grosses parties d'ambre gris qui n'avoient pas encore toute leur perfection; et en les rompant, on a trouvé des rayons de cire et de miel dans le milieu de leur substance.

L'ambre noir n'est pas sans mérite, tant à cause de son odeur que parce qu'il est beaucoup meilleur marché que l'ambre gris, et qu'il se trouve indifféremment sur tous les rivages de la mer; mais la plus grande quantité vient de l'Archipel.

AMBRETTE, ABEL-MOSC, ou SEMENCE MUSQUÉE. L'ambrette est une petite semence de la grosseur d'une tête de grosse épingle, d'un gris brun, et en forme de petits rognons, d'une odeur de musc et d'ambre, principalement quand elle est nouvelle, bien sèche et nette. Cette plante croît à la Martinique, aux Antilles et aussi en Égypte : la plus odorante est celle de la Martinique.

AMANDES. La Barbarie, le Languedoc, la Touraine, la Provence fournissent les meilleures amandes : on estime encore beaucoup celles du comtat Venaissin.

ANGÉLIQUE. Cette plante croît en Bohême, en Espagne, en Angleterre et même en France; elle est très-odoriférante; mais c'est principalement de ses racines dont nous nous servons lorsqu'elles sont sèches. L'angélique de Bohême est préférée.

ANIS. Graine assez connue et qui vient dans nos jardins; nous en tirons de la Touraine et du dehors, comme de Malthe, d'Alicante; il est plus doux, plus gros, d'un goût et d'une odeur plus aromatiques, mais aussi moins vert que celui de France.

ANIS DE LA CHINE. *Voyez* BADIANE.

ASSA FŒTIDA. Gomme résine qui découle, pendant les grandes chaleurs, de la racine d'une plante qui croît sur les montagnes de l'Inde, principalement autour de la ville du Tard; l'assa fœtida la meilleure est celle qui contient le plus de larmes blanchâtres et transparentes; celle qui est sale, noirâtre et mêlée d'ordures ne vaut rien. Elle entre dans la composition du vinaigre des quatre voleurs.

AUNÉE, ou enula campana. Sa racine est odorante et aromatique. On s'en sert volontiers en Allemagne; lorsqu'elle est confite, on peut s'en servir utilement dans la parfumerie, en poudre et en infusion pour les compositions; lorsqu'elle est saine et bien sèche, elle approche de l'odeur d'iris.

BADIANE (ou anis de la Chine). Cet arbre croît à la Chine, aux îles Philippines, en Tartarie; son fruit étoilé est de l'odeur la plus suave.

BAUME de Judée, de la Mecque, du grand Caire, d'Égypte, de Constantinople, ou baume blanc, etc. C'est une résine liquide, d'un goût âcre et aromatique; elle a l'odeur de citron; l'arbrisseau qui la produit porte le nom de Baumier. Il est cultivé dans les jardins du Grand-Seigneur, et gardé par les jannissaires. Ce baume est rare; on en distingue de trois espèces : la plus précieuse est la première qui découle de l'arbre par incision, la seconde espèce est le produit de la première ébullition des rameaux et des feuilles : les dames turques en font grand usage. C'est une huile propre à adoucir la peau. La troisième espèce est le produit de la seconde ébullition; elle est connue dans le commerce sous le nom de baume blanc. Le meilleur est le plus nouveau; versé de haut dans de l'eau, il surnage et se coagule; le vieux se précipite au fond du vase.

BAUME DU PÉROU LIQUIDE. Suc résineux, inflammable, que fournit un arbre de l'Amérique. Il y en a en coque, que l'on appelle baume d'incision, qui a plus de qualité; il est blanc et a une odeur de styrax. Ces baumes nous viennent de la Nouvelle-Espagne et du Pérou.

BAUME DE TOLU, de Carthagène, de l'Amérique; Baume dur, Baume sec. C'est un suc résineux, tenace; il a l'odeur de benjoin, une saveur douce, agréable, et produit le même effet que le baume de Judée; il découle par incision d'un arbre de l'Amérique méridionale. Les habitans de Tolu le reçoivent dans des cuillers de cire noire et le versent dans des calebasses.

Ben, espèce de noix. L'arbre qui porte le ben est fort rare en Europe; les Egyptiens en font grand commerce. On retire par expression de l'amande une huile inodore, qui est excellente pour absorber l'odeur des fleurs.

Benjoin. Gomme-résine d'un grand arbre appelé chez les Siamois *Belsot*, qui croît en quantité dans la Cochinchine. Cette gomme-résine découle du tronc et des branches de l'arbre par le moyen des incisions que l'on y fait.

On choisira le benjoin en larmes dorées en dessus, blanches en dedans, mêlées de petites veines claires, blanches et rouges, d'une odeur suave et aromatique, le moins rempli d'ordures qu'il sera possible.

Il faut rejeter celui qui est noir, terreux et inodore : c'est souvent du benjoin factice, composé de différentes gommes fondues ensemble, proprement nommé galipot, ou encens de village.

Bergamote. Espèce de citron d'Italie, dont l'odeur est très-suave et se soutient plus que celle d'aucuns fruits à écorces. Son huile essentielle étant plus grasse est plus onctueuse.

Bigarrade. Espèce d'orange fort aigre dont l'écorce est raboteuse : elle est peu en usage dans la parfumerie.

Bismuth. *Voyez* Etain de Glace.

Blanc de Baleine, ou sperme de baleine. Ce

n'est autre chose qu'une substance du cerveau, du cervelet et de la moëlle allongée du cachelot, espèce de baleine assez commune au cap du Finistère, à la côte de Galicie et même en Norwège. On doit choisir cette substance en belle écaille, blanche et transparente, et prendre garde qu'elle soit falsifiée avec de la cire blanche, comme il arrive souvent, ce qui sera facile à connoître tant par son odeur de cire, que parce qu'elle est d'un blanc mat. Il faut avoir soin de ne point l'exposer à l'air, si vous voulez la conserver dans sa blancheur.

Bois d'Aloès, de Calambouc ou de Calambac. Son tronc est de trois couleurs, et forme trois espèces différentes dans l'épaisseur de sa masse ou substance : c'est celui de la seconde espèce que l'on appelle bois de Calambouc ou Aloès, dont nous faisons usage, quoique ce ne soit pas le meilleur; mais il est presqu'impossible d'en avoir de la troisième, à cause de sa rareté et de son prix excessif. Il faut le choisir d'une couleur tannée, luisant, léger et résineux; mis au feu il brûle comme de la cire, et jette une odeur suave et douce. On l'emploie pour les pastilles à brûler.

Bois de Brésil. Celui de Fernambuc est le plus estimé; on l'emploie dans la composition du carmin et de la laque.

Bois de Cannelle. Il nous vient de l'île de Ceylan; c'est la première et la seconde écorce de cet arbre; celle-ci est bien supérieure à l'autre. L'on doit choisir la cannelle en belle écorce mince, d'un goût piquant, suave et aromatique, et la plus haute en couleur.

Il y a une autre sorte de cannelle qui est en écorces plus larges et fort épaisses, que l'on appelle cannelle de la Chine ou cannelle mâle, qui est de peu de valeur, mais que l'on peut employer pour des compositions ordinaires.

Bois de Cannelle giroflée, que l'on appelle vulgairement bois de girofle. C'est la seconde écorce du tronc et des branches d'un arbre qui croît au Brésil et dans les provinces de la Guyanne. Ce bois ou écorce ayant le goût et l'odeur du girofle, s'emploie avantageusement dans les poudres d'odeurs.

Bois de Cèdre. Ce bois résineux croît dans les climats chauds. Les fleurs mâles viennent séparément des fleurs femelles sur le même individu. Le bois de cet arbre est odoriférant et peut s'employer comme les précédens pour les pastilles.

Bois d'Ébène. Il y en a de trois sortes, le rouge, le vert et le noir. L'arbre qui donne l'Ébène noir est gros et grand ; l'écorce de celui-ci, pulvérisée et mise sur les charbons ardens, répand une odeur suave. Celle qui est la plus noire, la plus pesante et sans aubier est la plus estimée.

Bois de Gaïac. Il croît aux Grandes-Indes et même dans l'Amérique ; il est sudorifique et antiscorbutique. Sa gomme est d'une odeur suave et agréable lorsqu'on la pétrit dans la main et qu'on la brûle sur du charbon allumé ; mais elle est très-rare : elle ressemble à l'arcançon ; la différence est que cette dernière sent la térébenthine.

Bois de Rhodes, nommé de rose à cause de son odeur. Il nous est apporté du Levant, mais principalement de l'île de Rhodes ou de Chypre. Ce bois est couleur de feuille morte. Il faut le choisir sec, d'une bonne odeur, le plus gros et le plus résineux. J'ai remarqué que celui qui est rempli de nœuds est celui qui possède le plus ces qualiés. On peut l'essayer en le coupant ou en en sciant un peu.

Bois de Sainte-Lucie. Ce bois nous vient par la Hollande et l'Angleterre; il en vient de la Provence ainsi que de la Lorraine: plus il vieillit, plus il rend d'odeur.

Bois de Sandal. On en distingue de trois espèces: le rouge, le blanc et le citron : ce dernier, dont on se sert de préférence dans la parfumerie, est d'une saveur amère et d'une odeur agréable. On nous apporte ce bois des îles de Timor et Salor; il en vient aussi de la Chine et de Siam. On doit le choisir pesant et de bonne odeur.

Bois de Saxafras, ou plutôt Sassafras. Ce bois croît en quantité dans la Floride; il en vient aussi du Brésil et de plusieurs provinces de l'Amérique. On le choisit, s'il est possible, garni de son écorce, qui est la meilleure partie de l'arbre et la plus aromatique. On hache ou on râpe ce bois pour s'en servir. On aura soin de le prendre nouveau, car quand il est vieux râpé ou haché, il a perdu son odeur; il est donc essentiel de ne le râper ou hacher qu'à fur et mesure qu'on en a besoin.

Bois de Palissandre. Ce bois odorant vient des Indes; on l'emploie avec avantage dans les poudres, de couleur. Comme il arrive par grosses bûches, on a plus d'avantage à se le procurer chez les tourneurs ou ébénistes, parce qu'il est en menus morceaux et en sciures. Il faut prendre garde qu'il ne soit mélangé.

Cachou. C'est à M. Bernard de Jussieu, de l'Académie des sciences, que nous sommes redevables de l'histoire naturelle du cachou.

Le cachou est l'extrait du suc des semences d'un fruit gros comme un œuf de poule, que l'on nomme aréca, provenant d'une espèce de palmier des Indes orientales. On doit le choisir en morceaux bruns et couleur de marron un peu foncée, d'une légère amertume mêlée d'un peu d'astriction, se fondant entièrement dans la bouche, et laissant, un instant après, une saveur agréable d'iris sucrée. Pour le rendre encore plus agréable, on y ajoute du sucre et des aromates : c'est la pâte de cachondé.

Calamus aromaticus ou Acorus verus. Racine d'un roseau qui croît en plusieurs endroits du Levant, d'où il est apporté à Marseille. Il en vient aussi de plusieurs endroits de la Pologne. On le choisira rougeâtre en dessus et blanchâtre en dedans, d'une amertume agréable, d'une odeur suave et aromatique ; c'est pourquoi il est plus connu sous le nom de calamus aromatique. Il en croît dans nos climats, et c'est celui que l'on emploie le plus ; mais il diffère beaucoup de l'autre.

Camphre. Cette substance végétale, volatile, inflammable, paroît se rapprocher beaucoup de l'éther. Elle découle d'un arbre qui croît au Japon, à

Bornéo, à Sumatra. C'est une espèce de laurier qui croît à la hauteur de nos tilleuls. Le camphre de Bornéo est le plus estimé, mais on en apporte très-peu en Europe ; il n'y a que celui du Japon qui nous parvienne. Il s'emploie dans la composition du vinaigre des quatre voleurs comme anti-pestilentiel.

Cannelle. *Voyez* Bois de Cannelle.

Carvis. Semence d'une plante qui croît en plusieurs endroits de nos jardins ; mais la meilleure se tire de Provence et du Languedoc. On choisira cette graine bien nourrie, nouvelle et verdâtre, d'un goût piquant et d'une odeur aromatique.

Cassie. *Voyez* Acacia.

Chouan. Petite graine qui nous est apportée du Levant, et qui sert pour la composition du carmin. Il faut le choisir verdâtre, gros, bien net, et le moins rempli d'ordures possible.

Cédrat. Espèce de citronnier qui approche un peu de la bergamote pour l'odeur, et dont l'écorce est fort raboteuse. Son odeur est agréable et peut s'employer avec avantage.

Citronnelle. Plante assez connue et qui vient facilement. Ses feuilles, et principalement ses sommités, ont l'odeur agréable de la mélisse. On l'emploie comme cordial.

Citronnier. Cet arbre, originaire de Médie et d'Assyrie, réussit très-bien dans les climats chauds, tels que l'Italie, le Portugal, la Provence et le Languedoc. On le cultive à Gênes avec les plus grands soins et avec succès.

Civette. Cet animal, à qui l'on donne la figure d'un chat d'Espagne, ou la ressemblance d'une fouine, est vif et léger; son cri ressemble à celui d'un chien en colère ; ses yeux brillent dans l'obscurité comme ceux du chat; il est d'un caractère un peu féroce ; on peut l'apprivoiser; il est commun au Sénégal, à la côte de Guinée et en Afrique.

Différens auteurs se sont expliqués sur la nature de cet animal; les uns veulent que l'odeur qu'il produit soit une liqueur onctueuse et épaisse qui se trouve dans une poche placée sous la queue et proche l'anus de l'animal ; d'autres prétendent qu'il sort de son corps une humeur onctueuse et brune, d'odeur forte, que l'on a soin de recueillir tous les jours.

On en élève en Hollande pour en extraire le parfum; il en est d'autant plus abondant et plus exquis, que l'animal est mieux nourri. On doit le choisir nouveau, d'une bonne consistance, n'étant ni trop ferme ni trop mou, d'une couleur blanchâtre et assez désagréable : en vieillissant sa couleur devient un peu dorée. Cette marchandise n'est point encore facile à connoître; elle est sujette à être falsifiée comme le musc; c'est à l'emploi qu'on reconnoît la fraude. Le plus sûr est de l'acheter d'honnêtes marchands. On doit employer cette subtance avec bien de l'économie, attendu qu'une quantité excédant celle qui est nécessaire, au lieu de rendre une odeur suave et agréable, en communiqueroit une très-mauvaise.

Cochenille. Espèce d'insecte. Il y en a de plusieurs sortes, mais c'est celle mestèque que l'on préfère et dont on se sert pour la composition du carmin. On tire la cochenille des Indes ou du Mexique. On élève soigneusement la cochenille. Cet insecte s'attache naturellement aux feuilles de divers arbrisseaux et plantes ; on en fait la récolte dans la grande chaleur, en ramassant et détachant la cochenille de dessus les feuilles aves des pinceaux ; on secoue l'arbre, elle meurt aussitôt.

Concombre cultivé. Le fruit de cette plante potagère est rafraîchissant : on l'emploie avec succès pour la pommade.

Le temps de faire cette pommade est ordinairement au mois de septembre ; plus tard on court risque de les avoir trop mûrs et par conséquent trop mollasses ; ils n'ont plus la même qualité. On peut en employer au besoin sitôt qu'ils commencent à paroître. Si je fixe l'époque de septembre, c'est qu'ils sont beaucoup plus gros, plus juteux et moins chèrs.

Coque du Levant. On n'a aucune connoissance de l'arbre sur lequel croissent ces baies ; on nous les apporte des Indes orientales. Ce sont les graines de ces baies qui entrent dans la composition de la poudre contre la vermine.

Corail. Il y a du corail rouge et du corail blanc, et même du noir ; mais on emploie ordinairement le corail rouge, rose ou couleur de chair : ces trois sortes n'en font qu'une. On pêche le corail dans la Méditerranée, sur les côtes de Provence, de Catalogne, dans le détroit entre la Sicile et l'Italie, aux côtes de Sardaigne, en Corse, etc. Il croît dans la mer sous les roches : la pêche en est difficile.

CORIANDRE. Cette plante, lorsqu'elle est verte, est d'une odeur désagréable; sa graine desséchée devient un aromate gracieux. On en cultive dans les environs de Paris, principalement à Aubervilliers.

COSTUS ODORANT. C'est une racine exotique qui croît dans l'Arabie heureuse, au Malabar, au Brésil et à Surinam; elle a une légère odeur de violette, un goût âcre de gingembre mêlé d'un peu d'amertume. Les anciens s'en servoient pour faire des aromates et des parfums; ils la brûloient comme l'encens. La racine d'aunée séchée et gardée fort long-temps perd son odeur naturelle et se rapproche alors de celle du costus.

CUMIN, ou Anis âcre. C'est la graine d'une plante qui est assez semblable au fenouil, qui croît en quantité dans l'île de Malthe, où l'on en sème comme ici le bled; il en vient aussi dans nos climats. Il faut le choisir nouveau, verdâtre et bien nourri. Il est sujet à être piqué et vermoulu; c'est à quoi il faut prendre garde.

CURCUMA. *Voyez* TERRA MERITA.

DAUCUS, panais sauvage. Cette plante rend quantité de graines d'un vert pâle, qui sont velues, blanchâtres et approchant de celles du cumin. Leur odeur et leur goût sont agréables et aromatiques, surtout quand on les tient quelque temps dans la bouche. Il faut la choisir nouvelle, et la plus nette qu'il sera possible. Le daucus est commun au Levant ; on nous en apporte d'Allemagne et des montagnes qui dépendent des Alpes ; mais il n'a pas les bonnes qualités de celui de Crète ou de Candie.

Dictame blanc, ou Fraxinelle. Cette plante est vivace, commune en Italie, dans la Provence et dans les bois du Languedoc. Celle originaire de nos climats est d'une qualité inférieure à la plante qui croît en Candie. L'eau distillée de fraxinelle est cosmétique, très-douce, et agréable par son odeur. On doit la recueillir et l'employer à la fin de juillet, temps où elle est dans sa vigueur.

Encens. On n'est pas instruit de l'espèce d'arbre ou arbrisseau d'où découle cette substance résineuse, aromatique, d'une odeur agréable. On la recueille dans l'Arabie heureuse et au Levant. Il faut la choisir en belles larmes blanches tirant un peu sur le doré.

Eponge de mer. Espèce de champignon marin. Cette production d'un usage journalier, d'une substance molle et élastique, est regardée comme le domicile construit par une multitude de petits polypes de mer, et de différentes formes, qui se trouvent attachés aux rochers dans la mer. La plupart des éponges viennent de la Méditerranée ; les plus estimées sont les fines qui, pour être parfaites, doivent être blondes, douces, légères, et avoir les trous petits et serrés, les plus grosses en volume et les moins graveleuses. Celles de Venise sont réputées les plus belles.

Estragon. Cette plante, qui croît dans nos potagers, est un aromate agréable, et estimé comme anti-pestilentiel.

Étain de glace, ou Bismuth. Demi-métal pesant et cassant, dont les mines se trouvent en Suède, en Bohême, en Saxe; mais il y en a beaucoup d'artificiel, composé par le mélange d'étain, de tartre et de salpêtre; et par le moyen du feu et d'un creuset dans lequel on le fait fondre, on en retire un étain de glace très-pur et très-blanc, et au-dessus de celui que l'on fait venir d'Angleterre.

On doit choisir l'étain en belles écailles larges, blanches et faciles à casser, et rejeter celui qui est en petites écailles rembrunies et sombres.

Fenouil. Graine odoriférante d'une plante des jardins potagers assez connue; la meilleure nous est apportée du Languedoc, et surtout d'auprès de Nismes. On doit choisir le fenouil nouveau, bien nourri, verdâtre, d'un goût suave, sucré et agréable, le moins rempli d'ordures.

Fenu grec, ou *Fenum grecum*. Il se sème et se recueille comme la coriandre. Cette plante se trouve en différens endroits de la France; elle se cultive à Aubervilliers près Paris comme la coriandre; on doit choisir sa graine nouvelle, la mieux nourrie et la plus dorée qu'il sera possible.

Frangipanier. Arbre de l'Amérique dont on distingue trois espèces; le frangipanier ordinaire à fleurs jaunes d'abord, et rouges ensuite; le frangipanier musqué, à fleurs rouges, plus foncées vers les bords; et le frangipanier blanc, à fleurs blanches, liserées d'un filet couleur de rose. On en cultive dans les serres chaudes. On prétend que ses fleurs odorantes entrent dans la composition des tourtes de frangipane.

C'est sans doute le frangipanier musqué dont nous avons imité l'odeur que nous donnons à nos poudres, pommades et eaux d'odeur qui portent ce nom.

GALANGA. Racine d'une plante des Grandes-Indes et de la Chine. On en distingue deux espèces, la grande et la petite ; c'est cette dernière qui est préférable, en ce qu'elle est d'un goût piquant et plus aromatique. On doit la choisir bien nourrie et haute en couleur ; il faut que les tronçons des racines ne soient pas plus gros que le petit doigt. On retire aux Indes, par la distillation des fleurs du petit galanga, une huile très-pénétrante, dont une seule goutte communique une odeur délicieuse.

GALBANUM. Gomme-resine qui découle, par incision, d'une plante férulacée qui croît en Afrique et aux Grandes-Indes ; elle est d'un goût amer et âcre. Son odeur, peu agréable pour nous, étoit chez les anciens, au nombre des parfums que l'on brûloit sur les autels.

GAZELLE, ou Animal du musc, qui approche en petit de la figure et de la couleur de la biche, si ce n'est qu'il a le corps plus long. On en voit beaucoup aux Indes orientales et en Afrique ; on en distingue de plusieurs espèces. Il y a beaucoup de ces animaux que l'on nomme musc indistinctement. C'est d'une espèce de gazelle que l'on retire le musc. La meilleure sorte et la plus grande quantité de musc nous viennent des royaumes de Tonquin, de Boutan, et autres endroits de l'Asie. Après qu'on a tué l'animal, on lui coupe la vessie de la grosseur d'un œuf, qui paroît sous le ventre, proche des parties génitales; c'est de cette vessie que l'on retire le musc, qui est comme du sang caillé.

C'est une substance difficile à connoître, que l'on falsifie de bien des manières, soit en ouvrant subitement les vessies, et en y introduisant du sang ou du foie de l'animal, soit en y mettant de petits morceaux de plomb pour la rendre plus pesante : cette dernière supercherie au moins ne fait tort que pour le poids, et n'altère point la qualité de la marchandise. Il faut que la vessie qui renferme le musc soit bien sèche, et que la peau qui l'enveloppe soit bien fine et bien garnie de poil de couleur un peu brune, qui est la marque du véritable musc Tonquin; le poil blanc indique le musc de Bengale, inférieur en qualité. On ne doit pas s'attacher au bon marché. L'épreuve la plus certaine pour reconnoître celui qui n'est pas altéré, est de passer à travers la vessie un fil trempé dans du suc d'ail : s'il perd son odeur, le musc n'est pas falsifié.

Gingembre. Racine d'une plante ou roseau, originaire des Grandes-Indes, mais depuis transportée aux Antilles et en Amérique, où elle croît très-bien, ainsi qu'à Cayenne. On doit choisir le gingembre nouveau, sec, bien nourri, difficile à rompre, résineux au dedans, d'un goût chaud et piquant, et rejeter celui qui est filandreux, et quelquefois vermoulu.

Girofle. Les clous de girofle sont les boutons de fleurs du giroflier, arbre qui croît aux îles Moluques et dans plusieurs îles de l'Amérique où il s'est naturalisé. On a remarqué qu'il n'y a point d'arbre dans tout le monde qui rende une odeur si suave que les girofliers, lorsque leur fruit commence à paroître. On doit choisir le girofle bien nourri, sec et facile à casser, d'un rouge tanné, le plus garni de sa tête. On prendra garde aussi qu'il ne soit mélangé de girofle dont on ait retiré la teinture ou l'huile.

Giroflée. Il y a plusieurs espèces de ces plantes dont les fleurs ont une odeur des plus suaves. La jaune est celle dont on tire le meilleur parti ; c'est une des fleurs printannières : on la choisira bien fleurie, à fleurs épaisses et veloutées, et les plus sèches possibles.

Graisse. J'ai fait mention de cette matière dans différens endroits de cet ouvrage, et principalement au chapitre I<sup>er</sup> de la première partie, sur les pommades. Je vais en parler dans cette table, où sont réunis les principaux objets de la fabrication. On emploie plusieurs sortes de graisses, qui sont celles de bœuf, de veau, de mouton, de porc et d'ours ; elles sont toutes bonnes et ont leurs propriétés particulières.

*Graisse de bœuf.* Cette première est bonne par excellence, surtout quand elle est employée fraiche, qu'elle est d'une bonne consistance, ferme, et n'est point sanguine ; il faut avoir soin de l'ouvrir lorsque vous l'achetez pour sentir si elle n'a aucune odeur désagréable ; si elle en a il faut la rejeter.

*Graisse de veau*. Cette graisse est nécessaire dans différentes recettes, où on l'emploie par la vertu qu'elle a d'adoucir et de rafraîchir la peau.

*Graisse de mouton*. Celle-ci est fort utile, principalement pour les pommades blanches ordinaires et les bâtons de pommade ; elle est très-délicate et plus sujette à se corrompre qu'aucune autre. Autant qu'il est possible, il faut employer la graisse des rognons lorsqu'elle est ferme et sèche, et avoir soin de s'assurer qu'elle n'a aucune odeur, comme je l'ai indiqué ci-devant.

*Graisse de porc*, que l'on nomme vulgairement panne. Elle est d'une grande ressource pour la fabrication : c'est celle dont il se consomme le plus. Liée avec les précédentes, elle sert à donner ou à ôter de la consistance aux pommades selon les saisons, comme il est indiqué aux recettes.

Vous choisirez la panne bien fraîche et la plus épaisse possible, ferme et bien décaronnée (c'està-dire que vous aurez soin qu'elle ne soit pas bordée de peaux et de viande sanguine comme il s'en trouve souvent) ; enfin, vous trouverez qualité et profit dans celle qui est épaisse.

*Graisse d'ours*. Cette graisse huileuse s'emploie seulement à faire une pommade bonne pour la conservation et la crue des cheveux, comme il est indiqué au chapitre II des pommades. Elle nous est apportée des pays éloignés du Nord ; on en tire aussi de la Savoie et des Alpes.

Héliotrope. Cette plante, agréable à la vue, ne l'est pas moins à l'odorat. On en conserve l'hiver dans les serres chaudes ou dans les appartemens ; elle les décore et les parfume d'une odeur suave qui approche de la vanille.

Jacinthe. Cette fleur, originaire des Indes, s'est acclimatée en France où elle est cultivée avec succès. La Hollande, et surtout Harlem, est la vraie patrie des jacinthes. Cette fleur est des premières à paroître au retour du printemps, c'est aussi la première de laquelle on s'occupe, et qu'il faut suivre de près pour le travail.

Jasmin. De ces arbrisseaux charmans, les uns réussissent en pleine terre et forment des berceaux odorans, d'autres ne vivent que dans les serres ; mais leurs vrais climats sont les pays méridionaux ; ils croissent facilement et produisent des fleurs en abondance. Chez nous ils ne donnent de la fleur qu'à la fin de l'été. Ils ont besoin de cette saison pour que leur sève s'échauffe ; j'en excepte le petit jasmin, qui vient plutôt et qui ne rend pas assez pour le travail.

L'odeur du jasmin est très-volatile. On ne peut en retirer l'huile par la distillation. On obtient cet esprit recteur par le moyen des corps gras, et par un autre procédé vous transmettez cette odeur en mettant vos corps gras dans l'esprit-de-vin, comme il est expliqué ci-devant dans les recettes.

Jonquille. Cette fleur, d'une odeur forte et délicieuse, se multiplie de graines de cailleux. Les soins et la culture nous ont procuré l'espèce à fleurs doubles. Elle paroît tout au commencement du printemps, peu après la jacinthe. Il faut en suivre exactement l'emploi, attendu que son règne est de peu de durée.

Iris. Plante d'une belle forme, qui présente beaucoup de variétés et peut faire l'ornement des jardins ; on en voit de belles espèces en Angleterre, en Perse, en Italie. La racine d'iris de Florence donne une odeur de violette des plus suaves, et c'est la préférée, ainsi que celle de Languedoc et de Provence. Il faut choisir l'iris grosse et bien nourrie, unie, blanche en dessus et en dedans, sèche, difficile à casser, d'une odeur douce approchant de celle de la violette, et rejeter celle qui est maigre, mollasse et de nulle odeur, ainsi que celle qui est vermoulue, état auquel elle est fort sujette.

Julienne, ou Julianne. Espèce de petite giroflée. Cette fleur donne une odeur très-suave, et fait l'ornement des parterres par sa tige pyramidale.

Labdanum. Différens auteurs ont parlé de l'origine et de la nature de cette substance ; les uns veulent qu'on la tire d'une graisse qui s'attache à la barbe des boucs et des chèvres, dans certains pays chauds les habitans ont soin de recueillir cette graisse à fur et à mesure, et ensuite ils la purifient, la passent et la mettent dans des vessies pour la transporter et la vendre. Du marc de ce labdanum ils font des rouleaux qu'ils tortillent en forme de pains de bougie, et c'est ce qu'ils appellent *labdanum in tortis*. Mais des auteurs plus modernes disent que c'est une substance aromatique et résineuse, qui se tire d'une espèce de ciste qui croît au Levant, dans l'Archipel. La récolte s'en fait par le moyen d'une perche où sont attachés de grandes lanières en forme de fouet ; ils les passent et repassent sur les arbustes, le suc résineux qui transpire de la plante s'y attache, on l'enlève avec un couteau : c'est le labdanum. Le bon labdanum, et celui que l'on doit préférer, a un goût balsamique, un peu âcre, une odeur agréable ; mais on en voit fort peu qui possède ces qualités ; il est souvent falsifié et mêlé avec d'autres résines odorantes à bon marché, et disposé en pains entortillés qui ont très-peu d'odeur.

LAVANDE. Les parties de cette plante contiennent beaucoup de principes aromatiques ; on en tire, par la distillation, un esprit et une eau agréables, ainsi que l'huile essentielle. Pour s'assurer de la pureté de cette huile, on en fait une dissolution dans l'esprit-de-vin, ensuite on y jette de l'eau qui se combine avec l'esprit ; l'huile surnage. On retire de cette huile que l'on fait brûler dans une cuiller de métal : si elle est pure, le peu de fumée qui s'évapore n'est pas désagréable ; mais peu de flamme et beaucoup de fumée décèlent qu'il y a de l'huile de térébenthine ou un mélange d'autres huiles.

LILAS. Cet arbrisseau charmant, qui orne et parfume nos bosquets de printemps, est originaire des Indes orientales ; il s'est naturalisé dans nos climats et conserve long-temps sa belle verdure ; mais sa fleur n'est pas de longue durée ; il faut l'épier avec soin lorsqu'on veut l'employer en parfumerie.

Lis. Cette plante par son éclat et sa blancheur fait l'ornement de nos parterres; son odeur suave parfume l'air et vient flatter délicieusement notre odorat. Sa fleur, qui s'élève majestueusement, paroît dans une saison où la rose, l'œillet et le chèvrefeuille semblent lui disputer le prix de la beauté et la douceur du parfum. Il y a des lis jaunes, rouges, orangés et à fleurs doubles.

Macis. Substance aromatique et fort agréable; elle a la même propriété que la noix muscade; on lui donne mal-à-propos le nom de fleur de muscade. On doit la choisir en larges feuilles, très-haute en couleur, d'un goût piquant et aromatique.

Muguet, ou Lis des vallées. Ces jolies fleurs ont une odeur de verdure, et cependant douce et suave; elles font la parure des villageoises au printemps: les dames de la ville partagent ce plaisir avec elles.

Musc. *Voyez* Gazelle.

Muscade, ou Noix muscade. C'est le muscadier qui porte ce fruit, qu'on peut comparer à nos noix vertes, et dont la muscade est l'amande; il est fort cultivé en Asie. Ce climat est si bon, que ces arbres y sont toujours chargés de fleurs et de fruits. La récolte s'en fait trois fois l'année. Il croît aussi aux Indes orientales. Les muscades nous viennent par la voix des Hollandais, qui les recueillent aux îles Moluques. On doit les choisir bien fleuries, pesantes, unies, d'un gris blanchâtre, d'une belle marbrure en dessus, rouges en dedans, grasses et onctueuses, ce qui annonce qu'elles sont nouvelles. Râpées, elles doivent donner une odeur suave.

Cette noix aromatique entre dans quelques-unes de nos compositions. On peut en tirer aussi une huile essentielle par distillation ou par la vapeur de l'eau bouillante.

Mirrhe. Substance résineuse qui découle d'un petit arbrisseau épineux par le moyen des incisions qu'on lui fait ; elle se forme en larmes claires et transparentes, d'une couleur blanche qui, en vieillissant, devient rouge foncé. Cet arbrisseau croît dans l'Arabie. On choisit la mirrhe en belles larmes, d'un jaune doré clair, transparente, légère, d'un goût amer et d'une odeur forte et assez désagréable : c'est là la véritable mirrhe ou le stacté en larmes. Anciennement la mirrhe passoit pour un parfum très-précieux.

Myrte. Cet arbrisseau, que nous sommes obligés de mettre l'hiver dans les serres, se conserve en pleine terre dans les pays méridionaux; ses fleurs ont une odeur suave et aromatique ; celui à fleurs doubles est agréable à la vue.

Narcisse. Cette plante est une des premières dont la fleur décore nos parterres au retour du printemps, et y répand une odeur douce et suave : aussi s'en sert-on pour former des bouquets et orner les toilettes.

Œillet. Cette fleur fait l'ornement des jardins par sa beauté et son odeur agréable, et flatte la vue en même temps par ses variétés. Sa ressemblance avec le girofle fait qu'on le remplace quelquefois par cette fleur, qui en rend parfaitement l'odeur si on l'emploie avec art. On peut tirer un bon parti de la fleur d'œillet, comme il est indiqué dans ce traité.

OLIBAN. *Voyez* ENCENS.

ORANGER. Cet arbre originaire des climats chauds de l'Asie, est un des plus beaux ornemens de la nature. On tire un bon parti de la fleur et du fruit. Quoiqu'il ne réussisse bien que dans les climats chauds, on l'élève ici avec assez d'avantage, en le garantissant du froid pendant l'hiver, dans les orangeries.

ORANGEONS. Lorsque l'oranger se défleurit, le fruit qui reste après tombe en partie avant sa maturité. Il n'est pas perdu pour cela; on le ramasse, et on le fait sécher pour être employé au besoin; c'est le nom que nous donnons à ce petit fruit avorton.

ORCANETTE. Espèce de buglosse du Levant, de Languedoc et de Provence, d'un rouge foncé en dessus et blanche en dedans. On choisit l'orcanette nouvelle, souple, sèche et très-peu humectée; quand on la frotte sur la main ou sur l'ongle, elle doit produire un rouge vermeil. J'ai remarqué que celle qui est revêtue de son écorce fine donne toujours plus de couleur, et que c'est dans cette partie principalement qu'elle réside.

PIMENT ou POIVRE DE LA JAMAÏQUE. Epice assez piquante, qui entre dans les poudres de composition. Ce fruit provient du bois d'Inde appelé valgairement bois de Campèche ou de la Jamaïque : ces îles en fournissent des forêts entières.

Poivre. On en distingue beaucoup d'espèces ; le blanc et le noir ne diffèrent guère l'un de l'autre. Ils croissent dans les Indes. Il en vient d'autres variétés dans le Bengale et aux îles de l'Amérique. Le poivre entre dans quelques compositions.

Potasse. Cendre de pot dont on retire l'alkali, et qui nous vient de Dantzik et de Moscovie ; celle de Dantzik est réputée la meilleure : elle s'emploie dans la composition du savon.

Réséda. Cette plante, originaire d'Egypte, s'est acclimatée dans nos jardins ; mais celle que l'on cultive ici a une odeur un peu aigre, et n'acquiert point le parfum du réséda d'Egypte.

Romarin. Plante d'une odeur très-forte et aromatique, qui vient de bouture, craint les froids et le fumier. Le romarin entroit quelquefois dans les couronnes de fleurs. On en brûle conjointement avec les baies de genièvre pour chasser l'air contagieux et pestilentiel. On emploie avec avantage le romarin dans différentes compositions de ce traité.

Rosier. Arbuste épineux, dont on distingue plusieurs espèces, et dont les fleurs sont aussi utiles qu'agréables. Celles dont on se sert dans la parfumerie, telles que les roses pâles, les roses de Provins, et la rose muscade, ont leur utilité particulière, comme il est dit dans les recettes où elles entrent. La première de ces espèces l'emporte sur toutes par sa beauté, sa fraîcheur et son odeur suave ; les variétés que la culture en a obtenues sont à l'infini.

Roucouyer. On cultive cet arbre dans les îles de l'Amérique : son bois est blanc. L'on prétend que deux morceaux de ce bois frottés l'un contre l'autre donnent des étincelles inflammables. C'est de ces graines que l'on retire une belle teinture rouge ; on la prépare en consistance de pâte par la trituration, la dissolution, la macération et la fermentation ; l'eau est le seul dissolvant qu'on emploie. La bonne pâte de roucou doit être sans ordure, douce au toucher, d'une odeur de violette. C'est avec cette pâte que nous teignons nos corps de pommade jaune, que nous nommons *rocou*, *roucou* ou *rocourt*. Il est rare de trouver cette pâte de bonne odeur, ainsi que nous l'avons dit ci-dessus. Cependant j'en ai vu qui n'en avoit pas de désagréable. Le meilleur roucou est celui de Cayenne.

Safran. Plante à oignon. Ce végétal croît dans toutes sortes de climats ; le plus estimé est celui du Gatinais. L'on en tire une belle couleur jaune. Il peut s'employer dans la parfumerie, tant pour la couleur que pour l'odeur. On doit le choisir bien sec, à filets larges, d'un beau rouge velouté, d'une bonne odeur et le moins chargé de filets jaunes.

Safranum Cartame, ou safran bâtard. On cultive cette plante en France ainsi qu'en Italie et en Espagne ; sa fleur est précieuse en teinture, elle ne l'est pas moins pour faire le beau rouge de toilette connu sous le nom de *rouge végétal*. On doit le choisir haut en couleur, d'un beau rouge velouté, et le plus nouveau qu'il sera possible.

Sang-dragon. Substance résineuse de certaines espèces de palmiers qui croissent aux îles Canaries. Elle découle des incisions faites à ces arbres. Les palmiers de l'île de Java donnent aussi du sang-dragon. Cette résine est inflammable et répand, lorsqu'on la brûle, une odeur qui approche du storax liquide. Elle est un excellent vulnéraire; c'est pourquoi on la fait entrer dans les poudres propres à raffermir les gencives. On la choisit en petites larmes claires et transparentes, et dont la poudre soit d'un très-beau rouge foncé : cette première qualité est fort rare. Il en vient aussi en masse, qui est d'un rouge extrêmement foncé lorsqu'il est écrasé. C'est celui dont on use le plus à défaut de l'autre.

Sandal. *Voyez* Bois de Sandal.

Sassafras. *Voyez* Bois de Sassafras.

Seringat. Cet arbrisseau, dans la belle saison, porte des fleurs doubles et simples, d'une odeur assez forte et agréable, qui approche de la fleur d'orange. On peut en tirer parti dans les parfums.

Serpolet. Espèce de thym sauvage. Cette plante odorante et aromatique s'emploie comme le thym dans la parfumerie.

Souchet. Il y a plusieurs sortes de souchet : c'est le long que l'on préfère. Cette racine noueuse, entourée de filamens de couleur brune, est d'une odeur agréable, principalement quand elle est nouvelle, et difficile à rompre quoique séchée.

STAPHISAIGRE, ou Herbe aux poux. Cette plante sert au même usage que la coque du Levant.

STORAX. C'est une gomme ou résine qui découle naturellement du tronc et des grosses branches d'un arbre de moyenne hauteur, appelé alibousier. La récolte en est très abondante dans les pays très-chauds. Elle nous vient par la voie de Marseille, qui la tire du Levant et de plusieurs endroits de la Syrie. On choisit le storax en masse d'une couleur rougeâtre, mou et gras, d'une agréable odeur. Il faut rejeter celui qui est sec et rempli d'ordures, ce à quoi il est sujet aussi bien que le storax en pain, en boule et en marron.

STORAX CALAMITE. Le storax calamite ou en larmes, que nous tirons de Marseille ou d'Hollande, est en masse rougeâtre, rempli de larmes blanches en dedans et rougeâtres en dessus, et quelquefois aussi séparées, d'une consistance moyenne, d'une odeur douce et suave, approchant de celle du baume noir du Pérou. On le choisit en belles larmes séparées, de la couleur ci-dessus, le moins amer qu'il sera possible.

STYRAX, ou Storax liquide. Le storax liquide est composé de quatre ingrédiens fondus ensemble, qui sont le storax, le galipot, l'huile et le vin, battus avec de l'eau pour les mettre en consistance d'onguent. On le choisit d'une couleur grise, le moins rempli d'ordures et le moins humide, enfin d'une bonne consistance. On donne une autre origine au styrax: on prétend que cette résine liquide, gluante, d'un gris brun, d'une odeur forte de storax solide, d'un goût un peu âcre et aromatique, est le suc d'un arbre appelé *rosomallors*, qui croît à l'île de Cobras dans la mer Rouge.

Talc minéral. Espèce de pierre toujours en masse dans le sein de la terre, composée par feuillets gras, écailleux, pesante, réfractaire, inaltérable au feu jusque dans sa couleur; indissoluble aux acides. Le plus beau talc est celui qui se trouve en grosses pierres d'un blanc verdâtre et luisant, dans les carrières situées proche de Venise ; il s'en trouve aussi en Allemagne et aux Alpes.

Terra merita, ou Curcuma. Espèce de safran ou souchet des Indes. On en distingue deux espèces, la ronde et la longue : cette dernière est cultivée plus soigneusement par les Indiens. Il en vient aussi à l'île Saint-Laurent. On doit choisir cette racine grosse, nouvelle, résineuse, difficile à casser, la plus pesante et la moins vermoulue. On en tire une teinture d'un beau jaune, qui sert dans différentes compositions.

Thym. L'odeur aromatique de cette plante la fait rechercher dans les jardins. Quelques brins de fleur de thym avec quelques roses en bouquets, rendent une odeur des plus suaves et aromatiques. Le thym est utile dans la parfumerie ; on en tire avec avantage l'huile essentielle.

Tubéreuse, ou jacinthe des Indes, d'où elle fut transportée en Italie, et de là dans nos départemens méridionaux où elle fleurit en pleine terre. Ici nous la mettons dans des pots sur couche pour lui procurer la température de son climat. Cette fleur commence à paroître vers le milieu de l'été, et continue à être dans sa force jusqu'au commencement de septembre : passé ce temps, elle n'a plus la qualité qui convient pour son emploi dans la parfumerie.

Vanille. Cette plante vient du Mexique, du Pérou et de l'île Saint-Domingue ; mais celle de cette dernière n'a pas tant d'odeur ; elle croît jusqu'à douze et quinze pieds de hauteur. On donne un appui à sa foiblesse en l'entortillant autour des autres arbres, ou en la ramant comme nos haricots. La vanille est en forme de gousses, d'environ huit pouces de long, de la grosseur du petit doigt d'un enfant, et qui pendent autour de cette plante. On doit la choisir grosse, bien nourrie, longue, nouvelle, pesante, argentée ou givrée, d'une odeur agréable, et non ridée ni frottée de baume, comme il y en a, pour lui donner plus de poids et d'onctuosité.

Violette. Cette fleur, une des premières qui annoncent la belle saison, s'emploie dans la parfumerie.

Voulivosa. Les fleurs de cet arbrisseau de Madagascar réunissent le parfum de la fleur d'orange, du girofle et de la cannelle.

Zibet, que l'on nomme aussi animal du musc, est originaire d'Asie et des Indes orientales ; il ressemble beaucoup à la civette : mêmes mœurs, mêmes habitudes. L'un et l'autre portent une poche odorante : les différences ne sont qu'extérieures. *Voyez* Civette.

FIN.

# TABLE

Des Matières contenues dans ce Volume.

## PREMIÈRE PARTIE.

Chapitre I. *De l'épuration et préparation des corps de pommade.* pag. 1

Chap. II. *De la fabrication et composition des pommades fines aux fleurs doubles et autres.* 6

Pommade *à la rose.* ibid.
*à la fleur d'orange.* 8
*à la jonquille.* ibid.
*à la jonquille composée.* 11
*à la jacinthe.* 12
*à la jacinthe composée.* ibid.
*au lilas.* 13
*au lilas composée.* 14
*à la violette.* 15
*à la violette composée.* ibid.
*au seringat.* 16
*composée au seringat.* ibid.
*au muguet.* 17

*Pommade* au muguet composée. pag. 17
à la tubéreuse. ibid.
au jasmin. 18
à la cassie. 19
au réséda. ibid.
à l'héliotrope. 20
à l'héliotrope composée. 21
à la vanille. 22
au bouquet. 24
de millefleurs. ibid.
au pot-pourri. 25
à l'œillet. ibid.
à la sultane. 26
à la duchesse. ibid.
à la frangipane. 27
à la maréchale. 28
ambrée et musquée. ibid.
de Chypre. 30
aux fleurs d'Italie. ibid.
aux fleurs d'Italie composée. 31
romaine. 32
impériale. ibid.
de Flore. 34
Même qualité en bâtons de pommade. 33
à la bergamote fine. 36

Pommade de moëlle de bœuf de différentes
          odeurs et qualités.   pag. 36
    de moëlle à la rose.        38
    de moëlle à la fleur d'orange.
                            ibid.
      de moëlle au jasmin.      39
      de moëlle à l'œillet.      ibid.
      de moëlle au bouquet.    ibid.
Bâtons de moëlle de bœuf.      40
Pommade d'ours au noyer.      41
Autre manière de faire la pommade de
  graisse d'ours au noyer.      42
Pommade souveraine pour la conservation
          des cheveux.           43
      aux concombres.         44
      aux limaçons.           46
Autre manière de faire la pommade aux
  limaçons, et la plus usitée.    48
Pommade à la providence pour blanchir la
          peau.               49
      pour le tein.            50
      des Sultanes pour le tein.   51
      pour les lèvres.         ibid.
Autre pommade pour les lèvres, principalement pour faire passer les gerçures, les
  crevasses des mains, du sein, et pour
  adoucir la peau.            53

| | |
|---|---|
| *Pommade noire.* | pag. 53 |
| *Corps de Pommade jaune.* | 54 |
| *Autre corps jaune.* | 55 |
| *Corps de pommade verte.* | 56 |

## DEUXIÈME PARTIE.

Chap. I. *De la fabrication des eaux d'odeurs, tant simples que spiritueuses, par distillation et infusion des esprits, extraits et teintures différentes, essences et quintessences, eaux cosmétiques et balsamiques, lait virginal et autres à l'usage de la toilette.*   58

Chap. II.   63

*Eau de fleur d'orange.*   65

    *de rose.*   67

    *de fleur d'orange spiritueuse.*   68

    *de rose spiritueuse.*   69

Chap. III. *Esprits, ou extraits de fleurs.*   70

*Méthode pour l'emploi des esprits ou extraits de fleurs, à défaut de fleurs, qui dispense de la distillation.*   ibid.

*Autre manière de faire les mêmes extraits et esprits aux fleurs.*   72

DES MATIÈRES.

*Esprit de violette.* pag. 74
 *de violette que l'on peut placer au rang des extraits.* ibid.
 *de rhodia.* 76
*Autre manière de faire l'esprit de rhodia.* ibid.

*Esprit de safran.* 77
 *de girofle.* ibid.
 *de cannelle.* ibid.
 *de vanille.* 78
 *de badiane.* ibid.
 *de benjoin.* ibid.
 *de storax.* 79
 *de baume de tolu.* ibid.
*Teinture de baume du Pérou.* ibid.
*Esprit de styrax liquide.* 80
 *de sassafras.* ibid.
 *de sandal citrin.* ibid.
 *de fenu grec.* 81
 *d'ambrette.* ibid.
 *ou infusion de maréchale.* ibid.
*Essence d'ambre, que l'on nomme aussi quintessence, et qui n'est qu'une teinture comme beaucoup d'autres.* 82
 *de musc.* 83
 *de civette.* 84

| | |
|---|---|
| Esprit ou teinture rouge. | pag. 85 |
| Teinture jaune. | ibid. |
| Esprit ou teinture verte. | 86 |
| Extraits de composition. | ibid. |
| CHAP. IV. *Eaux d'odeurs.* | 87 |
| Eau de Jasmin. | ibid. |
|     de rose spiritueuse. | 89 |
|     de fleurs d'orange spiritueuse. | ibid. |
| Autre manière de faire cette même eau spiritueuse. | 90 |
| Eau de tubéreuse. | ibid. |
|     de jonquille. | ibid. |
| Autre composée, à défaut de celle-ci. | 91 |
| Eau de jacinthe. | ibid. |
| Autre composée. | 92 |
| Eau de réséda. | ibid. |
| Autre composée. | ibid. |
| Eau de violette. | 93 |
|     d'œillet. | ibid. |
|     de bouquet. | 94 |
|     de millefleurs. | ibid. |
|     de pot-pourri. | 95 |
|     suave. | ibid. |
|     suave rose. | 96 |
|     de miel d'Angleterre. | ibid. |
|     la même, composée à l'infusion. | 97 |
|     gracieuse. | ibid. |

| | |
|---|---|
| *Eau de Chypre.* | pag. 98 |
| des sultanes. | ibid. |
| à la maréchale. | 99 |
| d'ambre. | ibid. |
| de musc. | 100 |
| romaine. | ibid. |
| impériale. | ibid. |
| *Autre procédé pour faire l'eau impériale, si on a négligé de la faire en son temps.* | 102 |
| *Eau athénienne.* | 103 |
| athénienne par un autre procédé, et d'une odeur fort agréable. | 104 |
| de vanille. | ibid. |
| d'héliotrope. | 105 |
| de Flore. | ibid. |
| de lilas. | ibid. |
| autre composée. | 106 |
| à la frangipane. | ibid. |
| de néroli. | ibid. |
| de thym. | 107 |
| de myrte. | ibid. |
| de bergamote. | 108 |
| de cédrat. | ibid. |
| de Portugal. | 108 |
| *Eau-de-vie de lavande distillée.* | 109 |

Eau-de-vie de lavande composée à l'in-
fusion ou à l'essence. pag. 110
    de lavande rectifiée. 111
Autre composition d'eau-de-vie de lavande
à un degré inférieur. ibid.
Eau-de-vie de lavande rouge. ibid.
    de lavande rouge aromatique.
    112
    de lavande à la bergamote.
    ibid.
    de lavande ambrée. 113
    de lavande à la rose. ibid.
Autre manière de faire la même eau-de-
vie de lavande. 114
Eau jaune, dite à la reine. ibid.
Eau de la Reine de Hongrie. 115
Autre manière de faire la même. ibid.
Eau vulnéraire, dite d'arquebusade. ibid.
Recette pour vingt-quatre pintes de cette
eau. 116
Eau de mélisse, connue sous le nom d'eau
des carmes. 118
  La même eau composée à défaut de
mélisse. ibid.
  de Cologne. 119
  de Cologne fine, d'une composition
plus agréable. 120

| | |
|---|---|
| Eau sans pareille. | pag. 120 |
| Eau-de-vie de gaïac. | 121 |
| Esprit de cochléaria. | 122 |
| Eau vulnéraire. | ibid. |
| Eau ou teinture de Gréenough. | 123 |
| Teinture de Gréenough pour le mal de dents. | 124 |
| Eau contre les rougeurs du visage et les boutons. | ibid. |
| Eau de beauté ou de perle. | 125 |
| Autre manière plus prompte, à défaut de blanc de perle. | 126 |
| Eau de fraxinelle, ou eau des dames. | ibid. |
| Eau pour enlever les taches de rousseur et les signes qui viennent sur le visage. | 127 |
| Cosmétique par décoction, excellent pour conserver la peau fraîche et pour ôter les rides. | ibid. |
| Eau balsamique. | 128 |
| de lis. | 129 |
| de mouron pour le teint. | 130 |
| Lait virginal. | ibid. |
| virginal blanc. | 131 |
| de rose, dit anglais. | 132 |
| de concombres. | 135 |

## TROISIÈME PARTIE.

*De la fabrication de toutes les poudres blanches et de couleur, aux fleurs, et autres de composition.* page 137

Chap. I. *De la poudre blanche.* ibid.

*Poudre à la fleur d'orange.* 138
    au jasmin. 140
    à la jonquille. 141
    de jacinthe. ibid.
    à la tubéreuse. ibid.
    à la rose ordinaire ou pâle. 142
    à la rose muscade. 143
    de giroflé, de muguet et de réséda. ibid.
    de giroflé. 144
    de muguet. ibid.
    de réséda. ibid.
    à la maréchale, ou odeur de maréchale de composition pour parfumer la poudre blanche. 145
    d'œillet de composition pour le même objet. 146
    blanche au bouquet composée. 147

Chap. II. *Des poudres de couleur à la maréchale, œillet et autres odeurs.* 148

Poudre à la maréchale.  pag. 148
 d'œillet double.  150
 à la frangipane.  151
 à la frangipane blanche.  152
 à l'ambre.  ibid.
 au musc.  153
 de Chypre.  154
Préparation de la mousse de chêne.  ibid.
Poudre à la vanille.  155
 à la vanille blanche.  156
 à l'héliotrope.  157
 au bouquet.  158
 de millefleurs.  159
 impériale.  160
 de Flore.  ibid.
 de mousseline des Indes.  161
 à la bergamote.  ibid.
 d'iris ou de violette.  162
 noire.  ibid.
 grise ou ardoise.  163
 blonde et chamoise.  ibid.
 rousse.  164
 rose.  ibid.
 de fèves.  165
 de propreté.  ibid.
 à sachets.  ibid.
Sachets à l'ambre ou au musc.  166

Sachets aux herbes de Montpellier. pag. 167
   au pot-pourri.       ibid.
   à la rose.        168
   à la violette.       ibid.
   à la vanille.       ibid.
Pot-pourri aromatique.      169
Parfum de Portugal.       171
Pot-pourri aux fleurs.       172

## QUATRIÈME PARTIE.

De la fabrication des huiles d'amandes et pâtes sans odeur et à odeur, huiles parfumées aux fleurs et aux essences, huiles essentielles des fleurs et fruits, huiles essentielles des graines et épices.   174

CHAP. I. *Huile d'amandes douces.*   ibid.

Autre pâte d'amande en poudre parfumée et agréable.       178

Pâte d'amande liquide.      179
   liquide parfumée.     181

Autre pâte parfumée d'une autre composition, et qui est très-agréable.   ibid.

Pâte liquide à la vanille.      182

Corps composé pour la pâte à la vanille.            183

Pâte de Flore, dite à la rose.    185

*Pâte liquide au jasmin.* pag. 186
*liquide à la fleur d'orange.* 187
*d'amande au miel.* ibid.
*grasse.* 189
Chap. II. *Des huiles parfumées aux fleurs et aux essences.* 190
*Huile parfumée à la bergamote, citron, cédrat, Portugal, néroli, etc.* 192
*aux fleurs.* ibid.
*au jasmin.* 194
*à la rose.* 196
*à la fleur d'orange.* ibid.
*à la jonquille.* 197
*à la jacinthe.* 198
*à la tubéreuse.* ibid.
*à la cassie.* ibid.
*à la violette.* 199
*à l'œillet.* ibid.
*au bouquet ou de millefleurs, et pot-pourri.* 200
*à la vanille.* 201
*à l'héliotrope.* 202
*à l'ambre et au musc.* 203
*au musc.* 204
Chap. III. *Autre manière d'extraire l'huile parfumée aux fleurs, ainsi que la pâte*

d'amande parfumée par la même opération  pag. 204

Autre procédé pour parfumer l'huile aux fleurs, principalement celles que nous possédons le plus dans ce climat : telles que les roses, les fleurs d'orange, la jacinthe, la jonquille, la tubéreuse, etc.  206

CHAP. IV. *Des huiles essentielles, essences ou quintessences.*  207

*Huile essentielle de cédrat, tirée par expression.*  209

    *essentielle au zeste.*  212

    *essentielle de bergamote.*  214

CHAP. V. *Des huiles essentielles des fleurs.*  215

*De la fleur d'orange.*  ibid.

*Essence de rose.*  217

CHAP. VI. *Des huiles essentielles des plantes aromatiques et odorantes.*  219

*Essence de lavande.*  220

    *de thym.*  221

    *de serpolet.*  223

CHAP. VII. *De l'huile essentielle des épices.*  ibid.

CHAP. VIII. *De l'huile essentielle des graines.*  227

De l'anis. pag. 228
Baies de laurier. 229
Le daucus. ibid.
De la falsification des huiles essentielles. 230

# CINQUIÈME PARTIE.

De la fabrication des savonnettes de toutes qualités, pains de savon blanc et autres savons liquides, façon dite de Naples; poudre de savon à odeur et sans odeur; essence de savon. 233

Chap. I. ibid.
Chap. II. Moyen de faire les savonnettes lourdes communes, blanches et brunes. 235

Savonnettes marbrées communes. 237
  légères moins communes. 240
  demi-lourdes. ibid.
Savon demi-lourd, qui sert à faire les pains de savon pour les mains ou pour la barbe. 242
Pains de savon à la rose. 246
Manière de préparer le savon en vert pour les savonnettes aux fines herbes. 247
Savonnettes aux fines herbes. 248

TABLE

*Savonnettes aux fines herbes, dites à filet.*
pag. 250
à la bergamote. 253
au néroli. 254
à la frangipane. ibid.
à l'ambre. 255
au musc. 257
à la vanille. ibid.
à l'œillet. 259

*Poudre de savon.* ibid.
*Autre manière de faire la poudre de savon.* 260
*Autre manière de faire la poudre de savon avec le savon léger.* ibid.
*Autre manière de faire la poudre parfumée.* 261
*Savon liquide, façon de Naples.* 262
*Essence de savon.* 263
*Essence de savon fine aux fleurs, nommée savon de Naples.* 264

## SIXIÈME PARTIE.

*De la fabrication des vinaigres à l'usage de la toilette, et autres objets relatifs aux chapitres II, III et IV de la seconde partie de cet ouvrage.* 266

DES MATIÈRES.

| | |
|---|---|
| Chap. I. | pag. 266 |
| Vinaigre à la lavande. | 267 |
| Autre manière de travailler le même vinaigre. | 268 |
| Autre manière à l'infusion. | ibid. |
| Vinaigre à la bergamote. | 270 |
| à la rose. | 271 |
| Autre à l'infusion. | 272 |
| Autre à la rose-muscade, qui sera plus agréable et moins haut en couleur. | ibid. |
| Autre à l'huile essentielle. | ibid. |
| Vinaigre à la fleur d'orange. | 273 |
| Vinaigre à l'ambre. | 275 |
| Autre à la quintessence. | 274 |
| Vinaigre des quatre-voleurs. | ibid. |
| de beauté. | 277 |
| Chap. II. Poudre d'alun parfumée. | ibid. |
| Poudre d'alun parfumée à l'œillet. | 278 |
| d'alun parfumée à l'ambre. | ibid. |
| Chap. III. Cire épilatoire. | 279 |
| Poudre épilatoire. | 280 |
| Onguent pour le même usage. | ibid. |
| Chap. IV. Pommade collante pour les faux toupets. | 281 |
| Pommade collante d'une autre composition. | 282 |
| Eau collante pour le même usage. | 283 |

Chap. V. *Poudre dite de corail pour les dents.* pag. 283

*Autre poudre supérieure pour les dents.* 284

*Autre poudre pour les dents.* 285

*Autre pour le même usage.* ibid.

*Poudre vermeille dite à la rose, pour le même usage.* ibid.

Chap. VI. *Opiates pour les dents.* 286

*Manière de les faire.* 287

Chap. VII. *Racines et éponges pour les dents.* ibid.

*Préparation et teinture des racines et éponges.* 288

*Préparation des éponges fines pour la toilette.* 290

*Autre préparation.* 291

*Autre procédé pour blanchir les éponges.* 292

Chap. VIII. *Pastilles à brûler.* ibid.

*Autres pastilles.* 294

*Autres pastilles.* 295

*Pastilles à la rose.* ibid.

*Pastilles à l'ambre.* 296

*Pastilles des Indes, dites pastilles blondes.* ibid.

*Procédé pour parfumer les fleurs artifi-*

*cielles, et donner à chacune le parfum qui lui convient.* pag. 297
*Fleur de jasmin.* 298
 *d'orange.* ibid.
 *de tubéreuse.* 299
 *d'œillet.* ibid.
 *de violette.* ibid.
 *de seringat.* 300
 *d'héliotrope.* ibid.
 *de lilas.* ibid.
*Parfums liquides d'évaporation, avec lesquels on peut parfumer comme avec les pastilles.* 301
Chap. IX. *Cachou.* 302
*Cachou à la violette.* 303
 *à la fleur d'orange.* ibid.
 *à la rose.* 305
 *à l'ambre.* ibid.
 *à la vanille.* 306
Chap. X. *Peau d'Espagne, autrement dite peau parfumée.* 307
Chap. XI. *Des gants.* 310
*Manière de préparer les peaux de chiens pour les gants gras, et autres pour les gants gras ordinaires.* 311
*Gants gras.* 313
*Bandeaux gras.* 314

| | |
|---|---|
| Autre. | pag. 315 |
| Gants parfumés. | 316 |
| Peaux et gants parfumés aux fleurs. | 318 |
| Composition pour une douzaine de peaux ou de gants. | 320 |
| CHAP. XII. Blanc de perle. | ibid. |
| Autre blanc préférable. | 321 |
| Le même en pots. | 322 |
| Talc en poudre. | ibid. |
| Rouge de différentes qualités. | 323 |
| De la fabrication du carmin. | 324 |
| Rouge ordinaire. | 327 |
| végétal. | 329 |
| Autre procédé avec la liqueur. | 330 |
| Notes des proportions pour faire les différentes nuances du rouge. | 332 |
| Autre rouge en tasses. | ibid. |
| Eau de la Chine pour noircir les cheveux. | 334 |
| Autre procédé pour faire cette eau. | 335 |
| CHAP. XIII. Des bains. | ibid. |
| Bain aromatique. | 336 |
| de beauté. | 337 |
| de pied adoucissant. | ibid. |
| Autre bain de pied aromatique. | ibid. |
| Bains d'odeurs. | 338 |

CHAP. XIV *Recettes et procédés simples et faciles à l'usage de la toilette, que toutes personnes peuvent faire elles-mêmes, surtout lorsqu'elles sont en voyage ou qu'elles résident à la campagne.* pag. 339
Procédé pour éclaircir le teint. ibid.
Eau pour déhâler le teint. 340
  contre les effets du hâle. ibid.
Lait végétal contre les rougeurs. ibid.
Eau pour le même usage. 341
Autre contre les feux volages au visage. ibid.
Moyens de faire disparoître les lentilles du visage. ibid.
Autre procédé pour obtenir le même effet. 342
Eau de charmes. ibid.
Huile cosmétique pour nettoyer et adoucir la peau du visage. ibid.
Eau de beauté très-utile après la petite-vérole. ibid.
Autre eau de beauté. 343
Eau pour conserver le teint. ibid.
Lotion admirable pour le visage. ibid.
Lustre pour la peau. 344
Pommade contre les rides du visage. ibid.
Moyen de remédier à la mauvaise odeur de la bouche. 345

*Autre moyen de remédier à l'haleine forte.*
   pag. 345

*Remède contre les dents agacées.* ibid.
   — *contre l'odeur fétide du nez.* 346
*Taffetas d'Angleterre pour les coupures.*
   ibid.

## SUPPLÉMENT.

*Eau impériale aromatique.* 348
   *cosmétique et odontalgique.*
   349

INDEX *alphabétique des principales substances désignées dans ce Traité, spécifiant leur origine, leurs qualités et la saison où les fleurs, graines, feuilles, baies et fruits, servant à la parfumerie, doivent être récoltés.* 350

FIN DE LA TABLE.

# ERRATA.

Page 52, ligne 12 : spécifiée à la tables des notes, *lisez* spécifiée dans l'index.

Page 85, dernière ligne : *voyez* les notes, *lisez voyez* l'index.

Page 111, ligne 7 : cinq onces de lavande, *lisez* cinq onces d'essence de lavande. *Ibid.* : cette plante, *lisez* cette essence.

Page 115, ligne 8 : vous pouvez y mettre une pinte d'eau de fleur d'orange, *lisez :* vous pouvez y mettre un demi-gros de néroli et une pinte d'eau de fleur d'orange.

Page 123, ligne 22 : gomme-myrte, *lisez* gomme-mirrhe.

Page 142, ligne 19 : en les renouvelant cinq à six fois par jour, *supprimez* par jour.

Page 171, ligne dernière : quatre de clous de girofle, *lisez,* quatre onces de clous de girofle.

Page 227, ligne 3 : par le même moyen que la muscade, *lisez,* par le même moyen que le girofle.

Page 266, ligne 4 : aux chapitres II, III, IV et V de cet ouvrage ; *lisez :* aux chapitres II, III et IV de la seconde partie de cet ouvrage.

Page 287, ligne 17 : faire des opiates en poudre et des liquides ; *lisez :* faire de tous les opiates en poudre des opiates liquides.

Page 315, ligne 12 : on choisit des peaux de chevreaux ou d'agneaux : ces dernières sont préférables étant plus épaisses ; *lisez* : on choisit des gants de peaux de chevreau ou d'agneau : ces derniers sont préférables étant plus épais.

Page 335, ligne 10 : deux onces ; *lisez* quatre onces.

De l'Imprimerie de FEUGUERAY, rue Pierre-Sarrazin, n°. 11.

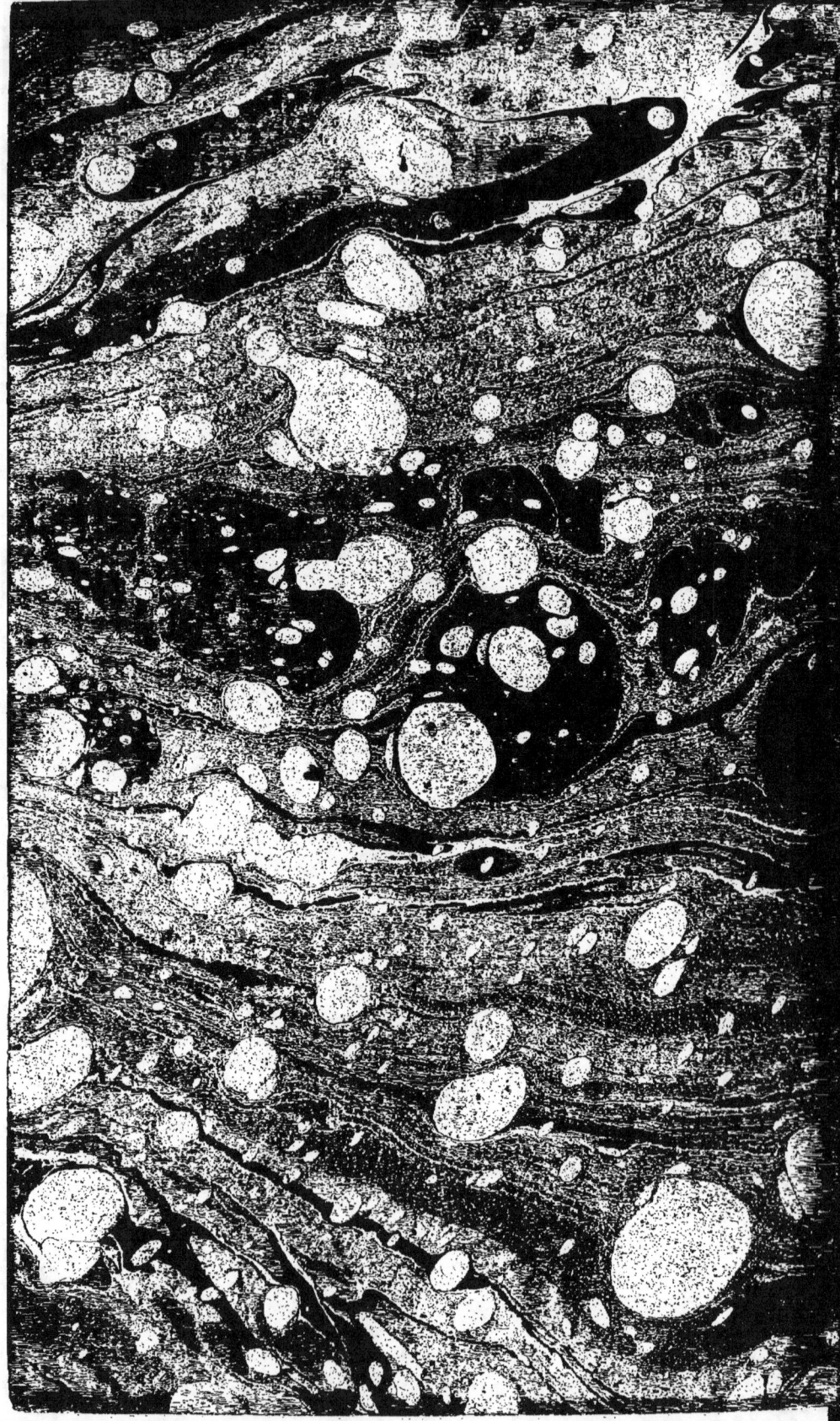

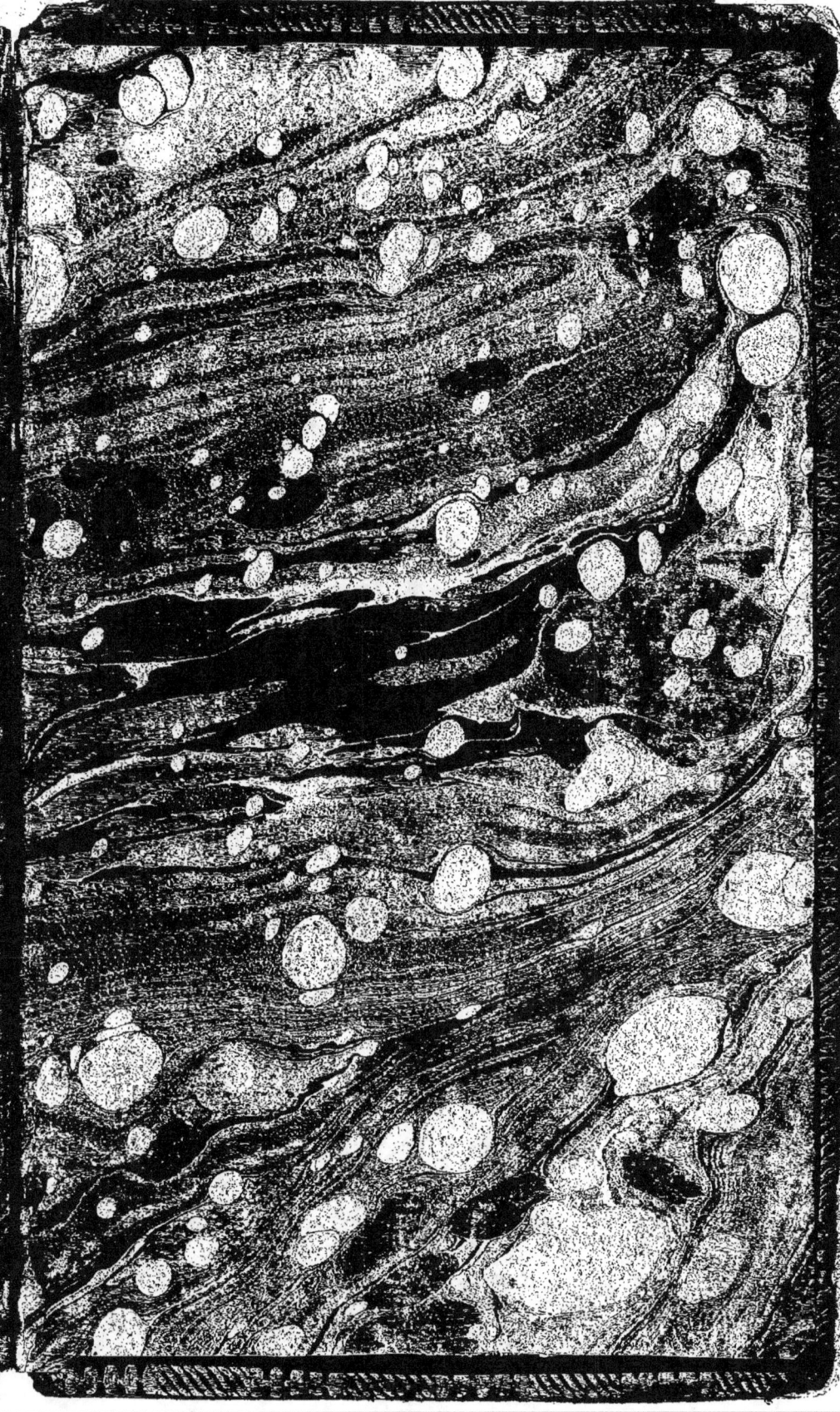

www.ingramcontent.com/pod-product-compliance
Lightning Source LLC
Chambersburg PA
CBHW060543230426
43670CB00011B/1665